試験に

日商簿記1級
とおるテキスト

工業簿記・原価計算 II

製品原価計算編

'工業簿記'を
得意科目に!

ネットスクール出版

はじめに

選ばれし者達よ、さあ最高峰に挑もう！

　商業簿記・会計学では『収益の認識基準』や『時間価値の計算』、工業簿記・原価計算では『意思決定会計』や『予算実績差異分析』といった、本当に力になる知識が、いよいよ皆さんの前に展開されてきます。それが、日商1級です。

　これらの知識の修得は、日商2級という壁を超えるレベルの人にしか許されていない、というのが現実でしょう。でも、本書を手に取った皆さんは、既にその条件をクリアしていることでしょう。
　すべての人の中で、簿記を学ぶ人の割合、その中で2級レベルまで修得した人の割合を考えれば、それだけでも素晴らしいことです。

　では、この最高峰から見える景色を想像してみましょう。
　今の知識は、皆さんの足元を固める存在になり、目には真実を見る力が、耳にはあらゆる情報をキャッチする能力が、足には利害を見ての行動力、手には物事を動かす力が宿っているはずです。そしてそこからは、峯続きに税理士、その向こうには公認会計士という人生も見渡せることでしょう。
　つまり、スーパーなビジネスパーソンや経営者になるにしても、税理士や公認会計士といった士（サムライ）業を目指すにしても、大いに展望が開ける、それが日商1級です。

　いま皆さんは、日商1級という名の大きな扉の前に立ち尽くしているかもしれません。
　でも、よく見てください。
　目の前にあるのは、そんな大きな扉ではなく、商業簿記であれば現金預金、有価証券といった、いくつもの小さな扉が並んでいるに過ぎません。未知の扉を1つ1つ開けていくというのは、これまで皆さんがやってきたことと同じです。

　最後にこの扉をうまく開けるコツを、お伝えしておきましょう。
　それは「楽しむこと」です。
　これから目の前に展開されてくる1つ1つの扉を、ぜひ楽しみながら開けていってください。
　この、楽しむという気持ちが、皆さんの未来を輝けるものにしていきますから。

CONTENTS

※「重要度」は3段階（3→2→1）で表示しています。

本書の特徴

ネットスクールでは、日商簿記2級を修了された方が1級に合格するまでの過程として、次の3段階があると考えています。

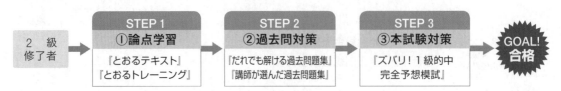

本書は、このうち①**論点学習を行うためのテキスト**で、2級を修了された方が「無理なく効率的に1級の内容をマスターでき、さらに次のステップの②**過去問対策**や③**本試験対策**に役立つ知識を身につけることができる」ように構成され、次の特徴があります。

❶ 1級の合格に必要な論点をすべて網羅

本書は、日商簿記検定1級の合格に必要と考えられる論点をすべて網羅したテキストです。もちろん出題実績のある論点だけでなく、今後の出題が予想される論点も掲載しているため、他のテキストはまったく必要ありません。

❷ 過去問レベルまでムリなくステップアップ

本書は、商業簿記・会計学のテキストのように「基礎編」、「応用編」という構成ではなく、「管理会計編」と「製品原価計算編」という構成にしています。

2級を学習された皆さんはご存知のように、例えば商業簿記の財務諸表作成問題は、細切れの決算整理の集合体なので、まずは基礎的な決算整理をマスターしていくという学習方法が有効です。

一方、工業簿記や原価計算の問題は、**設問と設問につながりがあり、少し応用的な設問までを正解しないと合格ラインに届かない**ことが通常です。そこで、本書では、各学習分野について、基礎的な内容から応用的な内容までを続けて学習することのメリットを重視しました。

これにより、全範囲の修了前に、学習分野ごとにすぐに過去問にチャレンジすることができます。

例)

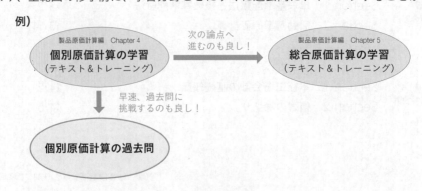

❸ 重要度が一目でわかる

　本書は、読者の皆さんが効率的に学習を進められるように、Sectionごとに重要度を示してあります。この重要度は、本試験での出題頻度や受験対策としての必要性の観点から3段階にランク付けしています。

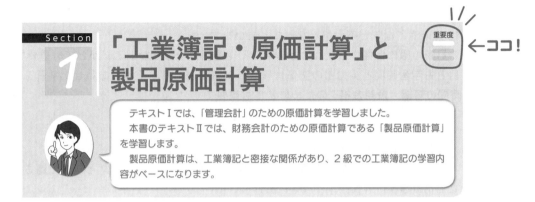

❹ 問題集『とおるトレーニング』(別売り)で問題を解いて実力UP!

　基礎知識を合格レベルに引き上げるためには、問題演習が欠かせません。テキストを読んで理解し、自分で1つの問題を解けるようになって初めて得点能力が1つ上がります。合格するためにはそれを1つずつ積み上げていくしかありません。そのためには『とおるテキスト』の完全対応問題集である『とおるトレーニング』をあわせてご利用いただくことをおすすめします。

❺ 過去問題集『だれでも解ける過去問題集』(別売り)で、本試験への対応力を付ける!

　『だれでも解ける過去問題集』の工業簿記・原価計算編は、過去問題の中でも特に重要なテーマについて、一つの問題を複数の問題に分解して、基本的な設問から応用的な設問までを段階的に解いていくスタイルになっています。これにより、どの資料を使ってどのように解いていけばよいのかという解答手順を身に付けることができます。また、現時点の実力をチェックしながら進めることができるので、テキストの復習の重点箇所を把握することができます。

　『だれでも解ける過去問題集』の次は、本試験問題をそのまま掲載した『講師が選んだ過去問題集』に進みましょう。数多くの過去問題から、受験生が解いておくべき問題がピックアップされているので、短期間での実力アップを図ることができます。

日商1級の攻略方法

　日商1級の試験科目は**商業簿記・会計学・工業簿記・原価計算**の4科目で各25点の100点満点で出題されます。合格点は70点ですが、各科目に40％（10点）の合格最低点が設けられていて、1科目でも10点未満になると不合格となってしまいます。

　ですから、日商1級に合格するためには極端な不得意科目を作らないことがとても重要です。

　また各科目とも学習時間と実力との関係は異なった特性があり、それにあわせた学習をすることは"**学習時間の短縮＝短期合格**"のためにとても重要です。

| 工 業 簿 記

出題形式➡ 　工業簿記は、通常、総合問題が1問出題されます。

　　　　　これに加えて、原価計算基準などに関する理論問題（穴埋めなど）が出題されることもあります。

科目特性➡ 　工業簿記の学習内容の多くは、2級の内容がベースになっています。近年の試験では、2級の受験生でも得点できる設問も珍しくありません。

　　　　　1級の工業簿記は、2級の内容に肉付けしていく学習となるため、2級レベルの理解度が学習の進み具合に大きな影響を及ぼします。

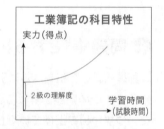

　　　　　また、工業"簿記"なので、「帳簿への記入」に関する内容も重要です。例えば、総合原価計算での完成品原価や月末仕掛品原価の計算も大切ですが、それを仕掛品勘定などの勘定にどのように記入するのかまでを理解することが工業簿記の学習です。

学習方法➡ 　1級の学習をスムーズに進めるためには、まずは2級の内容が重要です。1級での各分野の学習前に2級の内容を復習し、1級の『テキスト（製品原価計算編）』と『トレーニング』での学習後に苦手を感じた部分は、再度2級の内容をチェックしましょう。

| 原 価 計 算

出題形式➡ 　原価計算は、通常、総合問題が1～2問出題されます。計算問題に加えて、理論問題（穴埋めなど）が出題されることもあります。

科目特性➡ 　原価計算で出題の多くは、2級では学習していない分野（意思決定会計や予算管理など）からです。また、工業簿記に比べて、各分野が内容的に独立しているため、学習時間に比例して実力が伸びていきます。

学習方法➡ 　『テキスト』（本書（管理会計編））と『トレーニング』で、まずは最後までひと通り学習しましょう。上でも触れたように、比較的各分野が独立しているため、苦手と感じる分野があってもそこに時間をかけすぎずに、いったん先に進むことが得策です。

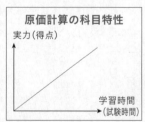

Chapter 1

工業簿記・原価計算の基礎

Point

製品原価計算の学習のスタートです！

この Chapter では、「工業簿記・原価計算」での製品原価計算の基礎を中心に学習します。

まずは、あまり難しく考えすぎずに読み進めましょう。

用語集

原価計算期間
製品原価計算を行うときの計算期間

非原価項目
原価計算制度上の原価に該当しない項目

総原価
製造原価と販売費及び一般管理費の合計

形態別分類
何を消費したかによる原価の分類

製品との関連における分類
製品と製造原価の関係が直接認識できるか否かによる原価の分類

操業度との関連における分類
操業度の増減に対して原価がどのように変化するかによる原価の分類

費目別計算
製品原価計算の第一の計算手続

部門別計算
製品原価計算の第二の計算手続

製品別計算
製品原価計算の第三の計算手続

製造原価報告書(C/R)
当期の製造活動の実績を明らかにする財務諸表

Section 1 「工業簿記・原価計算」と製品原価計算

テキストⅠでは、「管理会計」のための原価計算を学習しました。

本書のテキストⅡでは、財務会計のための原価計算である「製品原価計算」を学習します。

製品原価計算は、工業簿記と密接な関係があり、2級での工業簿記の学習内容がベースになります。

1 1級試験科目としての「工業簿記・原価計算」

1. 日商簿記2級の「工業簿記」

▶ 皆さんのほとんどが受験した2級の試験科目は、商業簿記と工業簿記でした。商業簿記は商品売買業での簿記、工業簿記は製造業での簿記です。ほんの少しだけ、初めて工業簿記を学習したときの内容を復習しましょう[01]。

01) 2級の復習はとても大切です。1級の学習がひと通り終わるまで、2級の教材も手元に置いておきましょう。

▶ 工業簿記の大きな特徴は、材料を加工して製品を製造するという企業内部の活動についても簿記上の取引として帳簿に記録することです[02]。

02) 商業簿記では、外部から商品を仕入れて外部に販売するという、企業外部との取引がメインです。

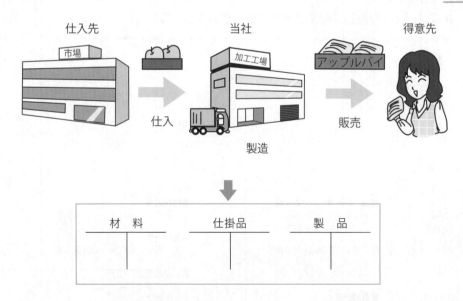

▶ そのため、材料勘定、仕掛品勘定、製品勘定といった商業簿記には登場しない独特の勘定科目が用いられます。

▶ また、決算によって作成する財務諸表についても、商業簿記で作成する貸借対照表や損益計算書に加えて、当期に製造した製品の原価の内訳を示す製造原価報告書を作成します。

2. 日商簿記1級の「工業簿記・原価計算」

▶ 1級の試験科目は「工業簿記」ではなく、「工業簿記・原価計算」[03]です。「原価計算」が加わっているのはなぜでしょうか？

03) 試験では、工業簿記と原価計算の問題が別々に出題され、解答時間はあわせて90分です。

▶ もちろん、2級を学習した皆さんは「原価計算」は初耳ではなく、例えば、次のような内容をすでに学習しています。

● 原価計算とは

… 製品を製造するためにかかった金額を計算すること

● 個別原価計算

… 受注生産の場合に、製造指図書ごとに原価を計算[04]

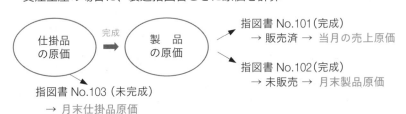

04) この例では、当月の生産活動は、指図書 No.101、102、103 に関して行われています。
それぞれの当月末時点の状況の違いを確認しましょう。

● 総合原価計算[05]

… 見込大量生産[06]の場合に、当月の完成品原価などをまとめて計算

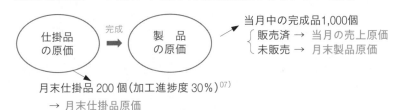

05) 総合原価計算にも、単純総合原価計算、等級別総合原価計算、組別総合原価計算などがあると学習しました。

06) 販売できることを見込んで、製品を大量に生産すること。

07) 加工費は完成品換算量60個（＝ 200個× 30％）を用いて計算します。

▶ このような原価計算による計算結果を、仕訳によって帳簿に記入するのが工業簿記であり、その帳簿にもとづいて財務諸表が作成されます。

▶ また、原価計算のためにも工業簿記が必要です。例えば、原価計算には材料費のデータが必要ですが、そのデータは工業簿記によって記入された帳簿の金額が用いられるからです[08]。

08) 材料をいくらで購入し、どれだけ消費したかが、工業簿記によって仕訳され帳簿に記入されます。

▶▶　前記の個別原価計算や総合原価計算といった内容は、さらに計算量や難易度がレベルアップして1級の試験範囲に含まれます⁰⁹⁾。これが1級の試験科目が「工業簿記・原価計算」であることの理由の一つといえるでしょう。

09) 2級の知識だけで解ける問題も出題されています。しっかり復習を！

3. 財務会計と管理会計

▶▶　企業会計は、誰に会計情報を提供するために行われるのかにより、財務会計と管理会計に分類されます。

▶▶　日商簿記3級や2級の商業簿記では、貸借対照表や損益計算書を学習しましたが、そのような財務諸表は主に投資家、株主、債権者のために作成するものです。

▶▶　このような企業外部の利害関係者に対して会計情報を提供するために行われる会計を、財務会計といいます。

▶▶　2級の工業簿記でも、個別原価計算や総合原価計算による計算結果にもとづいて、損益計算書には製品の売上原価、貸借対照表には期末の製品や仕掛品の金額が記載されることを学習しました。よって、そのような原価計算は、財務会計のための原価計算といえます。これが、本テキストで学習する製品原価計算です。

▶▶　上記の財務会計に対して、企業内部の経営管理者に対して会計情報を提供するために行われる会計を管理会計といいます。

▶▶　1級の試験範囲には、この管理会計のための原価計算に関する内容が多く含まれることも、試験科目が「工業簿記・原価計算」であることの理由といえます¹⁰⁾。

10) 詳しくは、『テキストⅠ／管理会計編』で扱っています。

2 製品原価計算の基礎

　2級の学習で、いろいろな原価計算（○○原価計算）が登場しました。この Section で、それらの関係を整理しましょう。

　また、製品原価計算のためには、原価の分類も重要です。形態別分類、製品との関連における分類、操業度との関連における分類など、しっかり理解しておきましょう。

1 原価計算の目的

Section 1 で、原価計算には財務会計のための原価計算と管理会計のための原価計算があることを学習しました。

ここで、あらためて原価計算の目的を整理しておきましょう。

```
                ┌ 財務会計のため …… 財務諸表作成目的
                │
原価計算の目的 ┤                    ┌ 原価管理目的
                │                    │
                └ 管理会計のため ┤ 利益管理目的
                                     │
                                     └ 経営意思決定目的
```

●財務諸表作成目的

　製造業の貸借対照表には、期末製品や期末仕掛品などの原価を資産として記載しなければなりません。また、損益計算書には、当期に販売された製品の原価（売上原価）などを費用として記載しなければなりません。

　そのためには材料費、労務費、経費を集計して、製品の原価を計算する必要があります。

```
       貸借対照表                        損益計算書
          ⋮                                 ⋮
  製　品　　×× 　　　　　　Ⅱ　売上原価
  材　料　　××                1. 期首製品棚卸高　　××
  仕掛品　　××                2. 当期製品製造原価　××
                                      合　　計　　　××
                              3. 期末製品棚卸高　　××　　××
```

●原価管理目的

原価計算は、単に原価が実際どれだけかかったかを計算するだけでなく、そこに無駄が含まれていないかといった分析を通じて、原価の引下げを図るという目的があります。

この原価管理目的のための代表的な原価計算が標準原価計算です。

●利益管理目的 [01]

目標の利益の達成に向けて利益計画が立てられます。CVP 分析はこの利益計画に役立つ情報を提供します。また、利益計画にもとづく具体的な予算と実績を比較して、その差異の分析結果を経営管理者に提供します。

01)詳しくは、『テキストI／管理会計編』で扱っています。

●経営意思決定目的 [01]

原価計算は、経営管理者による経営意思決定に必要な情報を提供します。

例えば、もしも現在使用している生産設備をより多くの製品を生産できる新しい設備に取り替えると、製品の製造原価や売上がどのように変化するか、そして利益がどのように変化するかといった情報です。

---

2 | 原価計算制度と製品原価計算の種類

1. 原価計算制度と特殊原価調査

▶ 原価計算は、工業簿記とセットで常時継続的（日常的）に行われるかどうかによって、原価計算制度と特殊原価調査に分類されます。

●原価計算制度

原価計算の目的のうちの財務諸表作成、原価管理、予算と実績の比較など、日々の経常的な活動として行われる原価計算のことです。

●特殊原価調査 [01]

原価計算の目的のうちの経営意思決定のために、必要なときに随時行われる原価計算のことです。

2. 製品原価計算の種類

▶ 上記の原価計算制度の中でも財務諸表作成のためには、製品原価計算が不可欠です。そこで、製品原価計算の種類をまとめておきましょう [02]。

02)すべて2級でも学習した内容です。まずは、どの程度覚えているかの確認を！

(I) 実際原価計算と標準原価計算

●実際原価計算

製品原価を実際原価によって計算する方法です。

原価の実際発生額による場合はもちろんのこと、材料の予定価格、賃金の予定賃率、製造間接費の予定配賦率を用いた計算も実際原価計算です [03]。

03)例えば、材料費について予定価格を用いて計算する場合も、予定価格に掛けるのは実際消費量だからです。

● 標準原価計算

製品原価を標準原価によって計算する方法です[04]。

標準原価計算を採用する場合、例えば貸借対照表の製品の金額は、原則と

して標準原価で記載されます。標準原価計算では、標準原価差異による原価

管理も目的の一つですが、財務諸表を作成することも重要な目的です。

04) 標準の材料費は、標準消費量によって計算されます。

⑵ 個別原価計算と総合原価計算

● 個別原価計算

受注生産を行っている場合に適した原価計算です。

顧客からの注文に応じて製造指図書を発行し、製造指図書ごとに製造原価

を集計します。

● 総合原価計算

見込大量生産[05]を行っている場合に適した原価計算です。

例えば、A製品を量産しているとき、一つひとつの製品は同じものなので、

一定期間ごとに完成品や月末仕掛品の原価をまとめて計算します。

05) 販売できることを見込んで量産することです。

⑶ 全部原価計算と直接原価計算

● 全部原価計算

すべての製造原価から製品原価を計算します。

よって、変動製造原価だけでなく、固定製造原価も製品原価に含まれます。

例えば、B製品を100個生産するために固定製造原価が30,000円かかったと

しましょう。この場合、B製品には1個あたり300円の固定製造原価がかかっ

たと計算されるため、あたかも変動製造原価のように扱っていることになり

ます[06]。

06) 直接原価計算との違いを理解するには、このとらえ方は重要です。

● 直接原価計算

変動製造原価のみから製品原価を計算します。

固定製造原価は全額を発生した期の費用とし、製品原価には含めません。

よって通常、全部原価計算とは異なる利益が計算されます[07]。

07) 直接原価計算は、『テキストI / 管理会計編』で扱っています。

⑷ 原価計算の組合わせ

製品原価計算は、上記の⑴から⑶のそれぞれから1つを選んでの組合わせ

のもとで行われます[08]。

08) 学習上、すべての組合わせが重要というわけでありませんが、特に問題演習のさいにはどの組合わせのもとでの問題かをチェックするようにしましょう。

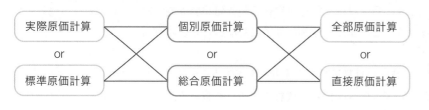

なお、本書では、Chapter10と11以外はすべて実際原価計算を前提とし

ています。

3 | 原価計算期間

商業簿記では、会計期間（主に1年間）を定め、その期末に財務諸表を作成することを学習しました。これに対して、製品原価計算では、通常1カ月を計算期間として完成品や月末仕掛品などの原価を計算し、帳簿も計算期間ごとに締め切ります。この計算期間を原価計算期間といいます。

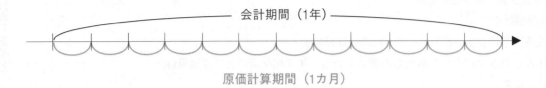

会計期間（1年）

原価計算期間（1カ月）

4 | 原価計算制度上の原価とは

原価計算制度上の原価には次に示すような特徴があります。

> ①原価とは経済価値の消費である
> ②原価とは経営において作り出された一定の給付に転嫁された価値である
> ③原価とは経営目的に関連したものである
> ④原価とは正常的なものである

①の「経済価値の消費」とは、有形無形の経済的価値のあるものを消費するという意味です。したがって、空気のように経済的価値のないものの消費は原価になりません。また、土地などは経済的価値はあっても消費されないので、原価とはなりません。

②の「一定の給付」とは、製品・仕掛品などを意味します。経済的価値のあるものを消費したら、その価値は製品などの給付に転嫁される（＝乗り移る）と考えるのです。

③の「経営目的」とは一般的に生産と販売を指します。生産と販売という目的のための経済的価値の消費は原価になりますが、財務活動・投資活動による消費は原価になりません。例えば、支払利息や有価証券売却損は費用ですが、原価ではありません。このような原価には該当しないものを非原価項目といいます。

④の「正常的なもの」とは、正常な経営活動での経済的価値の消費を意味します。例えば、仕損費について、新人工員が不慣れのため、多額の仕損が生じた場合、正常な状態で生じた仕損費とはいえないため、原価とはなりません[09]。

09）このような異常な状態を原因とする費用も非原価項目です。

5 | 製造原価と営業費

▶ 4 の原価には、製造原価と営業費があります。

① 製造原価 … 原価のうち製品の製造にかかった原価です。

② 営 業 費 … 製品の販売のためにかかった原価である販売費と、本社による管理などのためにかかった原価である一般管理費です。

▶ これらの製造原価と営業費をあわせて総原価といいます。

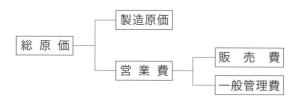

工員さんの賃金
製造原価

営業マンの給料
販売費

本社事務員さんの給料
一般管理費

6 | 製造原価の分類

▶ 2級で学習した内容も含めて、製造原価の分類の基本を見ていきましょう。製品原価の具体的な計算につながっていく内容なので、とても重要です。

1. 形態別分類

▶ 形態別分類とは、製造活動において何を消費したかによる分類で、材料費、労務費、経費に分けられます。

① 材料費 … 物品を消費することによって発生する原価

② 労務費 … 労働力を消費することによって発生する原価

③ 経 費 … 材料費、労務費以外の原価

材料費　　　　　　　　労務費　　　　　　　電気代　経　費

2. 製品との関連における分類

▶ 　製品との関連における分類とは、製品と製造原価の関係が直接認識できる
か否かによる分類で、製造直接費と製造間接費に分けられます。

① 製造直接費 … 特定の製品に対する消費額を直接的に認識できる原価
　　　　　　　→ 製造直接費は各製品に賦課します（直接的に負担させます）。

② 製造間接費 … 特定の製品に対する消費額を直接的に認識できない原価
　　　　　　　→ 製造間接費は各製品に配賦します（間接的に負担させます）。

▶ 　上記の形態別分類と製品との関連における分類を合わせると、製造原価は
次のように6つに分類することができます。

	製造直接費	製造間接費
材料費	直接材料費	間接材料費
労務費	直接労務費	間接労務費
経　費	直接経費	間接経費

3. 操業度との関連における分類

▶ 　工場の業務活動の量（設備の利用度、工員の作業時間など）を操業度といいます。操業度との関連における分類は、操業度の増減に対して原価がどのように変化するかによる分類です。

① 変 動 費 … 操業度の増減に応じて比例的に増減する原価

② 固 定 費 … 操業度の増減にかかわらず変化しない原価

③ 準変動費 … 操業度がゼロの場合にも一定額の原価が発生し、同時に操業度の増加に応じて比例的に増加する原価
【例】電力料 10)

④ 準固定費 … ある範囲内の操業度の変化では固定的であり、これを超えると急増し、再び固定化する、つまり階段状に変化する原価
【例】監督者給料 11)

10）電力料は基本料金が設定されており、これは固定的に発生します。これに加えて使用した分だけの従量料金が生じます。

11）例えば、操業度 70%までは 1 人の監督者で足りますが、それを超えると監督者がもう 1 人必要になるとします。その場合、監督者給料は操業度 70%までは固定的ですが、それを超えると急増し、その後は再び固定的になります。

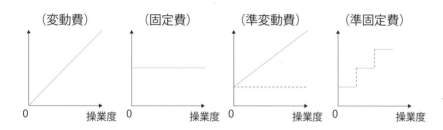

4. 機能別分類

▶ 　機能別分類は、目的別分類ともいわれ、どのような機能・目的のために生じた原価なのかによる分類です。たとえば、同じ材料でも、直接材料として消費されれば主要材料費、設備などの修繕のために消費されれば補助材料費（修繕材料費）と分類します。

7 | 製品原価計算の手続き

製品原価計算は次の３つの手続によって行われます。

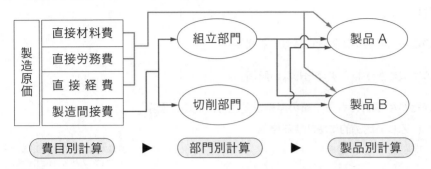

① 費目別計算

原価計算期間に発生した原価の発生額を製造直接費（直接材料費、直接労務費、直接経費）と製造間接費に分類集計します。

② 部門別計算 [12]

費目別に集計した原価、特に製造間接費を製造部門ごとに集計します [13]。

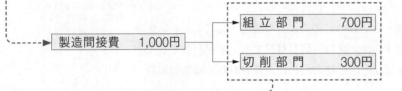

12) 小規模の工場では部門別計算は省略されて、費目別計算→製品別計算という手順で行われることがあります。

13) 製造直接費は、製品ごとの発生額が明らかなため、必ずしも部門別計算を必要としません。

③ 製品別計算

最後に製品ごとに原価を集計します。

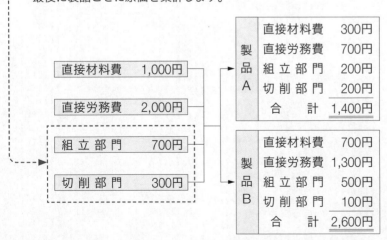

Section
3

勘定連絡と財務諸表

　工業簿記も「簿記」の一種なので、3級からの学習のように、取引を仕訳して、総勘定元帳に転記します。
　特に工業簿記では、材料→仕掛品→製品 という流れに沿って取引を仕訳するため、勘定と勘定のつながり（勘定連絡）を意識しながら学習を進めることが大切です。

1 | 勘定連絡

　製品原価計算の基礎になるデータ、製品原価計算による計算結果を帳簿に記入するのが工業簿記です。勘定連絡（勘定と勘定のつながり）に注目しながら、次のある原価計算期間の取引の処理を見ていきましょう[01]。

> 01) 各取引の内容はすべて2級の内容です。ここでのメインは、仕訳にもとづく勘定記入です。

1. 材料費の処理
① 材料 3,000 円を掛けで購入した。
② 上記の材料のうち 2,400 円を製品製造のため消費した（直接材料費 1,600 円、間接材料費 800 円）。

① （借）材	料	3,000	（貸）買	掛	金	3,000
② （借）仕	掛	品	1,600	（貸）材	料	2,400
	製 造 間 接 費	800				

買掛金		材　料	
材　　料　3,000 ─→	買　掛　金　3,000	仕　掛　品　1,600 ─→仕掛品勘定へ	
		製造間接費　　800 ─→製造間接費勘定へ	

2. 労務費の処理
③ 賃金 2,800 円を小切手を振り出して支払った。
④ 上記の賃金を製品製造のためすべて消費した（直接労務費 2,000 円、間接労務費 800 円）。

③ （借）賃	金	2,800	（貸）当	座	預	金	2,800
④ （借）仕	掛	品	2,000	（貸）賃	金	2,800
	製 造 間 接 費	800				

当座預金			賃　金		
賃　　金　2,800 →	当座預金　2,800	仕　掛　品　2,000 →	仕掛品勘定へ
		製造間接費　　800 →	製造間接費勘定へ

3. 経費の処理

⑤ 経費500円を現金で支払った。

⑥ 上記の経費はすべて製品製造のための間接経費である。

⑤（借）経　　　　　　費	500	（貸）現　　　　　　金	500
⑥（借）製 造 間 接 費	500	（貸）経　　　　　　費	500

現　金		経　費	
経　　　費　500 →	現　　　金　500	製造間接費　500 →	製造間接費勘定へ

4. 製造間接費、完成品原価の処理

⑦ 製造間接費2,100円[02]を製品に配賦した。

⑧ 製品5,100円（原価）が完成した。

02）800円＋800円＋500円
　　　間接材料費　間接労務費　間接経費
　　＝2,100円

⑦（借）仕　　　掛　　　品	2,100	（貸）製 造 間 接 費	2,100
⑧（借）製　　　　　　品	5,100	（貸）仕　　　掛　　　品	5,100

製造間接費			仕掛品		
材　　　料　800	仕　掛　品　2,100 ┐	材　　　料　1,600	製　　　品　5,100 →	製品勘定へ
賃　　　金　800		賃　　　金　2,000	次 月 繰 越　600
経　　　費　500	└→	製造間接費　2,100	

5. 売上、販売費及び一般管理費の処理および月次決算

⑨ 製品の一部を掛けで販売した（原価4,600円、売価6,000円）。

⑩ 販売員の給料および広告宣伝費800円を現金で支払った。

⑪ 月次決算を行い、売上高6,000円、売上原価4,600円、販売費及び一般管理費800円を月次損益勘定に振り替えた。

⑨（借）売　　　掛　　　金	6,000	（貸）売　　　　　　上	6,000
（借）売　上　原　価	4,600	（貸）製　　　　　　品	4,600
⑩（借）販売費及び一般管理費	800	（貸）現　　　　　　金	800

⑪（借）売　　　　　　上	6,000	（貸）月　次　損　益	6,000
（借）月　次　損　益	5,400	（貸）売　上　原　価	4,600
		販売費及び一般管理費	800

▶▶ 上記の1〜5の全体は次のようになります。

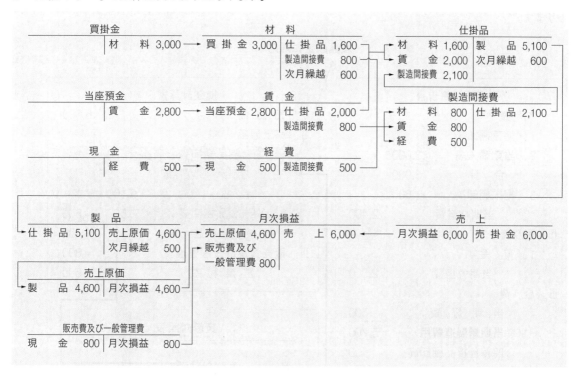

2 財務諸表の作成

▶▶ 工業簿記では、次の3つの財務諸表を作成します。

1. 製造原価報告書 [03]

▶▶ 当期の製造活動の実績を明らかにする財務諸表です。当期総製造費用（当期の製造原価発生額）の内訳を材料費、労務費、経費の別に示します [04]。仕掛品があるときは末尾で加減して、最後の行では当期製品製造原価（当期の完成品原価）を算定します。

03) 製造原価明細書ともいいます。C/R（Cost Report）と略記することもあります。

04) 直接材料費、直接労務費、製造間接費の別に示すこともあります。

2. 損益計算書

▶ 当期の経営成績を明らかにする財務諸表です。収益・費用の内訳を示して、利益を算定します⁰⁵⁾。

05) 製造原価と販売費及び一般管理費が原価(総原価)とされるので、工業簿記の問題では、損益計算書は営業利益までを示せばよいものが多いです。

3. 貸借対照表

▶ 当期末の財政状態を明らかにする財務諸表です。資産・負債・純資産の内訳を示します。

▶ 前ページの勘定記入をもとに3つの財務諸表を作成すると、次のようになります。

製品勘定に対応

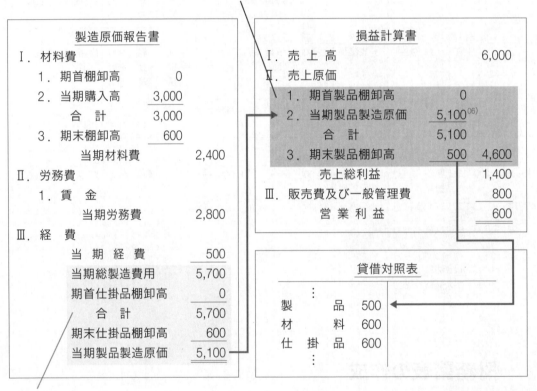

仕掛品勘定に対応

06) 製造業の「当期製品製造原価」の計算が、商品売買業の「当期商品仕入高」の計算に比べて複雑なため、製造原価報告書を作成してその計算過程を説明します。
つまり、製造原価報告書には損益計算書の補足説明書類としての性質があります。

Chapter 2

費目別計算の基本

Point

　このChapterでは、費目別計算（材料費・労務費・経費）の基本を学習します。

　近年の検定試験では、費目別計算の理解の重要性が増しています。とはいえ、苦手意識が生まれやすい分野なので、あまり神経質にならないようにしましょう。

用語集

直接材料費
特定の製品に対する消費額を直接的に認識できる材料費

間接材料費
特定の製品に対する消費額を直接的に認識できない材料費

材料副費
材料の購入から出庫（消費される）までに付随的にかかる費用

直接労務費
特定の製品に対する消費額を直接的に認識できる労務費

間接労務費
特定の製品に対する消費額を直接的に認識できない労務費

直接経費
特定の製品に対する消費額を直接的に認識できる経費

間接経費
特定の製品に対する消費額を直接的に認識できない経費

1 材料費の基礎知識

まずは、材料費からです。

材料費は、材料という資産を消費することによって発生する製造原価です。直接材料費と間接材料費などの材料費の分類や予定価格による材料費の計算など、多くが2級の復習としての内容ですがいずれも1級の学習でも非常に重要な内容です。

1 材料費とは

材料は製品を製造するために購入した物品（資産）です。材料を製造活動において消費することによって発生した原価を材料費といいます。

2 材料費の分類

材料費は次のように分類されます。

	製品との関連における分類	形態別分類（機能別分類を加味）
材料費	直接材料費	主要材料費（素材費・原料費）
		買入部品費
	間接材料費	補助材料費
		工場消耗品費
		消耗工具器具備品費

1. 製品との関連における分類

● 直接材料費

特定の製品に対する消費額を直接的に認識できる材料費[01]。

● 間接材料費

特定の製品に対する消費額を直接的に認識できない材料費[02]。

2. 形態別分類（機能別分類を加味）

● 主要材料費[03]

製品の主要部分に用いられる物品の原価。

【例】自動車製造業の鋼板、石油精製業の原油等

01）製品の実体を構成する重要な材料です。

02）製品の実体を構成しない材料や、実体を構成するとしても直接材料に比べて重要性の低い材料です。

03）主要材料費には素材費と原料費があります。

素材費：自動車メーカーにおける鋼板やプラスチックなどのように物理的に加工するもの

原料費：酒類製造業における米や麦のように化学的に変化するもの

● 買入部品費

外部から購入して、そのまま製品に組み込まれる部品の原価。

【例】自動車製造業のタイヤ、ガラス、バッテリー等

● 補助材料費

製品製造のために補助的に消費され、出入記録の行われる物品の原価。

【例】燃料、塗料、補修用鋼材等

● 工場消耗品費 [04]

製品製造のために必要な消耗品の原価。

【例】機械油、電球、サンドペーパー等

04) 補助材料に比べて金額的に重要性が低いため、出入記録の行われない物品の原価です。

● 消耗工具器具備品費

耐用年数が1年未満または金額が少額の工具・器具・備品の原価。

【例】スパナ、ドライバー、ペンチ、机、椅子、自転車等

| 鉄板 | タイヤ | 燃料 | 電球 | スパナ |

▶ 原価計算基準では材料費の分類について次のように規定しています。

八　製造原価要素の分類基準 （一部抜粋）

原価要素は、製造原価要素と販売費および一般管理費の要素に分類する。

製造原価要素を分類する基準は、次のようである。

(1)形態別分類

形態別分類とは、財務会計における費用の発生を基礎とする分類、すなわち原価発生の形態による分類であり、原価要素は、この分類基準によってこれを材料費、労務費および経費に属する各費目に分類する。

材料費とは、物品の消費によって生ずる原価をいい、おおむね次のように細分する。

1　素材費（又は原料費）　　2　買入部品費　　　　3　燃料費
4　工場消耗品費　　　　　　5　消耗工具器具備品費

十　費目別計算における原価要素の分類 （一部抜粋）

費目別計算においては、原価要素を、原則として形態別分類を基礎とし、これを直接費と間接費とに大別し、さらに必要に応じ機能別分類を加味して、例えば次のように分類する。

直接費
　直接材料費
　　主要材料費（原料費）　　買入部品費
間接費
　間接材料費
　　補助材料費　　工場消耗品費　　消耗工具器具備品費

∃ 材料費の処理の流れ

▶ 2級で学習した材料費の処理の流れを確認しましょう。

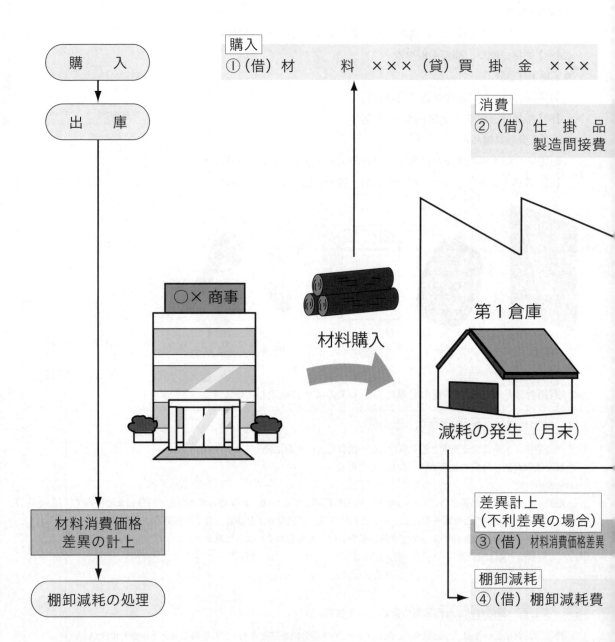

購入
① （借）材　　料　×××（貸）買　掛　金　×××

消費
②（借）仕　掛　品
　　　製造間接費

第1倉庫

材料購入

減耗の発生（月末）

差異計上
（不利差異の場合）
③（借）材料消費価格差異

棚卸減耗
④（借）棚卸減耗費

購　　入

出　　庫

材料消費価格
差異の計上

棚卸減耗の処理

×××（貸）材　　料　×××
×××

出庫（払出）

生産工程

××（貸）材　　料　×××

××（貸）材　　料　×××

▶説　明◀

①購　入

材料を購入したときは材料勘定（資産の勘定）の増加として処理します。購入原価は、購入代価（材料そのものの代金）に材料副費（材料の購入にともなう付随費用）を加算して計算します。

②出　庫

ⅰ）実際消費価格を用いる場合

材料を出庫したときはその消費額（＝実際消費価格×実際消費量）を材料勘定の減少として処理します。また、材料の出庫額のうち、直接材料費分は仕掛品勘定（資産の勘定）、間接材料費分は製造間接費勘定（費用の勘定）として処理します。

ⅱ）予定消費価格を用いる場合

実際消費価格を用いる場合と仕訳の科目は同じです。材料消費額は予定消費価格に材料の実際消費量を掛けて計算します。

予定消費価格は次の算式によって算定されます。

$$予定消費価格：\frac{材料の予定購入原価}{材料の予定購入量}$$

③材料消費価格差異の計上

予定消費価格を用いて計算された予定消費額と実際消費額との差額を材料消費価格差異勘定に計上します。

材料消費価格差異＝予定消費額－実際消費額

④棚卸減耗の処理

材料について棚卸減耗が発生したときは、減耗が生じた金額だけ材料勘定を減少させるとともに、棚卸減耗費勘定（費用の勘定）に計上します。なお、棚卸減耗費は正常な発生額であれば製造間接費として処理します。

Q | 1-1 | 材料費の処理の流れ①

次の取引の仕訳を示すとともに、材料の月末有高を求めなさい（月初有高はないものとする）。

① 材料を掛けで購入し（購入代価 830,000 円）、そのさいの引取運賃 70,000 円は現金で支払った。

② 材料を消費した。内訳は直接材料費として 600,000 円、間接材料費として 100,000 円である。

A | 1-1 | 解答

① （借）材 料	900,000	（貸）買 掛 金	830,000
		現 金	70,000
② （借）仕 掛 品	600,000	（貸）材 料	700,000
製 造 間 接 費	100,000		

材料の月末有高 ___200,000___ 円

1-1 | 解説

① 材料の購入原価：購入代価に材料副費を加算して計算します。

$\qquad$ 830,000 円（購入代価）＋ 70,000 円（材料副費）＝ 900,000 円

② 直接材料費は仕掛品勘定へ、間接材料費は製造間接費勘定に振り替えます。

③ 材料の月末有高：900,000 円（当月購入）－ 700,000 円（当月消費）＝ 200,000 円

材料勘定への記入は、次のようになります。

材	料		
① 諸 口	900,000	② 仕 掛 品	600,000
		② 製 造 間 接 費	100,000
		次 月 繰 越	200,000
	900,000		900,000

Q | 1-2 | 材料費の処理の流れ②

次の資料にもとづき、① 材料消費、② 棚卸減耗に関する仕訳を示しなさい。

月初有高は 200 個（@80 円）、当月の購入量 1,000 個（@100 円）、当月の消費（すべて直接材料）は 1,100 個、月末の実地棚卸数量は 98 個であった。材料費の計算は先入先出法による。なお、材料の減耗量は正常な量であり、棚卸減耗費勘定は設けていない。

A | 1-2 | 解答

① （借）仕 掛 品	106,000	（貸）材 料	106,000
② （借）製 造 間 接 費	200	（貸）材 料	200

1-2 │ 解説 │

① 材料の消費額：1,100 個の消費額を先入先出法によって計算します。

@80 円× 200 個＋@100 円 ×900 個＝ 106,000 円

② 帳簿棚卸数量：200 個（月初）＋ 1,000 個（当月購入）－ 1,100 個（当月消費）＝ 100 個

棚 卸 減 耗 量：100 個－ 98 個（実地棚卸数量）＝ 2 個

棚 卸 減 耗 費：@100 円× 2 個＝ 200 円

棚卸減耗費は製造間接費勘定に振り替えます。

材料勘定への記入は、次のようになります。

材　料

前 月 繰 越	16,000	① 仕 掛 品	106,000
諸　　　　口	100,000	② 製 造 間 接 費	200
		次 月 繰 越	9,800
	116,000		116,000

Q | 1-3 │ 予定消費価格を用いる場合 │

次の取引の仕訳を示しなさい。

① 材料 1,500kg を 123,000 円で購入し、代金は掛けとした。なお、月初材料はなかった。

② 材料 1,200kg を直接材料として消費した。予定消費価格は@80 円である。

③ 当月の材料消費価格差異を計上した。

A | 1-3 │ 解答 │

①	（借）材	料	123,000	（貸）買	掛	金	123,000
②	（借）仕	掛 品	96,000	（貸）材		料	96,000
③	（借）材料消費価格差異		2,400	（貸）材		料	2,400

1-3 │ 解説 │

② 予定消費額：@80 円（予定消費価格）× 1,200kg ＝ 96,000 円

③ 実際消費額：123,000 円 ÷ 1,500kg×1,200kg ＝ 98,400 円

実際消費価格 @82 円

材料消費価格差異：96,000 円－ 98,400 円＝△ 2,400 円（借方（不利）差異）

または、（@80 円－@82 円）×1,200kg ＝△ 2,400 円（借方（不利）差異）

材料勘定への記入は、次のようになります。

材　料

① 買 掛 金	123,000	② 仕 掛 品	96,000
		③ 材料消費価格差異	2,400
		次 月 繰 越	24,600
	123,000		123,000

2 材料の購入原価と材料副費

材料の購入原価の計算は、材料という資産の取得原価の計算です。

商品の仕入や固定資産の取得と同じように、取得にさいしての付随費用を取得原価に含める処理が原則です。

材料を取得したときの付随費用である材料副費については、外部副費と内部副費の区別が重要です。

1 材料の購入原価

▶ 原則として、材料の実際の購入代価に材料副費を加えたものが購入原価になります[01]。材料を購入したときは、材料勘定の借方に購入原価で記入します。

01) 購入原価を予定価格によって計算することも認められています。詳しくは、Chapter12 で学習します。

購入原価 = 購入代価 + 材料副費

● 購入代価

材料の送状価額[02]のこと。値引・割戻等があった場合には、その額を控除します。

02) 送状価額とは、仕入先から納品される材料に添付された送り状に記載される金額で、仕入先に支払うべき金額のことです。

● 材料副費

材料の購入から出庫（消費される）までに付随的にかかる費用。これはさらに2つに分けられます。

外部材料副費…材料が（仕入先から）納入されるまでにかかる費用。引取費用ともいいます。

【例】買入手数料、引取運賃、荷役費、保険料、関税など

内部材料副費…材料が納入された後、製造現場に出庫するまでにかかる費用。

【例】購入事務費、検収費、手入費、保管費など

材料自体の価格

購入代価

引取運賃

輸入時にかかる関税

外部材料副費

検収費

購入事務費

内部材料副費

Q | 2-1 | **材料購入時の処理** |

次の取引の仕訳を示しなさい。

材料（@ 2,000 円）を 100kg 購入し、引取運賃 10,000 円とともに小切手で支払った。なお、材料副費勘定は設けていない。

A | 2-1 | **解答** |

（借）材 料	210,000	（貸）当 座 預 金	210,000

💡 | 2-1 | **解説** |

購入原価：@2,000 円× 100kg（購入代価）＋ 10,000 円（材料副費）＝ 210,000 円

当座預金 210,000 → 材 料 210,000

2 | 材料副費の処理

▶▶ 材料副費の処理には次の 3 つがあります。

1. 材料の購入原価に含める処理 … 原則的処理

▶▶ 1 で学習した材料の購入原価に含める処理が原則です。この処理には、材料副費を実際配賦する場合と予定配賦する場合があります。

(1) 材料副費を実際配賦する場合

材料購入時に材料副費の実際発生額を購入代価に加算します。

Q | 2-2 | **材料副費の実際配賦** |

次の取引の仕訳を示しなさい。

材料（購入代価 100,000 円）を掛けで購入した。購入原価の計算にあたっては、材料副費を実際配賦しており、材料副費の実際発生額 12,000 円（材料副費勘定に借記されている）を配賦する。

A | 2-2 | **解答** |

（借）材 料	112,000	（貸）買 掛 金	100,000
		材 料 副 費	12,000

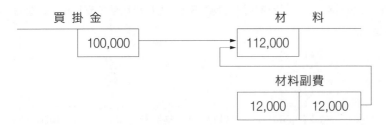

💡 2-2 | 解説 |

購入原価：100,000円（購入代価）＋ 12,000円（材料副費の実際配賦額）＝ 112,000円

買 掛 金		材　　料	
	100,000	112,000	

材料副費	
12,000	12,000

(2) 材料副費を予定配賦する場合

予定配賦率や予定配賦額は次の計算式で求めます。

$$予定配賦率 ＝ \frac{材料副費予算額}{予定配賦基準数値^{03)}}$$

$$予定配賦額 ＝ 予定配賦率 × 実際配賦基準数値$$

03) 配賦基準には、材料の購入代価や購入数量が用いられます。

また、材料副費の実際発生額と予定配賦額との差額を材料副費配賦差異として計上します。

$$材料副費配賦差異 ＝ 予定配賦額 － 実際発生額$$

Q 2-3 | 材料副費の予定配賦 |

次の取引の仕訳を示しなさい。

① 材料を掛けで購入した。購入代価は 100,000 円であった。購入原価の計算にあたっては、材料副費を予定配賦している（配賦基準は購入代価であり、材料副費の年間予算は 200,000 円、年間予定購入代価総額は 2,000,000 円である）。

② 材料副費 12,000 円を小切手を振り出して支払った。

③ 材料副費配賦差異を計上した。

A 2-3 | 解答 |

①（借）	材　　　　　料	110,000	（貸）	買　　掛　　金	100,000
				材　料　副　費	10,000
②（借）	材　料　副　費	12,000	（貸）	当　座　預　金	12,000
③（借）	材料副費配賦差異	2,000	（貸）	材　料　副　費	2,000

2-3 | 解説 |

① 材料副費の予定配賦額を材料副費勘定から材料勘定に振り替えます。

予定配賦率：200,000 円（材料副費予算額）÷2,000,000 円（予定配賦基準数値）= 0.1（10%）

予定配賦額：100,000 円（実際配賦基準数値）×10% = 10,000 円

購 入 原 価：100,000 円（購入代価）+ 10,000 円（材料副費の予定配賦額）= 110,000 円

② 材料副費の実際発生額を材料副費勘定の借方に記入します。

③ 材料副費配賦差異：10,000 円 − 12,000 円 = △2,000 円（借方（不利）差異）

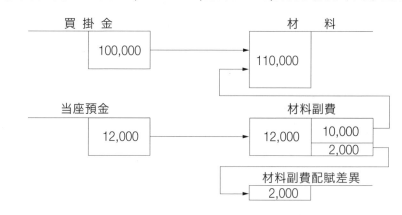

▶ 　内部材料副費は、その全部または一部を材料の購入原価に含めないことも
認められています。そのときの処理には、間接経費として処理する場合と材
料費に配賦する場合があります。

2. 間接経費としての処理

　材料の購入原価に含めない内部材料副費を間接経費として処理する場合につ
いて、次の問題で確認しましょう。

Q | 2-4 | 間接経費処理 |

　次の取引の仕訳を示しなさい。

　当社では、内部材料副費を間接経費として処理している。内部材料副費の実際発生額 12,000 円
（材料副費勘定に借記している）を製造間接費勘定に振り替えた。

A | 2-4 | 解答 |

（借）製 造 間 接 費	12,000	（貸）材 料 副 費	12,000

2-4 | 解説 |

3. 材料費に配賦する処理（参考）

材料を消費したときに、材料の購入原価に含めていない内部材料副費を配賦する（材料費に加算する）場合です。

Q | 2-5 | **材料費への配賦** |

次の取引の仕訳を示しなさい。

材料を直接材料費として 70,000 円、間接材料費として 30,000 円消費した。なお、当社は材料消費時に材料副費を予定配賦しており、予定配賦率は材料払出額の 10%である。

A | 2-5 | **解答** |

| （借）仕 掛 品 | 77,000 | （貸）材 料 | 100,000 |
| 製 造 間 接 費 | 33,000 | 材 料 副 費 | 10,000 |

解説 | 2-5 | **解説** |

直接材料費への配賦額：70,000 円× 10%（材料副費の予定配賦率）＝ 7,000 円

間接材料費への配賦額：30,000 円× 10%＝ 3,000 円

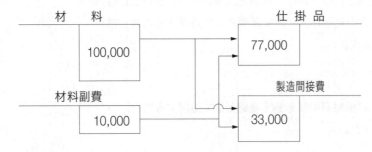

原価計算基準では材料副費について次のように規定しています。

┌─── **十一　材料費計算** （一部抜粋）

　　　　⋮

(4)材料の購入原価は、原則として、実際の購入原価とし、次のいずれかの金額によって計算する。

　1　購入代価に買入手数料、引取運賃、荷役費、保険料、関税等材料買入に要した引取費用を加算した金額

　2　購入代価に引取費用ならびに購入事務、検収、整理、選別、手入、保管等に要した費用（引取費用と合わせて以下これを「材料副費」という。）を加算した金額。ただし、必要ある場合には、引取費用以外の材料副費の一部を購入代価に加算しないことができる。

　　購入代価に加算する材料副費の一部又は全部は、これを予定配賦率によって計算することができる。

　　　　⋮

　　材料副費の一部を材料の購入原価に算入しない場合には、これを間接経費に属する項目とし又は材料費に配賦する。

　　購入した材料に対して値引又は割戻等を受けたときは、これを材料の購入原価から控除する。

　　　　⋮

　　材料の購入原価は、必要ある場合には、予定価格等をもって計算することができる。

労務費の基礎知識

続いて、労務費です。
材料費と同じように、**直接労務費と間接労務費などの労務費の分類の理解が**とても重要です。
また、特に賃金について支払賃金の処理と消費賃金の処理を、それぞれしっかりマスターしましょう。

1 労務費とは

▶ 労務費とは、労働用役を消費したことにより発生する原価です。

2 労務費の分類

▶ 労務費は次のように分類されます。

	製品との関連における分類	形態別分類(機能別分類を加味)
労 務 費	直 接 労 務 費	直接工賃金(直接作業分)
	間 接 労 務 費	直接工賃金(直接作業以外の部分)
		間 接 工 賃 金
		給 料 ・ 雑 給
		従 業 員 賞 与 手 当
		退 職 給 付 費 用
		法 定 福 利 費

1. 製品との関連における分類

● **直接労務費**

特定の製品に対する消費額を直接的に認識できる労務費。直接工 [01] の直接作業分の賃金だけが直接労務費となります [02]。

● **間接労務費**

特定の製品に対する消費額を直接的に認識できない労務費。

01) 直接工と間接工

直接工…直接的な加工作業（直接作業）を行う工員のこと。

間接工…直接作業以外の間接的な作業（間接作業）を行う工員のこと。

02) 直接工は間接作業を行うこともあり、賃金以外の賞与なども支給されます。したがって、直接工の労務費がすべて直接労務費となるわけではありません。

2. 形態別分類（機能別分類を加味）

塗装工

事務員

●賃 金

工員の労働に対して支払われる給与。賃金はさらに基本賃金と加給金とに分けられます [03]。

賃金 ＝ 基本賃金 ＋ 加給金

●給料・雑給

工員以外の職員やパート・アルバイトに対して支払われる給与。

●従業員賞与手当

工員・職員等の従業員に支払われる賞与（ボーナス）や手当 [04]。

●退職給付費用

従業員に将来支払われる退職給付の当期発生額。

●法定福利費

社会保険料等の会社負担額。

原価計算基準では労務費の分類について次のように規定しています。

> **八 製造原価要素の分類基準**（一部抜粋）
>
> 労務費とは、労働用役の消費によって生ずる原価をいい、おおむね次のように細分する。
> 1 賃金（基本給のほか割増賃金を含む。） 2 給 料 3 雑 給
> 4 従業員賞与手当 5 退職給与引当金繰入額 [05] 6 福利費（健康保険料負担金等）

> **十 費目別計算における原価要素の分類**（一部抜粋）
>
> 直接労務費
> 　直接賃金 [06]（必要ある場合には作業種類別に細分する。）
> 間接労務費
> 　間接作業賃金　間接工賃金　手待賃金　休業賃金　給 料
> 　従業員賞与手当　退職給与引当金繰入額　福利費（健康保険料負担金等）

03) 基本賃金…通常の業務に対する給与
加給金…基本賃金の他に支払われる作業に直接関係のある手当（定時間外作業手当、危険作業手当など）。

04) この手当は加給金と異なり、作業に直接関係しない通勤手当、住宅手当など。

05) 現行制度上の「退職給付費用」です。

06) 直接工の直接作業分の賃金のことです。

∃ 賃金の処理の流れ

➤ 　賃金の処理は、支払賃金の処理と消費賃金の処理の２つに分けることができます⁰⁷⁾。

07) 消費賃金の処理については、Chapter 12 で詳しく学習します。

➤ 　支払賃金の処理は、賃金を支払ったときや未払賃金を計上するときなどの処理なので、商業簿記での給料の処理とよく似ています。

〈商業簿記〉

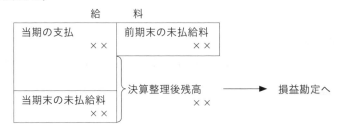

➤ 　上記のように、商業簿記では給料勘定の決算整理後の残高を損益勘定に振り替えます。つまり、当期の費用として損益計算書に記載する金額を求めることが給料勘定の役割といえます。

〈工業簿記〉

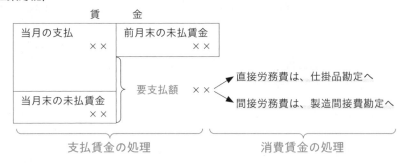

➤ 　工業簿記でも、当月の支払額に未払賃金を加減する処理を行います（この貸借差額を要支払額といいます）。これらの処理が「支払賃金の処理」です。

➤ 　商業簿記の給料と異なるのは、この要支払額を損益勘定に振り替えずに、賃金勘定の貸方には、「消費賃金の処理」による記入が行われる点です。

➤ 　消費賃金の処理は、賃金が製品の製造のためにどのように消費されたのかを記入することです。要支払額は当月に発生した費用ですが、それは製品を製造するための費用なので、いったん製造原価として、仕掛品勘定や製造間接費勘定に振り替えるのです。

1. 実際消費賃率による消費賃金の計算

▶▶ 　支払賃金の処理と消費賃金の処理の基本 [08] を具体的に見ていきましょう。次の問題は、消費賃金を実際消費賃率によって計算する場合です。実際消費賃率は、要支払額を就業時間で割って計算される1時間あたりの実際消費賃金額です。

> 08）2級での学習内容の復習です。

Q | **3-1** | **賃金の処理の流れ（実際消費賃率による消費賃金の計算）** |

　次の①から④の取引にもとづき、(1)当月の賃金の要支払額を計算し、(2)各取引の仕訳を示しなさい。なお、当工場の工員はすべて直接工であり、賃金の消費額は実際消費賃率によって計算している。

① 　前月末の未払賃金は 150,000 円であり、月初の再振替記入を行った。

② 　給与支給日に直接工の賃金 710,000 円について、源泉所得税等 20,000 円を差し引き、残額を現金で支払った。

③ 　当月末の未払賃金 200,000 円について見越計上を行った。

④ 　直接工の当月就業時間は 1,000 時間（このうち直接作業時間は 900 時間）であった。そこで、賃金の消費額を仕掛品勘定および製造間接費勘定に振り替えた。

A | **3-1** | **解答** |

(1) 要支払額 　　　　760,000 円

(2)

①（借）	未 払 賃 金	150,000	（貸）	賃		金	150,000
②（借）	賃 　 　 　 金	710,000	（貸）	預	り	金	20,000
				現		金	690,000
③（借）	賃 　 　 　 金	200,000	（貸）	未	払 賃	金	200,000
④（借）	仕 　 掛 　 品	684,000	（貸）	賃		金	760,000
	製 造 間 接 費	76,000					

3-1 | **解説** |

(1) 要支払額：710,000 円（当月支払）− 150,000 円（前月未払）+ 200,000 円（当月未払）= 760,000 円

(2)① 前月末における未払賃金を未払賃金勘定から賃金勘定の貸方に振り替えます。

② 賃金勘定の借方には、現金支給額ではなく、源泉所得税等を差し引く前の金額（総支給額）を記入します。

③ 当月末における未払賃金を賃金勘定の借方と未払賃金勘定の貸方に記入します。

④ 実際消費賃率：760,000 円（要支払額）÷ 1,000 時間 = @760 円

　直接労務費：@760 円 × 900 時間（直接作業時間）= 684,000 円 → 仕掛品勘定へ振替

　間接労務費：@760 円 × 100 時間（直接作業時間以外の就業時間）= 76,000 円

　　　　　　　　　　　　　　　　　　　　　　　　　　　　　　→ 製造間接費勘定へ振替

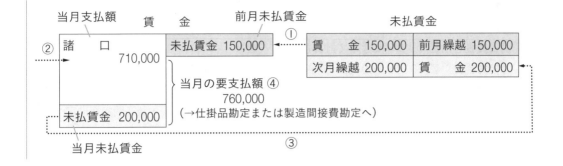

2. 予定消費賃率による消費賃金の計算

▶▶ 次の問題は、消費賃金を予定消費賃率によって計算する場合です。予定消費賃率を用いることによって、要支払額が計算される前に消費賃金額を計算することができます[09]。

09）これにより、記帳が迅速化され、製品原価を早く計算することにもつながります。

▶▶ 賃率差異は次の計算式によって求めます。

賃率差異 ＝ 予定消費賃金額 － 実際消費賃金額（要支払額）

Q | ３-２ | **賃金の処理の流れ（予定消費賃率による消費賃金の計算）** |

次の①から④の取引にもとづき、⑴当月の賃金の要支払額を計算し、⑵各取引の仕訳を示しなさい。なお、当工場の工員はすべて直接工であり、賃金の消費額は予定消費賃率（@750 円）によって計算している。

① 前月末の未払賃金は 150,000 円であり、月初の再振替記入を行った。
② 給与支給日に直接工の賃金 710,000 円について、源泉所得税等 20,000 円を差し引き、残額を現金で支払った。
③ 直接工の当月就業時間は 1,000 時間（このうち直接作業時間は 900 時間）であった。そこで、賃金の消費額を仕掛品勘定および製造間接費勘定に振り替えた。
④ 当月末の未払賃金 200,000 円について見越計上を行った。
⑤ 当月の賃率差異を計上した。

A | ３-２ | **解答** |

⑴ 要支払額　　　760,000 円

⑵

①（借）	未 払 賃 金	150,000	（貸）	賃			金	150,000
②（借）	賃	金	710,000	（貸）	預	り	金	20,000
					現		金	690,000
③（借）	仕 掛 品	675,000	（貸）	賃			金	750,000
	製 造 間 接 費	75,000						
④（借）	賃	金	200,000	（貸）	未 払 賃 金			200,000
⑤（借）	賃 率 差 異	10,000	（貸）	賃			金	10,000

💡 **З-2 解説**

(1) 要支払額：710,000円（当月支払）− 150,000円（前月未払）+ 200,000円（当月未払）= 760,000円

(2) ③ 消費賃金を予定消費賃率によって計算します。

直接労務費：@750円× 900時間（直接作業時間）= 675,000円 → 仕掛品勘定へ振替

間接労務費：@750円× 100時間（直接作業時間以外の就業時間）= 75,000円

→ 製造間接費勘定へ振替

⑤ 賃 率 差 異：750,000円（③より、予定消費賃金額）− 760,000円（(1)より）

= △ 10,000円（借方（不利）差異）

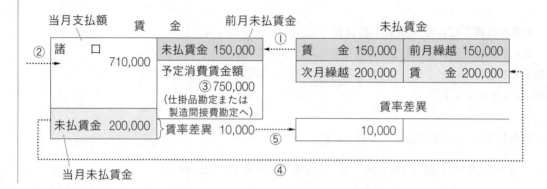

3. 未払賃金を賃金勘定で処理する場合

▶ 　未払賃金について、未払賃金勘定を用いずに賃金勘定で処理する場合があります。この場合には、賃金勘定の貸方残高（月末の未払賃金の金額）を次月に繰り越します。

▶ 　次の問題で見ていきましょう。未払賃金勘定を用いない点を除いては、【Q З-1】と同じ内容です。

Q | **З-З** | **賃金の処理の流れ（未払賃金の賃金勘定による）**

　次の①から④の取引にもとづき、(1)当月の賃金の要支払額を計算し、(2)各取引の仕訳を示しなさい（仕訳が必要ないときには、借方に「仕訳なし」と記入すること）。なお、当工場の工員はすべて直接工であり、賃金の消費額は実際消費賃率によって計算している。また、未払賃金勘定は用いていない。

① 前月末の未払賃金は150,000円であった。

② 給与支給日に直接工の賃金710,000円について、源泉所得税等20,000円を差し引き、残額を現金で支払った。

③ 当月末の未払賃金は200,000円であった。

④ 直接工の当月就業時間は1,000時間（このうち直接作業時間は900時間）であった。そこで、賃金の消費額を仕掛品勘定および製造間接費勘定に振り替えた。

∃-∃ | 解答 |

(1) 要支払額 ___760,000___ 円

(2)

① (借) 仕 訳 な し		(貸)	
② (借) 賃 金	710,000	(貸) 預 り 金	20,000
		現 金	690,000
③ (借) 仕 訳 な し		(貸)	
④ (借) 仕 掛 品	684,000	(貸) 賃 金	760,000
製 造 間 接 費	76,000		

∃-∃ | 解説 |

(1) 要支払額：710,000 円（当月支払）－ 150,000 円（前月未払）＋ 200,000 円（当月未払）＝ 760,000 円

(2)

① 未払賃金勘定を用いていないため、月初の再振替記入はありません。前月末の未払 150,000 円は、賃金勘定の貸方に前月繰越として記入されます。

③ 未払賃金勘定を用いた見越計上は行われません。

④ 実際消費賃率：760,000 円（要支払額）[10] ÷1,000 時間 ＝ @760 円

直接労務費：@760 円× 900 時間（直接作業時間）＝ 684,000 円

→ 仕掛品勘定へ振替

間接労務費：@760 円× 100 時間（直接作業時間以外の就業時間）

＝ 76,000 円 → 製造間接費勘定へ振替

この段階で、賃金勘定は当月末の未払の金額である 200,000 円の貸方残高になっており、これを次月に繰り越します。よって、次月は、貸方に前月繰越 200,000 円と記入されます。

10) 未払額による仕訳は行いませんが、ここで要支払額を用いるために未払額を把握することは必要です。

Section 4 経費の基礎知識

費目別計算の基本の学習の最後は経費についてです。
　材料費、労務費以外の製造原価がすべて経費となるため、その内容は多岐にわたります。そのため、最初からそのすべてをマスターしようとするのではなく、直接経費と間接経費のそれぞれの代表例など、ポイントとなる部分を優先して学習を進めましょう。

1 経費とは

▶ 経費とは、材料費、労務費以外の原価です。

2 経費の分類

▶ 経費は次のように分類されます。

	製品との関連における分類	形態別分類
経費	直接経費	外注加工賃、仕損費、特許権使用料　など
	間接経費	減価償却費、修繕費、賃借料、水道光熱費、租税公課、保険料、旅費交通費、通信費、福利施設負担額、厚生費、保管料、棚卸減耗費 [01]、雑費　など

01) 材料の棚卸減耗費（棚卸減耗損）は、製品生産のために材料が消費されていないため、間接材料費ではなく、間接経費です。

1. 製品との関連における分類
● **直接経費**
　特定の製品に対する消費額を直接的に認識できる経費。
● **間接経費**
　特定の製品に対する消費額を直接的に認識できない経費。

2. 直接経費の具体例 [02]
● **外注加工賃**
　材料の加工や製品の組立などを外部の会社に委託したときに支払う代金。

02) 仕損費については、Chapter4 で詳しく学習します。また、外注加工賃については、Chapter 12 で詳しく学習します。

- 仕　損　費

  個別原価計算で計算される仕損費で他の製造指図書に賦課するもの。
- 特許権使用料

  外部の会社がもつ特許を利用する場合に支払う代金。

3. 間接経費の具体例

- 減価償却費 … 工場の建物や機械などの減価償却費
- 修　繕　費 … 工場の建物や機械などの修繕費
- 賃　借　料 … 工場の建物や機械などの賃借料
- ガ　ス　代 … ガスの使用料金
- 水　道　料 … 水道の使用料金
- 電　力　料 … 電気の使用料金
- 租 税 公 課 … 固定資産税や印紙代など
- 保　険　料 … 工場の建物や機械の損害保険料など
- 旅費交通費 … 出張時の旅費など
- 通　信　費 … 電話代や郵便代など
- 福利施設負担額 … 社宅や独身寮、保養所など、従業員の福利厚生のための
  　　　　　　　　施設に要する原価
- 厚　生　費 … 社員旅行や健康診断など、従業員の福利厚生のために要する
  　　　　　　原価
- 保　管　料 … 材料を保管する外部倉庫代など
- 棚卸減耗費 … 減耗した材料の原価
- 雑　　　費 … 上記以外の経費

∃ 間接経費の消費額の把握方法による分類

▶▶ 間接経費は実際発生額の把握方法によって4つに分類されます[03]。

03) 直接経費については、多く
が支払経費です。

- 支払経費

  実際の支払額または請求額をもって消費額とする経費。

  【例】旅費交通費、通信費、保管料など
- 月割経費

  一定期間の発生額の月割額をもって当月の消費額とする経費。

  【例】減価償却費、賃借料、保険料、修繕費など
- 測定経費

  メーターで消費量を測定することによって消費額を計算する経費。

  【例】電力料、ガス代、水道料など
- 発生経費

  実際の発生額をもって消費額とする経費。

  【例】棚卸減耗費など

修繕費

電力料

棚卸減耗費

Q | 4-1 | 間接経費の分類と集計 |

次の資料より、経費の当月消費額を求めなさい。

📋 **資料**

1. 支払経費 (すべて現金払い)

　　通信費　45,000 円　　保管費　100,000 円　　交通費　35,000 円

2. 月割経費

　　保険料　240,000 円 (半年分)　　減価償却費　360,000 円 (年額)

3. 測定経費

	当月測定額	当月支払額
電力料	260,000 円	285,000 円
ガス代	106,000 円	98,000 円

4. 発生経費

　　材料帳簿棚卸高　　65,000 円

　　材料実地棚卸高　　63,000 円

A | 4-1 | 解答 |

経費の当月消費額　　<u>　618,000 </u>円

💡 | 4-1 | 解説 |

1. **支払経費**

通 信 費	45,000 円
保 管 費	100,000 円
交 通 費	35,000 円

2. **月割経費**

保 険 料	40,000 円 (= 240,000 円 ÷ 6 カ月)
減価償却費	30,000 円 (= 360,000 円 ÷ 12 カ月)

3. 測定経費

電　力　料	260,000 円
ガ　ス　代	106,000 円

4. 発生経費

棚卸減耗費	2,000 円
合　　　計	618,000 円

4 ┃ 経費の記帳方法

▶ 経費の記帳方法には、経費勘定を ⑴設ける方法と ⑵設けない方法がありま
す。

1. 経費勘定を設ける方法

▶ いったん経費勘定に計上してから、直接経費は仕掛品勘定へ、間接経費は
製造間接費勘定へ振り替えます[04]。

04)「経費」勘定のかわりに「外
注加工賃」、「賃借料」と
いった費目別の勘定を細か
く設けることもあります。

2. 経費勘定を設けない方法

▶ はじめから直接経費は仕掛品勘定、間接経費は製造間接費勘定に計上しま
す。

次の問題で、確認してみましょう。

Q ｜ 4-2 ｜ **経費の記帳方法** ｜

次の取引について、⑴ 経費勘定を設ける方法と ⑵ 経費勘定を設けない方法のそれぞれの仕訳
を示しなさい。
① 外注加工賃 70,000 円を現金で支払った。
② 機械の賃借料 80,000 円を現金で支払った。

A ｜ 4-2 ｜ **解答** ｜

⑴ 経費勘定を設ける方法

①	（借）経	費	70,000	（貸）現		金	70,000
	（借）仕　掛　品		70,000	（貸）経		費	70,000
②	（借）経	費	80,000	（貸）現		金	80,000
	（借）製　造　間　接　費		80,000	（貸）経		費	80,000

⑵ 経費勘定を設けない方法

①	（借）仕　掛　品	70,000	（貸）現　金	70,000
②	（借）製　造　間　接　費	80,000	（貸）現　金	80,000

(1)
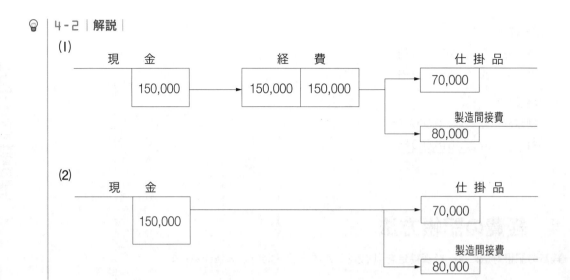

(2)

現　金		仕　掛　品
150,000		70,000

製造間接費

	80,000

Chapter 3

製造間接費と
部門別計算の基本

Point

　この Chapter では、製造間接費の処理や、製造間接費を部門別に計算するときの処理の基本を学習します。

　Chapter2 と同様に、どちらも 2 級の復習にあたる内容が多いため、先に 2 級の問題集の問題を解いておくのもよいと思います。

　1 級では、補助部門費の配賦方法としての階梯式配賦法などが追加されます。

用語集

製造間接費
特定の製品に対する消費額を直接的に認識できない原価

基準操業度
来年度における工場の予定操業水準（予定配賦率の計算式の分母）

変動予算
変動製造間接費と固定製造間接費の別に設定する予算

固定予算
変動製造間接費と固定製造間接費を区別せずに設定する予算

予算差異
予算許容額より多くかかった（少なくて済んだ）ことによる製造間接費の超過額（節約額）

操業度差異
実際操業度が基準操業度よりも少なかった（多かった）ことによる製造間接費の配賦不足額（超過額）

部門別配賦
製造間接費を製造部門ごとに配賦すること

第1次集計
各部門で製造間接費がいくらかかったのかを集計し把握するための手続

第2次集計
第1次集計によって補助部門に集計された製造間接費を製造部門に配賦する手続（直接配賦法、相互配賦法、階梯式配賦法）

1 製造間接費の基礎知識

まずは、とても大切な2級の内容の復習からです。
製造間接費とは何か、製造間接費はどのように製品に負担させるのかといった基礎知識を確認しておきましょう。

1 | 製造間接費

▶ 特定の製品に対する消費額を直接的に認識できない原価を製造間接費といいます。各製品の原価を正しく計算するためには、製造間接費を各製品に配賦する手続が不可欠です。この場合、何らかの配賦基準（製品ごとの生産量、直接労務費、直接作業時間など）を設けて配賦を行います。製造間接費は次の3つから構成されます。

	製品との関連における分類
	間 接 材 料 費
製 造 間 接 費	間 接 労 務 費
	間 接 経 費

機械用
潤滑油

間接材料費

間接工の賃金

間接労務費

電力料

間接経費

2 | 製造間接費の処理

▶ 製造間接費の処理には、(1) 製造間接費の実際発生額の集計、(2) 製造間接費の配賦の2つの場面があります。

(1) 製造間接費 → (2) 製造間接費
　の集計　　　　　　の配賦

(1) 製造間接費の集計

▶ 製造間接費は間接材料費・間接労務費・間接経費の3つからなります。製造間接費は各費目の勘定（材料勘定、労務費に関する勘定、経費勘定）から、製造間接費勘定（費用の勘定）の借方に振り替えられます。

(借)製　造　間　接　費	600	(貸)材	料	200
		賃	金[01]	300
		経	費	100

01) 単純化のため、労務費に関する勘定は賃金勘定のみであると仮定しています。

(2) 製造間接費の配賦

▶ 製造間接費を配賦するさいには、製造間接費の実際発生額の合計600円を[02]製造間接費勘定から、仕掛品勘定の借方に振り替えます。

02) 実際配賦を前提としています。

| (借)仕　　掛　　品 | 600 | (貸)製　造　間　接　費 | 600 |

▶ この600円という金額は各製品への配賦額の合計であるという点に注意してください。

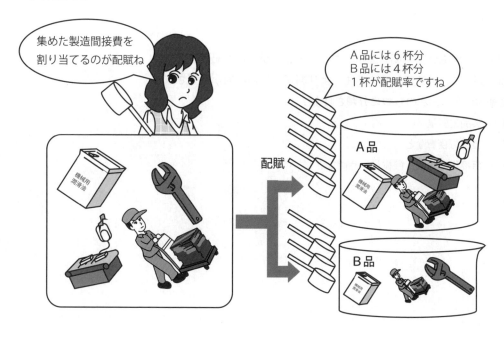

集めた製造間接費を割り当てるのが配賦ね

A品には6杯分
B品には4杯分
1杯が配賦率ですね

配賦

A品

B品

3 | 製造間接費の実際配賦

▶▶ 2級でも学習した製造間接費の実際配賦の手順を復習しましょう。実際配賦では、製造間接費の実際発生額を次の手順で各製品（製造指図書）に対して配賦します[03]。

03) 個別原価計算を前提としています。

a. 実際配賦率を求める

$$実際配賦率 = \frac{製造間接費実際発生額}{配賦基準数値の合計}$$

b. 各製品（製造指図書）に対する配賦額を決定する

各製品への配賦額
　= 実際配賦率 × 各製品（製造指図書）の配賦基準数値

▶▶ 例えば、製造間接費の当月実際発生額が600円、各製品の機械作業時間が製造指図書 # 10…25時間、# 20…15時間、# 30…20時間だとします。機械作業時間を基準にして製品に配賦してみましょう。

a. 実際配賦率

$$\frac{600 円}{25 時間 + 15 時間 + 20 時間} = @10 円$$

b. 各製品への配賦額

# 10	@10円 × 25時間	=	250円
# 20	@10円 × 15時間	=	150円
# 30	@10円 × 20時間	=	200円

▶▶ 上記の例では、機械作業時間を配賦基準としましたが、この配賦基準は各企業の実情に応じて、製造間接費の発生とより関連の深い数値が選択されます。配賦基準の種類は、次の3つに分類されます。

- ●**数量基準** … 製品生産量
- ●**金額基準** … 直接労務費など
- ●**時間基準** … 直接作業時間、機械作業時間など

Q | 1-1 | 実際配賦 |

次の資料にもとづき、(1) 製品の生産量、(2) 直接労務費、(3) 直接作業時間を配賦基準とした場合のそれぞれの ①実際配賦率と ②実際配賦額を求めなさい。

📄 資料

1. 製造間接費実際発生額　600 円
2. 製品生産量　# 10…24 個、# 20…50 個、# 30…26 個
3. 各製品の直接労務費　# 10…490 円、# 20…960 円、# 30…550 円
4. 各製品の直接作業時間　# 10…45 時間、# 20…100 時間、# 30…55 時間

A | 1-1 | 解答 |

(1) 実際配賦率　　　@　　　6 円　　　実際配賦額　# 10　　　144 円
　　　　　　　　　　　　　　　　　　　　　　　　# 20　　　300 円
　　　　　　　　　　　　　　　　　　　　　　　　# 30　　　156 円

(2) 実際配賦率　　　@　0.3 円　　　実際配賦額　# 10　　　147 円
　　　　　　　　　　　　　　　　　　　　　　　　# 20　　　288 円
　　　　　　　　　　　　　　　　　　　　　　　　# 30　　　165 円

(3) 実際配賦率　　　@　　　3 円　　　実際配賦額　# 10　　　135 円
　　　　　　　　　　　　　　　　　　　　　　　　# 20　　　300 円
　　　　　　　　　　　　　　　　　　　　　　　　# 30　　　165 円

💡 | 1-1 | 解説 |

(1) 製品生産量基準の場合

　①実際配賦率

$$\frac{600円}{24個 + 50個 + 26個} = @6円$$

　②実際配賦額
　　# 10…@ 6 円 × 24 個 = 144 円
　　# 20…@ 6 円 × 50 個 = 300 円
　　# 30…@ 6 円 × 26 個 = 156 円
　　　　　　　　　　　　　　600 円

(2) 直接労務費基準の場合

　①実際配賦率

$$\frac{600円}{490円 + 960円 + 550円} = @0.3円$$

　②実際配賦額
　　# 10…@0.3 円 × 490 円 = 147 円
　　# 20…@0.3 円 × 960 円 = 288 円
　　# 30…@0.3 円 × 550 円 = 165 円
　　　　　　　　　　　　　　　600 円

(3) 直接作業時間基準の場合

　①実際配賦率

$$\frac{600円}{45時間 + 100時間 + 55時間} = @3円$$

　②実際配賦額
　　# 10…@ 3 円 × 45 時間 = 135 円
　　# 20…@ 3 円 × 100 時間 = 300 円
　　# 30…@ 3 円 × 55 時間 = 165 円
　　　　　　　　　　　　　　　600 円

Section 2 製造間接費の予定配賦

Section 1 では製造間接費の実際配賦を学習しましたが、製造間接費の原則的な配賦方法は予定配賦です。

予定配賦率はいつ、どのように計算するのか、予定配賦額はいつ、どのように計算するのかなど、時系列を念頭に学習することが大切です。

また、配賦差異の分析は 1 級でも頻出論点です。

1 | 製造間接費の予定配賦

製造間接費の予定配賦とは、会計年度の初め（または各月初）にあらかじめ製造間接費についての配賦率を定め、これにもとづいて製品への配賦を行う方法です。予定配賦率は次の計算式によって求めます[01]。

01) 実際配賦を行う場合の配賦率の計算式の分子・分母を、実績のデータから予定データに置き換えることになります。詳しくは次の 2 で学習します。

$$予定配賦率 = \frac{製造間接費の予算額}{基準操業度（予定配賦基準数値）}$$

各製品への予定配賦額は次の計算式によって求めます。

各製品への配賦額
= 予定配賦率 × 各製品（製造指図書）の実際配賦基準数値

予定配賦率を用いると次のメリットがあります。

1. 計算の迅速化

各製品の配賦基準数値が明らかになった時点で、すぐに配賦額を求めることができます（実際発生額が集計されるのを待たずに製造間接費勘定から仕掛品勘定に製造間接費配賦額を振り替えることができます）[02]。

02) 製造間接費実際発生額が集計される時点まで、製品原価を集計できない実際配賦に比べて、すぐに計算結果を得ることができます。

2. 製品単位原価の変動を回避できる

▶▶ 予定配賦率を会計年度の初めに算定する場合、年間を通じて一定の配賦率が適用されます。したがって、製品の生産量と実際配賦基準数値が変化しなければ、予定配賦額も変化しないため、製品の単位原価（製品1個あたりの製造間接費）は変動しません。

2 | 予定配賦の流れ

▶▶ 製造間接費を予定配賦する場合の一連の手続を示すと、次のとおりです[03]。

03) 会計年度の期首に予定配賦率を定めるケースです。

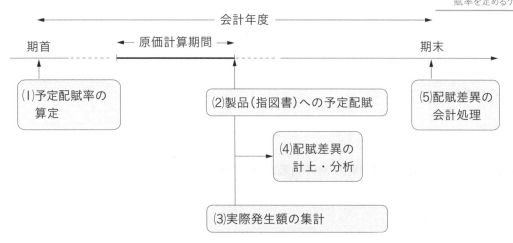

▶▶ このうち、とりわけ重要なのは、(1) 予定配賦率の算定、(4) 配賦差異の計上・分析、(5) 配賦差異の会計処理、の3つになります。

▶▶ まず、予定配賦率の算定から検討することにしましょう。

1. 予定配賦率の算定

▶▶ 予定配賦率は基準操業度[04]と製造間接費予算の2つの要素によって算定します。

04) 操業度とは業務活動の量を指します。工場が忙しく働いてどんどん製品を作っているときは操業度が高い、逆に暇なときは操業度が低いなどといいます。

① 基準操業度の選択

▶▶ 来年度における工場の正常な操業水準を基準操業度といい、製造間接費の予定配賦率の算定式の分母として用います。基準操業度には次の3種類があり、その会社の状況や経済状況を考慮してもっとも適当なものが選択されます。

● 基準操業度の種類

ア. 実際的生産能力	理論的生産能力[05] から、避けることのできない機械の故障やそれにともなう修繕、工具の欠勤、休暇などを差し引いて計算される実現可能な最大の操業水準。
イ. 期待実際操業度	次の1年間に予想される製品販売量を基礎として計算された操業水準。
ウ. 平均操業度	季節的な変動や景気による変動を予測して長期的に平均化した操業水準[06]。

▶ それぞれの具体的な計算を見ていきましょう。

ア. 実際的生産能力

「実際的生産能力」というくらいですから、現実に工場が目一杯、稼働したときにどれくらいの生産能力があるか、その限界を示すものといえます。したがって、理論的生産能力を計算し、そこから避けることができない休止分を差し引いて計算します。

▶ 実際的生産能力は次の計算で求めます。

実際的生産能力 = 理論的生産能力 − 不可避的な作業休止分

Q | 2-1 | 実際的生産能力 |

次の資料にもとづき、理論的生産能力および実際的生産能力を求めなさい。なお、いずれも機械作業時間によって測定すること。

📋 資料

当社の年間作業日数は250日、5台の機械で1日3交替制で24時間の機械作業を行っている。機械の修繕等による作業休止時間は年間3,000時間である。

A | 2-1 | 解答 |

理論的生産能力 _____30,000_ 時間　　実際的生産能力 _____27,000_ 時間

💡 | 2-1 | 解説 |

理論的生産能力：250日（年間作業日数）× 5台 × 24時間 = 30,000時間

「1日3交替制」は、例えば3人の労働者が各8時間就業するという意味なので、機械作業時間による能力の計算には無関係です。

実際的生産能力：30,000時間（理論的生産能力）− 3,000時間（不可避的な作業休止）= 27,000時間

イ．期待実際操業度

来年1年間にはこれくらい製品を販売できるだろうという予測を立て、そこから割り出した必要生産量にもとづく操業水準です。したがって、来年1年における必要生産量を予測し、それに製品単位あたり機械作業時間を掛けて計算します[07]。

07) 操業水準を機械作業時間によって測定している場合です。

08) これは次のように計算します。
年間販売見込量
＋(次期)期末製品必要在庫量
－(次期)期首製品在庫量

> **期待実際操業度 ＝**
> **次期における製品の必要生産量[08] × 製品単位あたりの機械作業時間**

Q | 2-2 | 期待実際操業度 |

次の資料にもとづき、期待実際操業度を求めなさい。

📄 **資料**

当社製品の次期における年間販売見込量は 11,000 個であり、(次期) 期首製品在庫量は 2,000 個、(次期) 期末製品必要在庫量は 1,000 個である。製品1個あたりの機械作業時間は 2.5 時間と見積もられた。

A | 2-2 | 解答 |

期待実際操業度 ___25,000___ 時間

💡 | 2-2 | 解説 |

次期必要生産量：

製	品
(首) 2,000個	販売 11,000個
生産 10,000個	(末) 1,000個

期待実際操業度：10,000 個 (次期必要生産量)×2.5 時間 (1 個あたり機械作業時間) ＝ 25,000 時間

ウ．平均操業度

例えば平均化する期間を5年間とした場合、来たる5年間には、これくらい製品を販売できるだろうという予測を立てて、そこから割り出した必要生産量を5年で割って平均化した操業水準です。したがって、5年間における必要生産量を予測し、次に1年あたりの平均を求め、それに製品単位あたり機械作業時間を掛けて計算します[07]。

09) これは次のように計算します。
5年間における販売見込量
＋(5年後の)期末製品必要在庫量
－(次期)期首製品在庫量

> **平均操業度 (平均化する期間を5年間とした場合) ＝**
> **5年間における製品の必要生産量[09] ÷ 5年**
> **× 製品単位あたりの機械作業時間**

Q | 2-3 | **平均操業度** |

次の資料にもとづき、平均操業度を求めなさい。

◎ 資料

当社のむこう5年間の製品販売見込量は40,000個であり、（次期）期首製品在庫量は6,000個、5年後の期末製品必要在庫量は15,000個である。製品1個あたりの機械作業時間は2.5時間と見積もられた。

A | 2-3 | **解答** |

平均操業度 ____24,500____ 時間

◎ | 2-3 | **解説** |

5年間の必要生産量：

製		品	
（首）6,000個	販売 40,000個		
生産 49,000個	（末）15,000個		

平均操業度：49,000個（5年間の必要生産量）÷5年 × 2.5時間（1個あたり機械作業時間）
　　　　　　＝ 24,500時間

② 製造間接費予算の設定

▶ 基準操業度を決定したら、その操業度において発生すると考えられる製造間接費予算を設定します。製造間接費予算は予定発生額であると同時に目標値でもあります。「××年度の国の予算は○○円」とか「パーティーの予算はひとり△△円からです」といった表現を耳にしたことがあるでしょう。予算とは一般に「いくらでおさめるか」という枠を意味します。製造間接費予算も同様で、製造間接費をその金額以内に抑えようという上限目標額を表します。

製造間接費予算の設定方法には、変動予算と固定予算の2つの方法があります。

製造間接費予算 ⎰ 変動予算（公式法変動予算）
　　　　　　　⎱ 固定予算

ア. 変動予算（公式法変動予算）

変動予算（公式法変動予算）では変動製造間接費と固定製造間接費の別に予算を設定します。

(a) 変動製造間接費

操業度に比例して増減する製造間接費です。直接工の間接賃金や補助材料費などは操業度が高いほど多くかかり、操業度が低ければ少なくて済むので変動製造間接費であるといえます。変動製造間接費は変動費率[10]（@300円だったとします）に基準操業度（年間8,400時間だったとします）を掛けた金額が予算額（2,520,000円）となります。

10）操業度単位あたりの変動製造間接費額です。

(b) 固定製造間接費

操業度によらず一定額が発生する製造間接費です。減価償却費や賃借料などは操業度が増減したからといって発生額が変わるわけではないので固定製造間接費にあたります。例えば、固定製造間接費の年間予定発生額が4,200,000円だったとすると、それが固定製造間接費の予算額です。

イ．固定予算

固定予算では変動費と固定費とを区別せずに総額で予算を設定します。その金額は、基準操業度に対する予定発生額です。例えば、予定発生額が6,720,000円（変動費と固定費の合計）だったとすると、それが固定予算額です。

③ 予定配賦率の算定

基準操業度と製造間接費予算額の2つが決定されたら、予定配賦率を算定します。

〈公式法変動予算の場合〉

$$\frac{変動費予算\ 2,520,000\ 円＋固定費予算\ 4,200,000\ 円}{基準操業度\ 8,400\ 時間}$$

$$＝@\ 300\ 円（変動費率）＋@500\ 円（固定費率）^{11)} ＝@\ 800\ 円$$

11）操業度単位あたりの固定製造間接費です。
4,200,000 円÷8,400 時間
＝@ 500 円

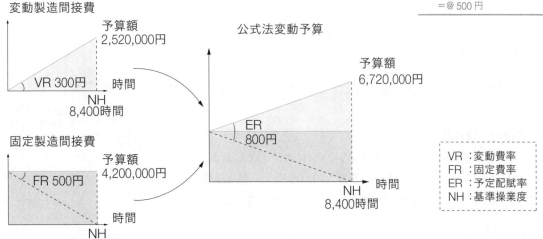

〈固定予算の場合〉

$$\frac{予算額\ 6,720,000\ 円}{基準操業度\ 8,400\ 時間} = @\ 800\ 円$$

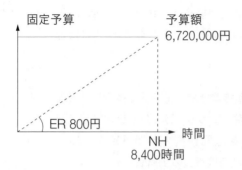

▶ 公式法変動予算と固定予算のどちらを採用しても、予定配賦率は同じ
（@800 円）、予定配賦額も同じになります。

2. 製品（製造指図書）への予定配賦

▶ 予定配賦率をもとに製造間接費を各製品（製造指図書）に配賦します。

> **各製品への配賦額**
> **＝ 予定配賦率 × 各製品（製造指図書）の実際配賦基準数値**

▶ 次の具体例で確認しましょう。

各製造指図書の配賦基準数値
　# 100……240 時間、# 200……125 時間、# 300……300 時間
各製造指図書への予定配賦額
　# 100…@800 円× 240 時間 = 192,000 円
　# 200…@800 円× 125 時間 = 100,000 円
　# 300…@800 円× 300 時間 = 240,000 円　　　合計　532,000 円

予定配賦　（借）仕　掛　品　532,000　　（貸）製造間接費　532,000 [12]

12) 実際配賦の場合と仕訳の勘定科目は変わりませんが、配賦額が実際発生額から予定配賦額へ変わります。

3. 実際発生額の集計

▶ 製造間接費の実際発生額が次のように判明したとしましょう。
　間接材料費 125,000 円、間接労務費 240,000 円 [13]、間接経費 275,000 円
各実際発生額を、次のように製造間接費勘定の借方に集計します。

13) すべて賃金であったとします。

実際発生額の集計
　　　（借）製造間接費　640,000　　（貸）材　　料　125,000
　　　　　　　　　　　　　　　　　　　　賃　　金　240,000
　　　　　　　　　　　　　　　　　　　　経　　費　275,000

4. 配賦差異の計上・分析

① 製造間接費配賦差異の計上

▶▶ 予定配賦を行うと、予定配賦額と実際発生額との間に差額が生じます。これを製造間接費配賦差異といいます[14]。

14) 予定配賦額よりも実際発生額が大きい場合、借方（不利）差異が生じ、予定配賦額よりも実際発生額が小さい場合、貸方（有利）差異が生じます。

$$\text{製造間接費配賦差異} = \text{予定配賦額} - \text{実際発生額}$$

製造間接費配賦差異：$\underset{\text{予定配賦額}}{532,000\,円} - \underset{\text{実際発生額}}{640,000\,円} = \triangle\,108,000\,円\,（借方差異）$

配賦差異の計上 （借）製造間接費配賦差異 108,000　（貸）製造間接費 108,000

②配賦差異の分析

▶▶ 配賦差異は発生原因を分析することで原価管理に役立てることができます。具体的には、配賦差異は次の2つの差異からなります。

予算差異	予算許容額[15]より費用が多くかかった（少なくて済んだ）ことによる製造間接費の超過額（節約額）です。補助材料や消耗品などの浪費などにより生じます。
操業度差異	実際操業度が基準操業度よりも少なかった（多かった）ことによる製造間接費の配賦不足額（超過額）です。需要の増減や機械の故障による生産停止などが原因で生じます。

15) 予算許容額とは、当月に工場が実際に操業した時間（実際操業度）における製造間接費予算額を意味します。

ア．公式法変動予算による差異分析[16]

公式法変動予算による場合、各差異は次の計算で求めます。

16) 検定試験でもっとも多く出題されています。

ⓐ予算差異 =
予算許容額（= 変動費率 × 実際操業度 + 固定費予算額）- 実際発生額

ⓑ操業度差異 = 予定配賦額 - 予算許容額
または、
固定費率 ×（実際操業度 - 基準操業度）

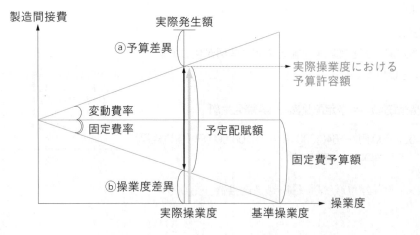

製造間接費

実際発生額

ⓐ予算差異

実際操業度における
予算許容額

変動費率

固定費率

予定配賦額

固定費予算額

ⓑ操業度差異

実際操業度　基準操業度　操業度

Q 2-4 公式法変動予算による差異分析

次の資料にもとづき、公式法変動予算による配賦差異分析を行いなさい。

📋 資料

予定配賦率　@800円　　実際発生額　640,000円（内固定費390,000円）

固定費予算額（月間）　350,000円

基準操業度（月間）　700機械作業時間[17]

実際操業度　　665機械作業時間[18]

17) 3-11ページの具体例での
年間の基準操業度 8,400
時間を 12カ月で割って求
めた月間の基準操業度で
す。

18) 3-12ページの #100～
#300 に対する作業時間の
合計です。

A 2-4 解答

製造間接費配賦差異　　108,000円（借方（不利）差異）

予 算 差 異　　90,500円（借方（不利）差異）

操業度差異　　17,500円（借方（不利）差異）

💡 2-4 解説

固 定 費 率： $\dfrac{350,000円}{700時間}$ ＝ @500円

変 動 費 率：@800円 － @500円 ＝ @300円

予定配賦額：@800円 × 665時間 ＝ 532,000円

予算許容額：変動費率 × 実際操業度 ＋ 固定費予算額

　　　　　　 ＝ @300円 × 665時間 ＋ 350,000円 ＝ 549,500円

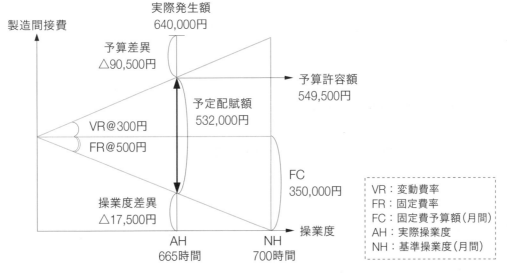

製造間接費配賦差異（総差異）：532,000 円（予定配賦額）− 640,000 円（実際発生額）

＝△ 108,000 円（借方（不利）差異）

予算差異：549,500 円（予算許容額）− 640,000 円（実際発生額）＝△ 90,500 円（借方（不利）差異）

操業度差異：532,000 円（予定配賦額）− 549,500 円（予算許容額）＝△ 17,500 円（借方（不利）差異）

または、＠500 円（固定費率）×（665 時間（実際操業度）− 700 時間（基準操業度））

＝△ 17,500 円（借方（不利）差異）

補足 | 変動費予算差異と固定費予算差異

▶ 公式法変動予算による差異分析では、予算差異をさらに変動費予算差異と
固定費予算差異に分けることがあります。

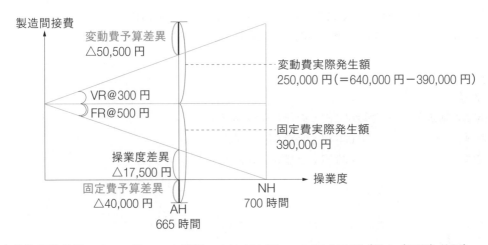

変動費予算差異：＠300 円× 665 時間 − 250,000 円 ＝ △ 50,500 円（借方（不利）差異）

固定費予算差異：350,000 円 − 390,000 円 　　　＝ △ 40,000 円（借方（不利）差異）

合　　　計 　　　　　　　　　　　　　　　　　　△ 90,500 円（借方（不利）差異）

▶ 2 つの予算差異を合計すると、【Q2-4】における予算差異に一致します。

イ. 固定予算による差異分析

固定予算を設定している場合、差異は次の計算で求めます。

> **ⓐ予 算 差 異 = 予算許容額[19] − 実際発生額**

> **ⓑ操業度差異 = 予定配賦額 − 予算許容額**
>   **または、**
>   **予定配賦率 ×（実際操業度 − 基準操業度）**

19) 固定予算では実際操業度にかかわらず、最初に設定した固定予算額が予算許容額となります。

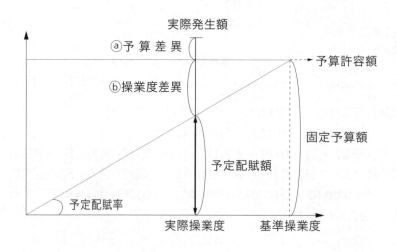

Q │2-5│ **固定予算による差異分析** │

次の資料にもとづき、固定予算による配賦差異分析を行いなさい。

📖 **資料**

製造間接費予算額（月間）	560,000 円	実際発生額	640,000 円
基準操業度（月間）	700 機械作業時間	実際操業度	665 機械作業時間

A │2-5│ **解答** │

製造間接費配賦差異	108,000 円（借方（不利）差異）
予 算 差 異	80,000 円（借方（不利）差異）
操業度差異	28,000 円（借方（不利）差異）

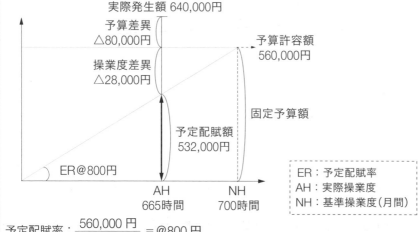

CHAPTER
3

製造間接費と部門別計算の基本

$$予定配賦率：\frac{560,000 円}{700 時間} = @800 円$$

予定配賦額：@800 円 × 665 時間 = 532,000 円

製造間接費配賦差異（総差異）：532,000 円（予定配賦額）− 640,000 円（実際発生額）

$$= \triangle 108,000 円（借方（不利）差異）$$

予 算 差 異：560,000 円（予算許容額）− 640,000 円（実際発生額）= △80,000 円（借方（不利）差異）

操業度差異：532,000 円（予定配賦額）− 560,000 円（予算許容額）= △28,000 円（借方（不利）差異）

　　　　　または、@800 円（予定配賦率）×（665 時間（実際操業度）− 700 時間（基準操業度））

$$= \triangle 28,000 円（借方（不利）差異）$$

▶▶ 【Q2-5】を通じて、固定予算の問題点を考えてみましょう。

▶▶ 基準操業度 700 時間よりも実際操業度 665 時間の方が少ないため、その差の 35 時間の変動費分だけ、製造間接費の発生額は少なく済むはずです。しかし、固定予算では、実際操業度に対する予算許容額は、基準操業度に対する予算額と同じ 560,000 円とされるため [20]、予算差異の金額が原価管理にはあまり有用ではありません。

> [20] いいかえれば、665 時間と700 時間の変動費は同額であると仮定していることになります。

▶▶ また、操業度差異は本来、固定費のみから計算されるものです。しかし、固定予算では変動費と固定費を区別しないので、操業度差異に変動費が混入してしまいます。したがって、操業度差異の計算も不正確なものになってしまいます。

　　固定予算は、常に実際操業度と基準操業度が非常に近い状態 [21] にあるか、製造間接費に占める固定費の割合が非常に高い場合 [22] 以外はあまり採用されないのが実状です。

> [21] 基準操業度における予算額を実際操業度における予算額と考えて差し支えない状態であることを意味します。
>
> [22] 固定費の割合が非常に高いということは、予定配賦率中の固定費の割合が非常に高く、操業度差異の中に変動費がほとんど混入しない状態であることを意味します。

3 | 予定配賦の会計処理

▶ 製造間接費を予定配賦している場合の会計処理について、次の問題で確認しましょう。

Q 2-6 | 予定配賦の一連の仕訳 |

次の資料にもとづき、①から③の各取引の仕訳を示しなさい。

📋 **資料**

当社では機械作業時間を基準として製造間接費を予定配賦している。年間の製造間接費予算は6,720,000円であり、基準操業度は8,400時間である。

①製造間接費を予定配賦する。当月の機械作業時間は665時間（うち#100が240時間、#200が125時間、#300が300時間）であった。

②当月の製造間接費実際発生額は次のとおりであった。

間接材料費	125,000円
間接労務費	240,000円（すべて賃金）
間接経費	275,000円
	640,000円

③ 当月の配賦差異を計上する。

A 2-6 | 解答 |

①予定配賦	（借）仕　掛　品	532,000	（貸）製造間接費	532,000
②実際発生額の集計	（借）製造間接費	640,000	（貸）材　　　料	125,000
			賃　　　金	240,000
			経　　　費	275,000
③配賦差異の把握	（借）製造間接費配賦差異	108,000	（貸）製造間接費	108,000

💡 2-6 | 解説 |

① 製造間接費の予定配賦額を製造間接費勘定から仕掛品勘定に振り替えます。

予定配賦率：$\dfrac{予算額\ 6,720,000\ 円}{基準操業度\ 8,400\ 時間}$ ＝@800円

予定配賦額：@800円×665時間（実際操業度）＝532,000円

② 製造間接費の実際発生額を製造間接費勘定の借方に集計します。

③ 製造間接費配賦差異（総差異）：532,000円（予定配賦額）－640,000円（実際発生額）

＝△108,000円（借方（不利）差異）

借方差異なので、製造間接費配賦差異勘定の借方に計上します。

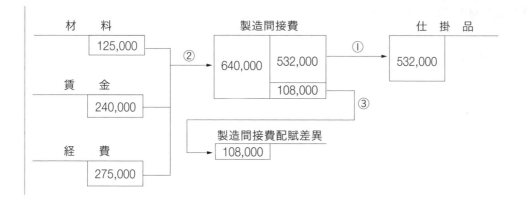

4 | 製造間接費配賦差異の会計処理

⇢ 製造間接費を予定配賦している場合に計上された製造間接費配賦差異は、会計期末に次のように処理します。

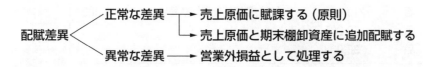

1. 売上原価に賦課（原則）

⇢ 正常な差異 [23] の場合、原則として当年度の売上原価に賦課（加算または減算）します。

23) 毎期経常的に発生する範囲内の差異。

Q | 2-7 | **配賦差異の原則的処理** |

製造間接費配賦差異（当年度の各月の累計）　△ 300,000 円（借方差異）

この差異が正常な差異である場合の会計期末における仕訳を示しなさい。

A | 2-7 | **解答** |

| （借）売　上　原　価 | 300,000 | （貸）製造間接費配賦差異 | 300,000 |

Q | 2-7 | **解説** |

借方差異（不利差異）なので、売上原価に加算します。貸方差異（有利差異）の場合は、売上原価から減算します。

2. 売上原価と期末棚卸資産に追加配賦

▶ 正常な差異であっても、多額の差異が生じた場合には、当年度の売上原価
と期末棚卸資産に追加配賦します。

Q | 2-8 | **配賦差異の追加配賦** |

製造間接費配賦差異（当年度の各月の累計）　△300,000円（借方差異）

この差異については作業時間を基準として、売上原価と期末棚卸資産に追加配賦する。

作業時間（当年度）

期末仕掛品	1,000 時間
期 末 製 品	2,000 時間
当期販売品	7,000 時間
計	10,000 時間

このときの仕訳を示しなさい。

A | 2-8 | **解答** |

（借）売 上 原 価	210,000	（貸）製造間接費配賦差異	300,000
製　　　品	60,000		
仕　掛　品	30,000		

Ｑ | 2-8 | **解説** |

1 時間あたりの配賦額： $\dfrac{300,000 \text{円}}{10,000 \text{時間}} = @30 \text{円}$

売上原価への追加配賦額：@30円×7,000時間 = 210,000円

期末製品への追加配賦額：@30円×2,000時間 = 60,000円

期末仕掛品への追加配賦額：@30円×1,000時間 = 30,000円

3. 営業外損益として処理

▶ 異常な原因による差異の場合、非原価項目とします。

製造間接費配賦差異勘定から損益勘定に振り替えます。

Q | 2-9 | **異常な配賦差異** |

製造間接費配賦差異（当年度の各月の累計）　△300,000円（借方差異）

異常な差異であるので、非原価項目とする。このときの仕訳を示しなさい。

A | 2-9 | **解答** |

（借）損　　　　益	300,000	（貸）製造間接費配賦差異	300,000

参考 | 実査法変動予算（多桁式変動予算）

製造間接費の予算設定の方法には変動予算と固定予算があり、変動予算については公式法変動予算を学習しました。実は変動予算にはもう１つ、実査法変動予算（多桁式変動予算）という方法があります。

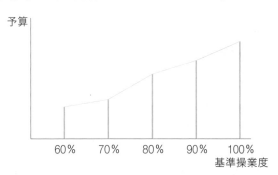

実査法変動予算とは、一定範囲の操業圏内で一定間隔ごとの操業度について個別に予算許容額を設定する方法です。この方法は製造間接費には、準変動費や準固定費のような性質を持つものがあるので、公式法変動予算のように直線的に増減しないと考えて、一定間隔の操業度ごとに厳密に予算許容額を設定するのです。

Q | 2-10 | **実査法変動予算**

当工場では製造間接費の製品への配賦は変動予算による予定配賦を行っている。下記の資料にもとづいて製造間接費の製品への配賦額、製造間接費配賦差異を求めるとともに、製造間接費配賦差異について予算差異と操業度差異とに分析しなさい。

📄 資料

1. 製造間接費予算（実査法変動予算）

操 業 度	80％	90％	100％
製造間接費予算額	230,000 円	280,000 円	300,000 円

2. 基準操業度　1,000 時間（100％）
3. 実際操業度　　860 時間
4. 製造間接費実際発生額　279,400 円

A | 2-10 | **解答**

製品への配賦額	258,000 円
製造間接費配賦差異	△ 21,400 円
予算差異	△ 19,400 円
操業度差異	△ 2,000 円

1. 製造間接費の予定配賦

予定配賦率：$\dfrac{300,000\ 円}{1,000\ 時間} = @300\ 円$

予定配賦額：@300 円 × 860 時間 = 258,000 円

2. 製造間接費配賦差異の把握と差異分析

製造間接費配賦差異：258,000 円 － 279,400 円 ＝ △21,400 円

予算差異　　　　　：260,000 円※ － 279,400 円 ＝ △19,400 円
　　　　　　　　　実際操業度の予算許容額　実際発生額

操業度差異　　　　：258,000 円 － 260,000 円 ＝ △2,000 円
　　　　　　　　　予定配賦額　実際操業度の予算許容額

※ 実際操業度に対する予算許容額の求め方

　実査法変動予算では、資料に与えられている操業度以外の操業度には、あらかじめ予算が設定されていません。本問の実際操業度 860 時間は基準操業度の 86％（= 860 時間 ÷1,000 時間）で、予算が設定されている 80％と 90％の間にあります。そこで実際操業度の直前と直後に設定されている 80％と 90％の予算を利用して実際操業度 860 時間（86％）に対する予算許容額を求めます。

$$230,000\ 円 + \underbrace{\dfrac{280,000\ 円 - 230,000\ 円}{900\ 時間 - 800\ 時間}}_{@500\ 円} \times (860\ 時間 - 800\ 時間) = 260,000\ 円$$

　実際操業度 860 時間は、操業度 80％の 800 時間を 60 時間超えているので、予算が設定されている 80％の予算 230,000 円に 60 時間分の予算を加算します。

　加算額の求め方ですが、ここでは操業度 80％から 90％の間は製造間接費が操業度に比例すると仮定し、1 時間あたりの製造間接費を求めます。これに 60 時間を掛けて加算額を求めます。

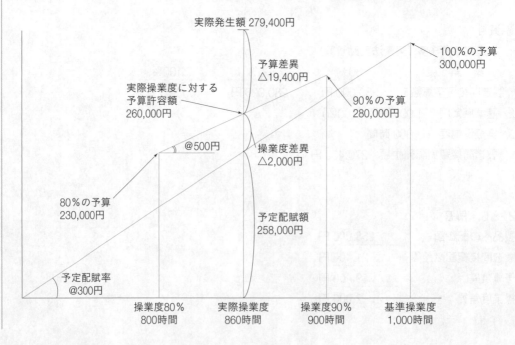

部門別計算の基礎知識

部門別計算（部門別配賦）の主な目的の一つは、製品原価をより正確に計算することです。

各部門に原価を集計する第1次集計 → 補助部門費を製造部門に配賦する第2次集計 → 製造部門別に各製品に配賦する部門別配賦という流れを常に意識して、学習を進めましょう。

1 | 部門別配賦とは

⏩ 工場で様々な加工作業が行われており、製造間接費の全体をまとめて配賦する適当な基準がないときは、無理にある一つの配賦基準を用いるのではなく、工場を原価部門[01]に分けて、原価部門ごとに配賦します。これを部門別配賦[02]といい、これに対して工場全体の製造間接費をまとめて配賦する方法を総括配賦[03]といいます。

⏩ 部門別配賦によれば、生産の実態を反映した正確な配賦計算ができます。切削部門では機械を使い、組立部門では人手で作業するのであれば、前者は機械作業時間で、後者は直接作業時間で配賦するのが合理的でしょう。そのためには、原価部門を設定し、製造間接費を部門別に分けることが必要です。

原価部門は製造部門と補助部門に分けられます。

01) 原価を集計する計算上の区分のことです。作業内容や方法を考慮して設定します。

02) 部門別配賦では部門ごとに配賦率を算定します。これを部門別配賦率といいます。

03) 総括配賦では工場全体で一つの配賦率を算定します。これを総括配賦率といいます。

製造部門	製品の生産を直接的に行う部門のことです。切削部門、組立部門、塗装部門などがこれにあたります。
補助部門	製品の生産を直接に行わず、他の部門を補助するために用役（サービス）を提供する部門のことです。動力部門、修繕部門、事務部門などがこれにあたります。

⏩ 原価計算基準では原価部門の設定について次のように規定しています。

> ┌ 十六 原価部門の設定 ┐（一部抜粋）
>
> (1) 製造部門
>
> 製造部門とは、直接製造作業の行なわれる部門をいい、製品の種類別、製品生成の段階、製造活動の種類別等にしたがって、これを各種の部門又は工程に分ける。
>
> (2) 補助部門
>
> 補助部門とは、製造部門に対して補助的関係にある部門をいい、これを補助経営部門と工場管理部門とに分け、さらに機能の種類別等にしたがって、これを各種の部門に分ける。

2 | 部門別計算の手続

▶▶ 個別原価計算を前提とした部門別配賦の方法⁰⁴⁾を学習します。

部門別配賦を行うためには、まずは各部門に製造間接費を集計する必要があります。この集計を部門別計算といい、その手続には、第1次集計および第2次集計の2つがあります。これらの全体像を勘定連絡で示すと次のようになります。

04) 部門別計算は総合原価計算を実施している工場で適用することもできます。

05) 個別原価計算は、製造間接費の配賦方法によって、総括配賦をとっていれば単純個別原価計算、部門別配賦をとっていれば部門別個別原価計算と区別されます。

▶▶ 製造部門（A、B）と補助部門（甲、乙）に分かれた工場を考えると、製造間接費は次のような流れを経て製品（製造指図書）に配賦されます⁰⁵⁾。

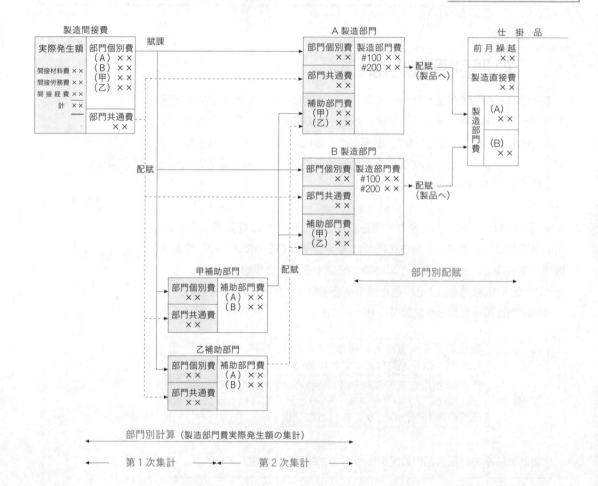

1. 第1次集計

▶ 各部門で製造間接費がいくらかかったのかを集計し把握するための手続です。製造間接費の発生額を特定の部門で発生したことが明らかな部門個別費と、工場全体で（共通して）発生した部門共通費とに分類します。

▶ 部門個別費はどの部門で発生したかが明らかな原価です。そのため発生した部門に賦課します。

部門共通費はどの部門で発生したかが明らかではない原価です。そのため適切な配賦基準によって各部門に配賦します。

第1次集計が終了すると、製造間接費の発生額のすべてがいずれかの部門に振り分けられたことになります。

部門共通費	配賦基準の例
建物減価償却費 建物保険料	各部門の占有面積
電力料（機械用）	各部門の機械馬力数または見積消費量
電力料（照明用）	各部門の電灯ワット数または占有面積
福利費、厚生費	各部門の従業員数

Q ∃-1 | **部門費の集計**

次の資料にもとづいて、各部門の第1次集計費を求めなさい。

▤ 資料

① 当月の部門個別費と部門共通費は次のとおりであった（単位：円）。

費　　目	金　　額	A製造部門費	B製造部門費	甲補助部門費	乙補助部門費
部門個別費：					
消耗品費	29,000	7,500	14,500	3,000	4,000
間接賃金	366,000	40,000	268,000	26,000	32,000
機械減価償却費	385,000	230,000	108,000	19,000	28,000
部門共通費：					
建物減価償却費	150,000	?	?	?	?
建物保険料	30,000	?	?	?	?
福利費	40,000	?	?	?	?
第1次集計費	1,000,000	?	?	?	?

② 部門共通費発生額は次の基準によって各部門に配賦する。

配賦基準	A製造部門	B製造部門	甲補助部門	乙補助部門	計
占有面積（㎡）	1,200	1,000	300	500	3,000
従業員数（人）	20	55	10	15	100

A 3-1 | **解答** |

A製造部門費	357,500 円	B製造部門費	472,500 円
甲補助部門費	70,000 円	乙補助部門費	100,000 円

💡 3-1 | **解説** |

(1) 部門個別費

消耗品費、間接賃金、機械減価償却費を各部門に賦課します。

(2) 部門共通費

① 建物減価償却費 … 占有面積比で各部門に配賦します。A製造部門を例にとると次のように計算できます。

$$\underset{60{,}000\,円}{\text{A部門への配賦額}} = \frac{\underset{150{,}000\,円}{\text{建物減価償却費}}}{\underset{3{,}000\,㎡}{\text{占有面積合計}}} \times \underset{1{,}200\,㎡}{\text{A部門の占有面積}}$$

② 建物保険料 … 占有面積比で各部門に配賦します。

③ 福 利 費 … 従業員数比で各部門に配賦します。

費　　目	金　　額	A製造部門費	B製造部門費	甲補助部門費	乙補助部門費
部 門 個 別 費：					
消 耗 品 費	29,000	7,500	14,500	3,000	4,000
間 接 賃 金	366,000	40,000	268,000	26,000	32,000
機械減価償却費	385,000	230,000	108,000	19,000	28,000
部 門 共 通 費：					
建物減価償却費	150,000	60,000	50,000	15,000	25,000
建 物 保 険 料	30,000	12,000	10,000	3,000	5,000
福 利 費	40,000	8,000	22,000	4,000	6,000
第 1 次 集 計 費	1,000,000	357,500	472,500	70,000	100,000

2. 第2次集計

▶ 第2次集計は、第1次集計によって補助部門に集計された製造間接費を製造部門に配賦する手続です[06]。

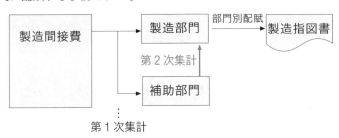

第1次集計

06) 補助部門費は製品に対する直接的な配賦基準がありません。また、補助部門は製造部門に対して用役を提供する存在です。そのため、補助部門費をいったん製造部門に配賦し、製造部門費の一部として製品に配賦します。

▶ 第2次集計（補助部門費の配賦）での配賦基準の例は次のとおりです。

補助部門	配賦基準の例
動力部門	各部門の動力消費量
修繕部門	各部門の修繕時間
事務部門、労務部門	各部門の従業員数または就業時間

▶ 第2次集計では、補助部門相互の用役の授受（サービスのやり取り）をどのように考えるかが大きなポイントなります。

例えば、事務部門は製造部門の分だけではなく、他の補助部門の事務作業も引き受けています。したがって、用役の流れにあわせて配賦しようとすると、補助部門間で配賦額が行き来することになり、製造間接費の全額を製造部門に集計することが難しくなるのです。

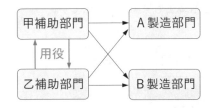

▶ この点を解決するためには、(1)直接配賦法、(2)相互配賦法、(3)階梯式配賦法[07]のいずれかの方法によります。

07) 1級になって初めて登場する方法です。

【Q3-1】に次の資料を追加して、上記の各方法での製造部門費を求めてみましょう。

📋 追加資料

③ 補助部門費は各部門の用役提供量を基準に配賦する。

配賦基準	A製造部門	B製造部門	甲補助部門	乙補助部門	計
甲部門用役(kWh)	540	180	100	180	1,000
乙部門用役(時間)	85	255	85	75	500

CHAPTER 3 製造間接費と部門別計算の基本

(1) 直接配賦法 … 補助部門相互の用役授受を配賦計算上は無視して、補助部門費を製造部門にだけ配賦します。

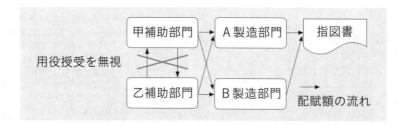

用役授受を無視

> 甲補助部門費～製造部門AとBにそれぞれ540kWh：180kWhの割合で配賦する（自部門への100kWhおよび乙への180kWhは無視する）。
>
> 乙補助部門費～製造部門AとBにそれぞれ85時間：255時間の割合で配賦する（自部門への75時間および甲への85時間は無視する）。

費　目 （省　略）	金　額	A製造部門費	B製造部門費	甲補助部門費	乙補助部門費
第1次集計費	1,000,000	357,500	472,500	70,000	100,000
甲補助部門費		52,500 [08]	17,500		
乙補助部門費		25,000	75,000 [09]		
製造部門費	1,000,000	435,000	565,000		

08) 70,000円
$$\times \frac{540kWh}{540kWh + 180kWh}$$
$$= 52,500 円$$

09) 100,000円
$$\times \frac{255 時間}{85 時間 + 255 時間}$$
$$= 75,000 円$$

(2) 相互配賦法 … 補助部門相互の用役授受を配賦計算上も考慮する方法です。

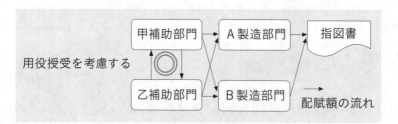

用役授受を考慮する

▶ 相互配賦法は、さらに次の方法に分かれます。

> 簡便法としての相互配賦法 [10]
>
> 純粋の相互配賦法 ┤連続配賦法
└連立方程式法

10) 2級で学習した方法です。

① 簡便法としての相互配賦法

この方法では補助部門費の配賦を2段階に分けて行います。

第1次配賦：補助部門相互の用役授受をすべて考慮して配賦します。
第2次配賦：第1次配賦の結果、補助部門に配賦された金額については、直接配賦法と同じ計算方法によって製造部門に配賦する。

（i）第1次配賦

第1次配賦では用役授受の事実どおりに補助部門相互の用役授受も考慮して配賦します。

- 甲補助部門費 ～ A、B、乙に540 kWh：180 kWh：180 kWh の割合で配賦
- 乙補助部門費 ～ A、B、甲に85時間：255時間：85時間の割合で配賦

（ii）第2次配賦

第1次配賦の結果、甲、乙に20,000円、14,000円が配賦されます。第2次配賦ではこれらを製造部門にだけ配賦します。

- 甲補助部門費 ～ A、B に540 kWh：180 kWh の割合で配賦
- 乙補助部門費 ～ A、B に85時間：255時間の割合で配賦

費　　目	金　　額	A製造部門費	B製造部門費	甲補助部門費	乙補助部門費
（省　略）					
第 1 次 集 計 費	1,000,000	357,500	472,500	70,000	100,000
第 1 次 配 賦					
甲 補 助 部 門 費		42,000	14,000	― 12)	14,000[11]
乙 補 助 部 門 費		20,000	60,000	20,000	― 12)
第 2 次 配 賦				20,000	14,000
甲 補 助 部 門 費		15,000[13]	5,000		
乙 補 助 部 門 費		3,500	10,500		
製 造 部 門 費	1,000,000	438,000	562,000		

11) 70,000 円
$$\times \frac{180\text{kWh}}{540\text{kWh} + 180\text{kWh} + 180\text{kWh}}$$
= 14,000 円

12) 自部門に対しては配賦しません。

13) 20,000 円
$$\times \frac{540\text{kWh}}{540\text{kWh} + 180\text{kWh}}$$
= 15,000 円

ここまでの2つの方法の結果を比べると、製造部門費の内訳は異なりますが、合計はいずれも1,000,000円になります。つまり、これで製造間接費はすべて製造部門に集計されたわけです。

② 純粋の相互配賦法（連続配賦法）

連続配賦法では、第1次配賦と同様の計算を、配賦額がゼロになるまで連続して行う、という方法です[14]。

14) 出題可能性はほぼないため、参考程度にしてください。

③ 純粋の相互配賦法（連立方程式法）

連立方程式法は、用役の授受に従って各補助部門費を相互に配賦しあった最終的な補助部門費を連立方程式で算出する方法のことです。

▷ 次の例題を通じて、連立方程式の立て方、連立方程式の解き方を学習しましょう。

Q | 3-2 | **相互配賦法・連立方程式法** |

次の資料にもとづいて、相互配賦法（連立方程式法）によった場合の第2次集計後の各製造部門費を求めなさい。

📋 **資料**

1. 部門費（第1次集計費）

	A製造部門	B製造部門	甲補助部門	乙補助部門
	357,500円	472,500円	70,000円	100,000円

2. 補助部門用役提供割合

	A製造部門	B製造部門	甲補助部門	乙補助部門
甲補助部門	54%	18%	10%	18%
乙補助部門	17%	51%	17%	15%

A | 3-2 | **解答** |

A製造部門費 ___437,500___ 円　　　B製造部門費 ___562,500___ 円

💡 | 3-2 | **解説** |

1. 最終的な補助部門費を、甲補助部門費は x、乙補助部門費を y とします。

部門費配賦表　　　　　　（単位：円）

費　　目	摘　　要	製造部門 A	製造部門 B	補助部門 甲	補助部門 乙
第1次集計費	1,000,000	357,500	472,500	70,000	100,000
甲補助部門費(=x)					
乙補助部門費(=y)					
	1,000,000			x	y

2. 最終的な補助部門費 x および y を、用役提供割合にもとづいて各部門に対して配賦します。用役の自家消費分（甲補助部門の 10%ないし乙補助部門の 15%を指す）を考慮する必要はありません。

部門費配賦表　　　　　（単位：円）

費　目	摘　要	製造部門		補助部門	
		A	B	甲	乙
第1次集計費	1,000,000	357,500	472,500	70,000	100,000
甲補助部門費(=x)		0.6 x	0.2 x	—	0.2 x
乙補助部門費(=y)		0.2 y	0.6 y	0.2 y	—
	1,000,000			x	y

〈用役提供割合〉

甲補助部門：

A) $\dfrac{54\%}{54\%+18\%+18\%}=0.6$

B) $\dfrac{18\%}{54\%+18\%+18\%}=0.2$

乙) $\dfrac{18\%}{54\%+18\%+18\%}=0.2$

乙補助部門：

A) $\dfrac{17\%}{17\%+51\%+17\%}=0.2$

B) $\dfrac{51\%}{17\%+51\%+17\%}=0.6$

甲) $\dfrac{17\%}{17\%+51\%+17\%}=0.2$

3. 2.の結果から連立方程式を立てます。

$$x = \underbrace{70{,}000}_{\text{甲補助部門費（第1次）}} + \underbrace{0.2\,y}_{\text{乙補助部門費配賦額}} \quad \cdots\cdots\cdots ①$$

$$y = \underbrace{0.2\,x}_{\text{甲補助部門費配賦額}} + \underbrace{100{,}000}_{\text{乙補助部門費（第1次）}} \quad \cdots\cdots\cdots ②$$

ここをもとに連立方程式をたてます。

4. 連立方程式を解きます。

・②式を①式に代入

$x = 70{,}000 + 0.2 \times (0.2\,x + 100{,}000)$

$x = 70{,}000 + 0.04\,x + 20{,}000$

$x - 0.04\,x = 70{,}000 + 20{,}000$

$0.96\,x = 90{,}000$

（両辺を 0.96 で割る）

$x = 93{,}750$

・$x = 93{,}750$ を②式に代入

$y = 0.2 \times 93{,}750 + 100{,}000$

$y = 118{,}750$

5. 4.の連立方程式の解にもとづいて補助部門費を配賦します。

部門費配賦表　　　　　（単位：円）

費　目	摘　要	製造部門		補助部門	
		A	B	甲	乙
第1次集計費	1,000,000	357,500	472,500	70,000	100,000
甲補助部門費		56,250 [15)	18,750 [15)	△93,750 [16)	18,750 [15)
乙補助部門費		23,750 [17)	71,250 [17)	23,750 [17)	△118,750 [16)
製造部門費	1,000,000	437,500	562,500	—	—

15) 93,750 円× 0.6 ＝ 56,250 円
93,750 円× 0.2 ＝ 18,750 円
93,750 円× 0.2 ＝ 18,750 円

16) 最終的な補助部門費の金額をマイナスにして記入します。

17) 118,750 円× 0.2 ＝ 23,750 円
118,750 円× 0.6 ＝ 71,250 円
118,750 円× 0.2 ＝ 23,750 円

4.で求めた x と y に 2.の資料に示されている割合を掛けて配賦額を計算します。

CHAPTER 3　製造間接費と部門別計算の基本

※補助部門用役の自家消費について

　補助部門は自部門において自己の用役を消費することがあります。これを「用役の自家消費」といいます。連立方程式法の問題によっては、自家消費分を考慮して計算することがあります。その場合も、第2次集計後の製造部門費の金額は、自家消費分を考慮しない場合と同額になります。

(3) 階梯式配賦法

　階梯式配賦法では、補助部門についての優先順位を付け、優先順位の高い部門から低い部門への配賦を行いますが、低い部門から高い部門への配賦は行いません。

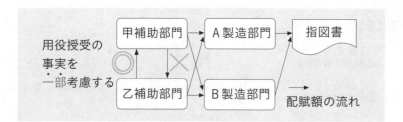

▸ 　【Q3-1】と3-27ページの追加資料のもとで具体的に見ていきましょう。

▸ 　優先順位決定の方法には次の3つがあります。

イ) 他の補助部門に対する用役提供件数（部門数）の多い部門の優先順位を高くする。

> 甲補助部門 ⇨ 乙補助部門 … 1件
> 乙補助部門 ⇨ 甲補助部門 … 1件

　甲、乙の用役提供件数が同数です。このような場合には、次のロ) またはハ) の基準に従い優先順位をつけます。

ロ) 補助部門の第1次集計費の多い部門の優先順位を高くする。

> 甲補助部門の第1次集計費　⇨　　70,000円
> 乙補助部門の第1次集計費　⇨　100,000円

ハ) 補助部門の他の補助部門への用役提供額が多い部門の優先順位を高くする。

> 甲補助部門の乙補助部門への用役提供額　⇨　14,000円 [18]
> 乙補助部門の甲補助部門への用役提供額　⇨　20,000円 [19]

18) 自家消費分を除いて計算しています。

$$70,000円 \times \dfrac{180\text{kWh}（甲→乙）}{540\text{kWh}+180\text{kWh}+180\text{kWh}}$$
$$= 14,000円 \cdots 低$$

19)
$$100,000円 \times \dfrac{85\text{時間}（乙→甲）}{85\text{時間}+255\text{時間}+85\text{時間}}$$
$$= 20,000円 \cdots 高$$

▶ この結果から、乙補助部門を優先順位が高い部門とします。

そこで、次の配賦表の補助部門の2つの（　　）の欄の右側には優先順位の高い乙補助部門の名前を記入し、その左隣の（　　）には甲補助部門の名前を記入します。

▶ そして、優先順位の高い部門（乙）から配賦計算を行います。優先順位の低い部門（甲）から高い部門（乙）への配賦は行いません。

費　　目	金　　額	A製造部門費	B製造部門費	（甲）補助部門費	（乙）補助部門費
（省　　略）					
第 1 次 集 計 費	1,000,000	357,500	472,500	70,000	100,000
乙 補 助 部 門 費		20,000	60,000	20,000[20]	
甲 補 助 部 門 費		67,500[21]	22,500	90,000	
製 造 部 門 費	1,000,000	445,000	555,000		

乙補助部門費 〜A、B、甲に 85 時間：255 時間：85 時間の割合で配賦。
甲補助部門費 〜乙に対する用役 180 kWh は無視して、A、B に 540 kWh：180 kWh の割合で配賦。

20) $100,000 \text{円} \times \dfrac{85\,時間}{85\,時間 + 255\,時間 + 85\,時間}$
$= 20,000 \text{円}$

21) $90,000 \text{円} \times \dfrac{540\text{kWh}}{540\text{kWh} + 180\text{kWh}}$
$= 67,500 \text{円}$

部門別配賦（予定配賦）

このSectionでは、各製品への部門別配賦を予定配賦によって行うケースを学習します。予定配賦についてはSection 2の内容が、製造部門費の予算額を計算するための補助部門費の配賦についてはSection 3の内容が、それぞれ前提知識になります。学習上、迷子になりやすい分野なので、知識を整理しながらじっくり取り組みましょう！

1 | 部門別配賦（実際配賦と予定配賦）

▶ 製造間接費の部門別配賦の方法には、実際配賦と予定配賦があります。

1. 実際配賦

▶ Section 3で学習した第2次集計後の製造部門費の実際発生額を、製造部門ごとの配賦基準によって各製品（製造指図書）に配賦します。

2. 予定配賦

▶ 予定配賦による部門別配賦の流れを示すと、次のようになります。

● 部門別配賦（予定配賦の流れ）

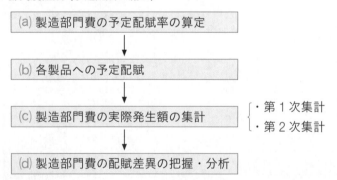

(a) 製造部門費の予定配賦率の算定
↓
(b) 各製品への予定配賦
↓
(c) 製造部門費の実際発生額の集計 ─┤・第1次集計
　　　　　　　　　　　　　　　　　└・第2次集計
↓
(d) 製造部門費の配賦差異の把握・分析

▶ 全体像を勘定連絡で示すと次ページのようになります。3-24ページの勘定連絡[01]との大きな違いは、各製造部門で配賦差異が計上されている点です。

01) 部門別配賦を実際配賦によっている場合の勘定連絡です。

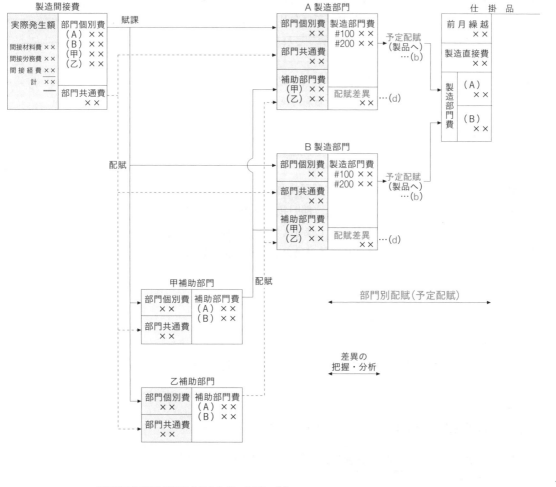

部門別計算(製造部門費実際発生額の集計)…(c)

◀── 第1次集計 ──▶◀── 第2次集計 ──▶

2 | 具体的手続

(a) 製造部門費の予定配賦率の算定

▶▶ 各製造部門の予定配賦率は、各製造部門費の予算額を各製造部門の基準操
業度で割って求めます。

各製造部門の予定配賦率

$$= \frac{各製造部門費の予算額^{02)}}{各製造部門の基準操業度(予定配賦基準数値)}$$

02)これは次の項目の合計で
す。
  イ)部門個別費予算
  ロ)部門共通費予算
  ハ)補助部門費予算配賦額

▶ 予定配賦率を求めるためには、まず、各製造部門の製造間接費予算額が、どのように算定されるかを知っておかなくてはなりません。各製造部門の製造間接費予算額は次の2つのステップから算定されます。

第1のStep	▶ ・部門個別費予算額を賦課する。 ・部門共通費予算額を配賦する。
第2のStep	▶ ・補助部門費予算額を製造部門に対して配賦する。

第1のStep ▶ 部門個別費予算額の賦課と部門共通費予算額の配賦

部門個別費予算額は発生した部門に賦課し、部門共通費予算額は各部門に配賦して、製造間接費予算額を部門ごとに集計します（予算上の第1次集計）。全部門の部門費予算額を合計すると製造間接費予算額の総額と一致します。

▶ 次の例題で、具体的に計算してみましょう。

Q │ 4-1 │ 部門費の集計 │

次の資料にもとづき、各部門の部門費予算額（第1次集計費の予算額）を集計しなさい。

📋 資料

① 月間製造間接費予算額は次のとおりである（単位：円）。

摘　　要	金　　額	A製造部門費	B製造部門費	甲補助部門費	乙補助部門費
部門個別費予算額					
消 耗 品 費	29,000	7,400	14,600	3,000	4,000
間 接 賃 金	361,000	40,000	266,000	29,000	26,000
機械減価償却費	385,000	230,000	108,000	19,000	28,000
部門共通費予算額					
建物減価償却費	150,000	?	?	?	?
建 物 保 険 料	30,000	?	?	?	?
福 利 費	40,000	?	?	?	?
部 門 費 予 算 額	995,000	?	?	?	?

② 部門共通費予算額は次の基準によって各部門に配賦する。

配賦基準	A製造部門	B製造部門	甲補助部門	乙補助部門	計
占有面積（㎡）	1,200	1,000	300	500	3,000
従業員数（人）	20	55	10	15	100

A 4-1 解答

A製造部門費	357,400 円	B製造部門費	470,600 円
甲補助部門費	73,000 円	乙補助部門費	94,000 円

4-1 解説

(1) 部門個別費予算額

消耗品費、間接賃金、機械減価償却費を各部門に賦課します。

(2) 部門共通費予算額

① 建物減価償却費 … 占有面積比で各部門に配賦します。

② 建物保険料 … 占有面積比で各部門に配賦します。

③ 福 利 費 … 従業員数比で各部門に配賦します。

摘 要	金 額	A製造部門費	B製造部門費	甲補助部門費	乙補助部門費
部 門 個 別 費：					
消 耗 品 費	29,000	7,400	14,600	3,000	4,000
間 接 賃 金	361,000	40,000	266,000	29,000	26,000
機械減価償却費	385,000	230,000	108,000	19,000	28,000
部 門 共 通 費：					
建物減価償却費	150,000	60,000	50,000	15,000	25,000
建 物 保 険 料	30,000	12,000	10,000	3,000	5,000
福 利 費	40,000	8,000	22,000	4,000	6,000
部 門 費 予 算 額	995,000	357,400	470,600	73,000	94,000

第2のStep ▶ **第1のStep** で集計された補助部門費予算額を直接配賦法などの方法により、製造部門に配賦し（予算上の第2次集計）、各製造部門の予算額を算定します。

▶ 次の例題で、具体的に各製造部門の予算額を計算してみましょう。

Q 4-2 │ 補助部門費の配賦 │

【Q4-1】に次の資料を追加して、各製造部門の製造間接費予算額を求めなさい。

📋 **追加資料**

③ 補助部門費は直接配賦法により各部門の用役提供量を基準に配賦する。

配賦基準	A製造部門	B製造部門	甲補助部門	乙補助部門	計
甲部門用役(kWh)	600	400	—	200	1,200
乙部門用役(時間)	100	400	100	—	600

A 4-2 │ 解答 │

A製造部門費 　420,000 円　　　　B製造部門費 　575,000 円

💡 4-2 │ 解説 │

甲補助部門費 〜製造部門AとBにそれぞれ600 kWh：400 kWhの割合で配賦する（乙への200 kWhは無視する）。

乙補助部門費 〜製造部門AとBにそれぞれ100時間：400時間の割合で配賦する（甲への100時間は無視する）。

摘　　要 （省　略）	金　　額	A製造部門費	B製造部門費	甲補助部門費	乙補助部門費
部門費予算額	995,000	357,400	470,600	73,000	94,000
甲補助部門費		43,800 03)	29,200		
乙補助部門費		18,800	75,200 04)		
製造部門費予算額	995,000	420,000	575,000		

03) 73,000 円
$$\times \frac{600\text{kWh}}{600\text{kWh} + 400\text{kWh}}$$
= 43,800 円

04) 94,000 円
$$\times \frac{400\text{ 時間}}{100\text{ 時間} + 400\text{ 時間}}$$
= 75,200 円

▶ 以上より、各製造部門の製造間接費予算額を算定することができました。

　そこで、この予算額にもとづいて、各製造部門の予定配賦率を算定します。

▶ 次の例題で、各製造部門の予定配賦率を計算してみましょう。

Q │ 4-3 │ **部門別予定配賦率** │

　さらに次の資料を追加し、各製造部門の予定配賦率を求めなさい。

📄 **追加資料**

④各製造部門の基準操業度は次のとおりである。

　A製造部門…500時間　B製造部門…1,000時間

A │ 4-3 │ **解答** │

　A製造部門の予定配賦率　@＿840＿円　　B製造部門の予定配賦率　@＿575＿円

💡 │ 4-3 │ **解説** │

　A製造部門の予定配賦率：420,000円 ÷ 500時間 ＝ @840円

　B製造部門の予定配賦率：575,000円 ÷ 1,000時間 ＝ @575円

(b) 予定配賦

▶ 各製造部門の予定配賦率に、各製品（製造指図書）の実際配賦基準を掛けて
計算します。

　予定配賦額 ＝ 予定配賦率 × 各製品（製造指図書）の配賦基準

▶ 次の例題で、具体的に各製造指図書に対する予定配賦額を計算してみましょ
う。

Q │ 4-4 │ **予定配賦** │

　さらに次の資料を追加し、各製造部門費の予定配賦を行って、製造指図書別予定配賦額を求め
なさい。

📄 **追加資料**

⑤各製造指図書別作業時間は次のとおりである。

	# 100	# 101	# 102	計
A製造部門	150時間	120時間	130時間	400時間
B製造部門	240時間	260時間	300時間	800時間

A | 4-4 | **解答** |

100： 264,000 円　　# 101： 250,300 円　　# 102： 281,700 円

💡 | 4-4 | **解説** |

A製造部門から各製造指図書へ

100：@840 円× 150 時間= 126,000 円

101：@840 円× 120 時間= 100,800 円

102：@840 円× 130 時間= 109,200 円

B製造部門から各製造指図書へ

100：@575 円× 240 時間= 138,000 円

101：@575 円× 260 時間= 149,500 円

102：@575 円× 300 時間= 172,500 円

製造指図書別予定配賦額

100：126,000 円+ 138,000 円= 264,000 円

101：100,800 円+ 149,500 円= 250,300 円

102：109,200 円+ 172,500 円= 281,700 円

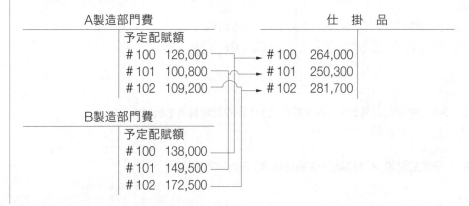

(c) 実際発生額の集計

≫ 次に予定配賦額に対して、実際にはどれほどの製造間接費が生じたのかを
集計します。この手続は、第1次集計と第2次集計の2つからなります。

実際発生額の集計 ⎰ 第1次集計 … 部門個別費・部門共通費を各部門に賦課・
配賦する。

第2次集計 … 第1次集計の結果、補助部門に集計され
た製造間接費を製造部門に配賦する。

⟫ 次の【Q4-5】を使って実際発生額を集計してみましょう。

Q | 4-5 | 実際発生額の集計 |

さらに次の資料を追加して、製造部門費の実際発生額を集計しなさい。

🗐 **追加資料**

⑥当月の製造間接費の実際発生額と配賦基準

摘　要	金　額	A製造部門費	B製造部門費	甲補助部門費	乙補助部門費
部門個別費：					
消 耗 品 費	29,000	7,500	14,500	3,000	4,000
間 接 賃 金	366,000	40,000	268,000	26,000	32,000
機械減価償却費	385,000	230,000	108,000	19,000	28,000
部門共通費：					
建物減価償却費	150,000	?	?	?	?
建 物 保 険 料	30,000	?	?	?	?
福 利 費	40,000	?	?	?	?
第 1 次 集 計 費	1,000,000	?	?	?	?

⑦実際発生額の集計にあたり、部門共通費は次の基準によって各部門に実際配賦する。

配賦基準	A製造部門	B製造部門	甲補助部門	乙補助部門	計
占有面積（㎡）	1,200	1,000	300	500	3,000
従業員数（人）	20	55	10	15	100

⑧実際発生額の集計にあたり、補助部門費は直接配賦法により予定配賦する[05]。

配賦基準	A製造部門	B製造部門	甲補助部門	乙補助部門	計
甲部門用役（kWh）	500	300	—	150	950
乙部門用役（時間）	100	300	80	—	480

05)製造間接費予算を集計するさい、直接配賦法によっているのであれば、実際発生額を集計するさいにも直接配賦法が用いられます。

A | 4-5 | 解答 |

A製造部門費 　　412,800 円　　　　B製造部門費 　　550,800 円

4-5 | 解説 |

第1次集計

部門個別費の賦課 … 部門個別費の実際発生額を関係ある部門に賦課。

部門共通費の配賦 … 部門共通費の実際発生額を各部門に配賦。

　建物減価償却費および建物保険料 〜占有面積の比（1,200 ㎡：1,000 ㎡：300 ㎡：500 ㎡の比）
　　　　　　　　　　　　　　　　　で配賦。

　福利費 〜従業員数の比（20人：55人：10人：15人の比）で配賦。

摘　　要	金　　額	A製造部門費	B製造部門費	甲補助部門費	乙補助部門費
部門個別費：					
消 耗 品 費	29,000	7,500	14,500	3,000	4,000
間 接 賃 金	366,000	40,000	268,000	26,000	32,000
機械減価償却費	385,000	230,000	108,000	19,000	28,000
部 門 共 通 費：					
建物減価償却費	150,000	60,000	50,000	15,000	25,000
建 物 保 険 料	30,000	12,000	10,000	3,000	5,000
福 利 費	40,000	8,000	22,000	4,000	6,000
第 1 次 集 計 費	1,000,000	357,500	472,500	70,000	100,000

第2次集計

　本例では「直接配賦法により予定配賦」という指示があります。したがって、補助部門相互の用役授受は無視して予定配賦を行います。

　甲補助部門費 〜 予定配賦率 @73円 (= 73,000円 ÷1,000kWh)[06] に各
　　　　　　　　　製造部門の実際用役消費量 (500 kWh と 300 kWh) を
　　　　　　　　　掛けて予定配賦します。
　乙補助部門費 〜 予定配賦率 @188円 (= 94,000円 ÷500時間)[07] に各
　　　　　　　　　製造部門の実際用役消費量 (100時間 と 300時間) を掛
　　　　　　　　　けて予定配賦します。

06) 3-36ページの【Q4-1】で計算した甲補助部門の予算額 73,000円と製造部門への予定用役提供量 (合計 1,000kWh) によって計算します。

07) 3-36ページの【Q4-1】で計算した乙補助部門の予算額 94,000円と製造部門への予定用役提供量 (合計 500時間) によって計算します。

摘　　要 （省　略）	金　　額	A製造部門費	B製造部門費	甲補助部門費	乙補助部門費
第 1 次集計費	1,000,000	357,500	472,500	70,000	100,000
甲補助部門費		36,500	21,900		
乙補助部門費		18,800	56,400		
製 造 部 門 費	963,600	412,800	550,800		

A製造部門への配賦額

　甲補助部門費：@73円× 500 kWh = 36,500円
　乙補助部門費：@188円× 100時間 = 18,800円

また、B製造部門への配賦額も同様に計算します。

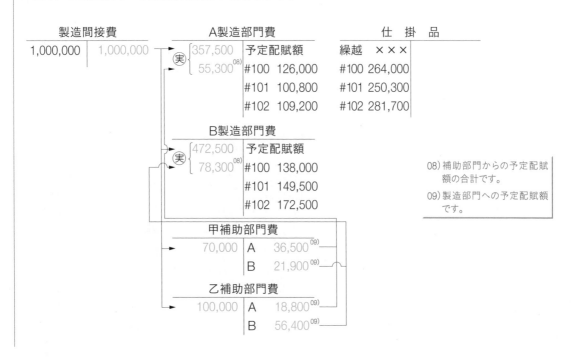

08) 補助部門からの予定配賦額の合計です。

09) 製造部門への予定配賦額です。

(d) 製造部門費配賦差異の把握

⯈ それでは最後に、予定配賦額と実際発生額とを比べてみましょう。

	予定配賦額（①）	実際発生額（②）	配賦差異（①−②）	
A 製造部門費	336,000 円	412,800 円	△ 76,800 円	（借方（不利）差異）
B 製造部門費	460,000 円	550,800 円	△ 90,800 円	（借方（不利）差異）
計	796,000 円	963,600 円	△ 167,600 円	（借方（不利）差異）

⯈ なお、上記の問題では、製造部門費の実際発生額の集計にあたり、補助部門費を予定配賦しているため、補助部門費配賦差異が生じています。

	予定配賦額（①）	実際発生額（②）	配賦差異（①−②）	
甲補助部門費	58,400 円	70,000 円	△ 11,600 円	（借方（不利）差異）
乙補助部門費	75,200 円	100,000 円	△ 24,800 円	（借方（不利）差異）
計	133,600 円	170,000 円	△ 36,400 円	（借方（不利）差異）

Chapter 4

個別原価計算

Point

このChapterでは、個別原価計算を学習します。
全般的に2級の復習にあたる内容が多くあります。
1級では、仕損が生じた場合の詳しい処理方法などが追加されます。

用語集

個別原価計算
受注生産を行う企業において適用される指図書別の原価計算

単純個別原価計算
部門別計算を行わない個別原価計算

部門別個別原価計算
部門別計算を行う個別原価計算

仕損
材料不良や加工作業の失敗が原因となって一定の品質や規格に満たない不合格品(仕損品)が発生すること

仕損費
仕損によって生じた費用

正常仕損費
正常な状態において生じた仕損によって生じた費用

異常仕損費
異常な状態において生じた仕損によって生じた費用(非原価項目)

1 個別原価計算の基礎知識

　2級での個別原価計算の内容にはそれほど難しいものはないため、得意分野としていた方も多いと思います。引き続き、1級でも得意分野とするためには、このSectionの内容、特に後半で学習する帳簿への記入（仕訳）、原価計算表と仕掛品勘定の関係をしっかり理解しておくことが必要です。

1 | 製品原価計算の手続（復習）

製品原価計算は次の3つの手続からなります。

(1) 費目別計算

　まず、一定期間における製造原価の発生額を直接材料費・直接労務費・製造間接費などの費目別に集計します。

(2) 部門別計算

　次に、当月の製造原価発生額、特に製造間接費を製造部門に集計します。

(3) 製品別計算

　最後に、製造原価を製品ごとに集計して、製品の単位あたり原価を計算します。

(1)～(3)をまとめると次のとおりです。

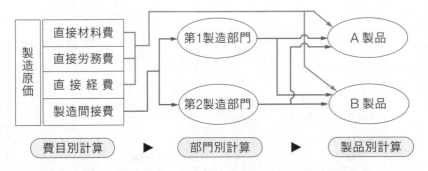

　製品別計算の方法には、個別原価計算と総合原価計算の2つがあります。

2 | 製品別計算の方法

製品別計算の方法は、その工場が受注生産 [01] を行っているのか、大量生産を行っているのかによって異なります。

通常、受注生産を行っている場合には「個別原価計算」、大量生産を行っている場合には「総合原価計算」が採用されます。

生 産 形 態		製品別計算の方法
受 注 生 産	⟶	個別原価計算
大 量 生 産	⟶	総合原価計算

ある造船所では、顧客からの注文に従い、あるときはスーパータンカー、あるときは自動車運搬船を建造しています。注文する相手によって建造する船の形式・材料・その他が大きく異なってくるため、個々の船ごとに原価を計算することが合理的です。このような企業では個別原価計算を採用します。

これに対して、別の工場では、標準的な形式のボートをあらかじめ量産し、販売しているとします。この場合には、個々のボートの仕様は同じものになります。したがって、個々の製品の原価が等しいものと考え、総合原価計算を採用するのです。

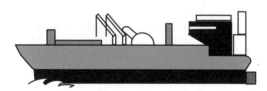

大型タンカーは受注生産

小型ボートは規格量産

01)受注生産形態における製品の特徴。
(イ)製品ごとの仕様(使用材料や加工方法など)が大きく異なる(個々の原価が異なる)。
(ロ)顧客の注文量のみ生産(継続生産しない)。
したがって、個々の製品ごとに原価を集計する方法が採られます。

CHAPTER
4
個別原価計算

3 | 個別原価計算

個別原価計算は顧客の注文に応じて製品を製造する受注生産に適しています。受注生産形態では、各製品の仕様が異なるので、注文ごとに製品の種類・数量などを記載した製造指図書 [02] を作成します。製造指図書に従って、製造部門は製品製造を行い、原価計算部門は製品原価の計算を行います。

02)製造指図書(Job Order)はJ/Oと略すことがあります。

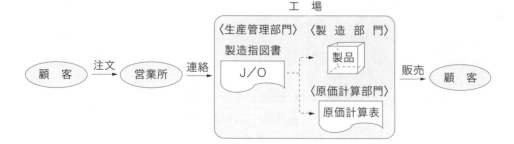

```
                                              No.100
                        製造指図書
                        ×5年6月3日

顧客名    大日本郵船(株)    納  期 ×5年9月30日
納入場所  横浜市中区××    着手日 ×5年6月10日
                          完了日   年 月 日

    品名・規格       数  量      備  考
  客船T型            1隻
    飛鳥
```

▸▸　原価計算基準では次のように規定しています。

> **三一　個別原価計算**（一部抜粋）
>
> 　個別原価計算は、種類を異にする製品を個別的に生産する生産形態に適用する。
> 　個別原価計算にあっては、特定製造指図書について個別的に直接費および間接費を集計し、製品原価は、これを当該指図書に含まれる製品の生産完了時に算定する。

4 ┃ 個別原価計算の種類

▸▸　個別原価計算は、製造間接費について部門別計算を行うか否かで、(1) 単純個別原価計算 ⁽⁰³⁾ と (2) 部門別個別原価計算の 2 つに分けられます。

03) 部門別個別原価計算との比較で単純個別原価計算といいます。

04) 工場の規模が小さく、部門別に計算する必要がない場合に採用されます。

(1) 単純個別原価計算 … 部門別計算を行わない個別原価計算 ⁽⁰⁴⁾

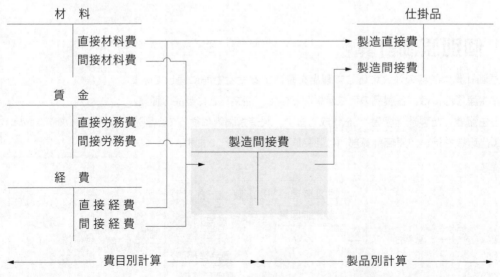

(2) 部門別個別原価計算 … 部門別計算を行う個別原価計算

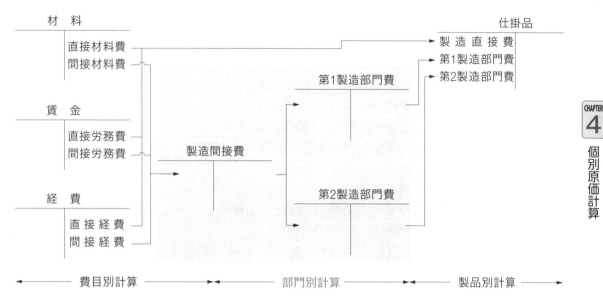

費目別計算　　　　　　　　　部門別計算　　　　　　　　　製品別計算

5 単純個別原価計算の計算手続

▶ 単純個別原価計算における計算手続は次の3つのステップで進みます。

| (1) 製造直接費の賦課 | ➡ | (2) 製造間接費の配賦 | ➡ | (3) 原価計算表の記入 |

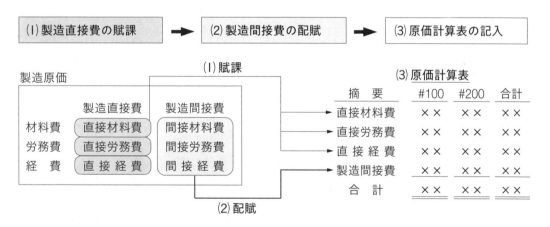

(1) 製造直接費の賦課[05]

　製造原価のうち製造直接費は、製造指図書ごとの発生額が明確にわかる原価です。消費価格や消費賃率に指図書ごとの消費量や作業時間などを掛けて求められる金額を各指図書に賦課します。

05) 賦課は、直課ともいいます。

(2) 製造間接費の配賦

　製造原価のうち製造間接費は、製造指図書別の発生額が明確にわからない原価です。よって、適切な配賦基準によって各指図書へ配賦します。

(3) 原価計算表への記入

　(1)、(2)の計算結果を原価計算表に記入し、製造指図書別の原価を集計します。

Q | **1-1** | 原価計算表の記入 |

次の資料にもとづき、指図書別原価計算表を完成しなさい。

資料

1. 直接材料費（実際価格＠600円）

   #100…350 kg　　#200…220 kg　　#300…450 kg

2. 直接労務費（実際賃率＠800円）

   #100…250 時間　　#200…125 時間　　#300…300 時間

3. 当工場では製造間接費は直接作業時間を配賦基準として予定配賦している。

   ⑴ 予定配賦率　＠960円

   ⑵ 各指図書の直接作業時間

   　#100…250 時間　　#200…125 時間　　#300…300 時間

   ⑶ 当月の製造間接費実際発生額　　675,000円

   　（内訳：間接材料費　72,000円、間接労務費　60,000円、間接経費　543,000円）

4. 当月の生産状況

製造指図書	製品名	数　量	着手日	備　　考
#100	A 製品	200 個	6/3	－　（仕掛中）
#200	B 製品	100 個	6/5	6/20（すべて完成・顧客に引渡未済）
#300	C 製品	300 個	6/7	6/25（すべて完成・顧客に引渡済）

A | **1-1** | 解答 |

指図書別原価計算表　　　　（単位：円）

摘　　要	#100	#200	#300	合　　計
直接材料費	210,000	132,000	270,000	612,000
直接労務費	200,000	100,000	240,000	540,000
製造間接費	240,000	120,000	288,000	648,000
合　　計	650,000	352,000	798,000	1,800,000
備　　考	仕掛中	完　成	完　成	

1-1 | 解説 |

製造指図書 # 100

　直接材料費：＠600円× 350 kg ＝ 210,000 円

　直接労務費：＠800円× 250 時間 ＝ 200,000 円

　製造間接費：＠960円（予定配賦率）× 250 時間 ＝ 240,000 円

製造指図書 # 200、# 300 も同じように計算します。

6 | 帳簿への記入

⟫ 仕掛品勘定の借方に集計された製造原価は、基本的には月末において売上
原価、月末製品、月末仕掛品のいずれかになります。

仕掛品勘定の
借方の製造原価
{
注文を受けた生産量
のすべてが完成
{
顧客に引渡済み…売 上 原 価

顧客に引渡未済…月末製品棚卸高
}

注文を受けた生産量の一部[06]
が完成またはすべて未完成
……………月末仕掛品棚卸高
}

06) 注文生産量の一部が完成
しても製品勘定へ振り替え
ないことに注意してくださ
い。

⟫ 【Q1-1】について、帳簿への記入（勘定記入）を示すと次のようになりま
す。なお、月初仕掛品や月初製品はなかったものとします。

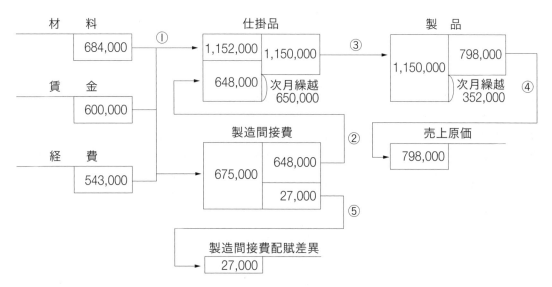

⟫ 上記の①から④の仕訳は次のようになります。

①（借）仕　掛　品	1,152,000	（貸）材　　　料	684,000
製造間接費	675,000	賃　　　金	600,000
		経　　　費	543,000

②（借）仕　掛　品	648,000	（貸）製造間接費	648,000	… 予定配賦額

③ 当月に完成した # 200 と # 300 の製造原価を製品勘定に振り替えます。

（借）製　　　品	1,150,000	（貸）仕　掛　品	1,150,000

月末仕掛品原価（当月末において仕掛中の # 100 の原価）は次月に繰り越し
ます。

④ 当月に販売した # 300 の製造原価を売上原価勘定に振り替えます。

> （借）売 上 原 価　798,000　　（貸）製　　　品　798,000

　月末製品原価（当月末において未販売の # 200 の原価）は次月に繰り越します。

⑤ 製造間接費配賦差異：648,000 円（予定配賦額）− 675,000 円（実際発生額）

　　　　　　　　　＝△ 27,000 円（借方（不利）差異）

　借方差異なので、製造間接費配賦差異勘定の借方に振り替えます。

> （借）製造間接費配賦差異　27,000　　（貸）製造間接費　27,000

7 ｜ 原価計算表と仕掛品勘定の関係

▶　原価計算表と仕掛品勘定の関係は次のようになっています。原価計算表（原価元帳）は、仕掛品勘定の金額の内訳を記入するための補助元帳です [07]。

07）3 級で学習した総勘定元帳の売掛金勘定と得意先元帳の関係と同じです。

総勘定元帳		補 助 元 帳
売 掛 金	→	得意先元帳
仕 掛 品	→	原価計算表

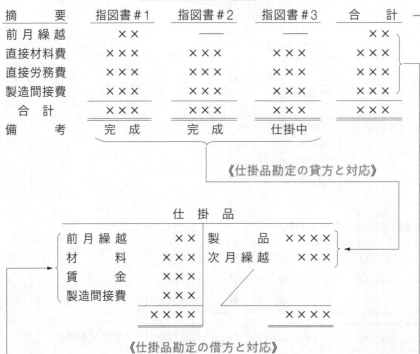

指図書別原価計算表

摘　　要	指図書 #1	指図書 #2	指図書 #3	合　　計
前 月 繰 越	××	──	──	××
直接材料費	×××	×××	×××	×××
直接労務費	×××	×××	×××	×××
製造間接費	×××	×××	×××	×××
合　　計	×××	×××	×××	×××
備　　考	完　成	完　成	仕掛中	

《仕掛品勘定の貸方と対応》

仕 掛 品

前 月 繰 越	××	製　　品	××××
材　　料	×××	次 月 繰 越	×××
賃　　金	×××		
製造間接費	×××		
	××××		××××

《仕掛品勘定の借方と対応》

Q | 1-2 | 原価計算表と仕掛品勘定 |

【**Q1-1**】の原価計算表にもとづいて、仕掛品勘定に記入しなさい。

A | 1-2 | 解答 |

仕　掛　品　　　（単位：円）

材　　　料	612,000	製　　　品	1,150,000
賃　　　金	540,000	次 月 繰 越	650,000
製造間接費	648,000		
	1,800,000		1,800,000

| 1-2 | 解説 |

仕掛品勘定の借方は、原価計算表のヨコの合計（各費目の合計）に対応します。

仕掛品勘定の貸方は、原価計算表のタテの合計（指図書別の原価合計）に対応します。

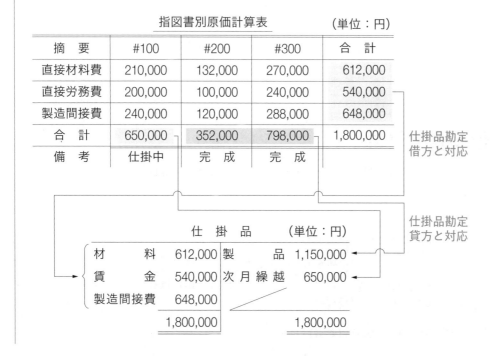

指図書別原価計算表　　　（単位：円）

摘　要	#100	#200	#300	合　計
直接材料費	210,000	132,000	270,000	612,000
直接労務費	200,000	100,000	240,000	540,000
製造間接費	240,000	120,000	288,000	648,000
合　計	650,000	352,000	798,000	1,800,000
備　考	仕掛中	完　成	完　成	

仕掛品勘定
借方と対応

仕掛品勘定
貸方と対応

仕　掛　品　　（単位：円）

材　　　料	612,000	製　　　品	1,150,000
賃　　　金	540,000	次 月 繰 越	650,000
製造間接費	648,000		
	1,800,000		1,800,000

個別原価計算における仕損

　個別原価計算を採用している場合で仕損が生じたときには、原則として仕損費を計算する必要があります。

　この仕損費の計算と処理が1級での個別原価計算の重要ポイントです。2級で学習した補修可能な仕損に加えて、補修不可能な仕損や異常な仕損などが登場します。

1 | 仕損とは

　仕損とは、材料不良や加工作業の失敗が原因となって一定の品質や規格に満たない不合格品が発生することです。この不合格品を仕損品といいます。仕損品は仕損の程度によって補修されるか、または代品（代わりの製品）が製造されます。仕損が生じたときは、仕損費を計算し、良品（合格品）の原価に負担させます[01]。

01) これは正常な発生額の場合に限定されます。異常な発生額は非原価なので、製品原価に含めません。

2 | 仕損費の計算

　仕損費の計算方法は、仕損が明らかになった後、その仕損にどう対応したかによって異なります。

```
                  ┌(1) 新たに指図書を ┬① 補修可能
                  │   発行する場合    │
                  │                   │補修不可能なため ┬② 全部仕損
仕損の発生─────────┤                   └代品製造を行う    └③ 一部仕損
                  ├(2) 新たに指図書を
                  │   発行しない場合(参考)
                  │
                  └(3) 軽微な仕損の場合(参考)
```

(1) 新たに指図書を発行する場合

① 補修を行う場合

　良品にするための補修にかかった原価を補修指図書に集計し、これを仕損費とします。

仕損費 = 補修指図書に集計された原価

Q ｜2-1｜**補修可能な仕損**｜

次の資料にもとづき、当月の仕損費を計算しなさい。

📄 **資料**

当月に製造指図書 No.1 について補修可能な仕損が発生した。そこで、補修のための製造指図書 No.1-1 を発行して補修を行った。

摘　　要	指図書No.1	（補修指図書） 指図書No.1-1
		（単位：円）
直接材料費	160,000	20,000
直接労務費	230,000	15,000
製造間接費	310,000	15,000
小　計	700,000	50,000

A ｜2-1｜**解答**｜

仕損費　　50,000 円

💡 ｜2-1｜**解説**｜

補修可能な仕損の場合、補修のためにかかった直接材料費・直接労務費・製造間接費を集計し、仕損費とします。

本問では補修指図書に集計された 50,000 円が仕損費となります。

製造指図書別原価計算表の記入は次のとおりです。仕損費の行には、仕損費の処理内容を記入します [02]。

02）計算された仕損費をどう処理するかは、 3 で学習します。

	製造指図書別原価計算表	（単位：円）
摘　　要	指図書No.1	指図書No.1-1
直接材料費	160,000	20,000
直接労務費	230,000	15,000
製造間接費	310,000	15,000
小　計	700,000	50,000　←──仕損費
仕　損　費		
合　計		

② 全部仕損・代品製造を行う場合

補修しても良品となりそうもないときは、代品を作り直すことになります。このとき、もともとの注文量全部が失敗して、代わりの製品を作ったのであれば、もとの製造指図書（旧製造指図書）の原価が仕損費になります。なお、仕損品に処分価値などがあるときは、仕損品評価額を見積もり、控除します。

03) 仕損品の処分価値や利用価値のことを評価額といい、評価額があるときは、仕損品原価から評価額を控除します。補修のときは仕損品が良品となるので仕損品評価額は発生しません。

$$\text{仕損費} = \text{旧製造指図書に集計された原価} - \text{仕損品評価額}^{(03)}$$

Q | 2-2 | **全部仕損・代品製造** |

次の資料にもとづき、当月の仕損費を計算しなさい。

📋 **資料**

当月に製造指図書 No.2 の全部が仕損となり、補修が不可能なため、No.2-1 を発行して代品製造を行った。また、仕損品の評価額は 60,000 円である。

摘　　要	（旧製造指図書） 指図書No.2	（新製造指図書） 指図書No.2-1
直接材料費	140,000	140,000
直接労務費	220,000	170,000
製造間接費	300,000	330,000
小　計	660,000	640,000

（単位：円）

A | 2-2 | **解答** |

仕損費　　600,000 円

2-2 解説

仕損費：660,000円（旧指図書No.2の原価）－ 60,000円（仕損品評価額）＝ 600,000円

全部が仕損となり、代品製造を行う場合、旧製造指図書に集計された原価から仕損品評価額を差し引いた金額を仕損費とします。

製造指図書別原価計算表の記入は次のとおりです。

製造指図書別原価計算表　　　（単位：円）

摘　　要	指図書No.2	指図書No.2-1
直接材料費	140,000	140,000
直接労務費	220,000	170,000
製造間接費	300,000	330,000
小　計	660,000	640,000
仕損品評価額	△ 60,000	
仕　損　費		
合　計		

仕損費
600,000円

③ 一部仕損・代品製造を行う場合

もともとの注文量のうち一部だけが仕損となり、その分だけ代品を作ったのであれば、代品製造のための新製造指図書の原価が仕損費になります[04]。仕損品の評価額があれば控除します。

仕損費 ＝ 新製造指図書に集計された原価 － 仕損品評価額

04) 新製造指図書の原価は仕損品の代わりに作った良品の原価なのに、それを仕損品の原価とみなすのはおかしいと感じるかもしれませんが、新製造指図書の原価は「仕損が生じたために余計にかかった原価」という意味で仕損費となると考えてください。

Q 2-3 一部仕損・代品製造

次の資料にもとづき、当月の仕損費を計算しなさい。

資料

当月に製造指図書No.3の一部が仕損となり、補修が不可能なため、No.3-1を発行して代品製造を行った。また、仕損品の評価額は10,000円であった。

摘　　要	（旧製造指図書）指図書No.3	（新製造指図書）指図書No.3-1	（単位：円）
直接材料費	200,000	30,000	
直接労務費	280,000	60,000	
製造間接費	420,000	100,000	
小　計	900,000	190,000	

A 2-3 解答

仕損費　　180,000 円

仕損費：190,000円（新指図書No.3-1の原価）− 10,000円（仕損品評価額）= 180,000円

　一部が仕損となり、代品製造を行う場合、新製造指図書に集計された原価から仕損品評価額を差し引いた金額を仕損費とします。

　製造指図書別原価計算表の記入は次のとおりです。

製造指図書別原価計算表　　　　（単位：円）

摘　　要	指図書No.3	指図書No.3-1	
直接材料費	200,000	30,000	
直接労務費	280,000	60,000	
製造間接費	420,000	100,000	
小　計	900,000	190,000	← 仕損費
仕損品評価額		△ 10,000	180,000円
仕　損　費			
合　計			

▶ 以上より、仕損費を計算する製造指図書をまとめると次のようになります。

補修の場合 ──────────→ 補修指図書
全部仕損・代品製造の場合 ──→ 旧製造指図書
一部仕損・代品製造の場合 ──→ 新製造指図書

(2) 新たに指図書を発行しない場合（参考）

▶ 補修や代品製造のための製造指図書を発行しない場合は、補修や代品製造にかかる製造原価の見積額を仕損費とします。

(3) 軽微な仕損の場合（参考）

▶ 仕損が軽微な場合には、仕損費を計算把握しないで、仕損品評価額を仕損が生じた製造指図書の原価から控除することができます。

原価計算基準では次のように規定しています。

三五　仕損費の計算および処理（一部抜粋）

　個別原価計算において、仕損が発生する場合には、原則として次の手続により仕損費を計算する。

(1)　仕損が補修によって回復でき、補修のために補修指図書を発行する場合には、補修指図書に集計された製造原価を仕損費とする。

(2)　仕損が補修によって回復できず、代品を製作するために新たに製造指図書を発行する場合において

　1.　旧製造指図書の全部が仕損となったときは、旧製造指図書に集計された製造原価を仕損費とする。

　2.　旧製造指図書の一部が仕損となったときは、新製造指図書に集計された製造原価を仕損費とする。

(3)　仕損の補修又は代品の製作のために別個の指図書を発行しない場合には、仕損の補修等に要する製造原価を見積ってこれを仕損費とする。

　前記(2)又は(3)の場合において、仕損品が売却価値又は利用価値を有する場合には、その見積額を控除した額を仕損費とする。

　軽微な仕損については、仕損費を計上しないで、単に仕損品の見積売却価額又は見積利用価額を、当該製造指図書に集計された製造原価から控除するにとどめることができる。

3 ┃ 仕損費の会計処理

仕損が正常なものか異常なものかによって[05]、仕損費の会計処理は異なります[06]。

05) 仕損が正常か異常かは、発生原因や発生数量により判断します。

06)「2 によって計算した仕損費をどのように会計処理をするか」という問題です。

```
                          ┌─→ ① 直接経費処理
          ┌─ (1) 正常仕損費 ─┤
仕損費 ─────┤               └─→ ② 間接経費処理
          └─ (2) 異常仕損費 ──→ 損益勘定に振替
```

(1) 正常仕損費の処理

① 直接経費処理

　正常仕損費を直接経費として、その仕損に関連する製造指図書に賦課します。

　どの製造指図書に賦課するのかについてまとめると、次のようになります[07]。

07) いずれも、仕損に関連する製造指図書のうち、仕損費を計算する方ではない、もう一方の指図書です。

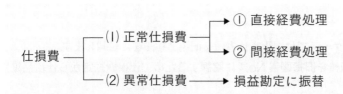

```
補修の場合 ─────────────→ 旧製造指図書
全部仕損・代品製造の場合 ───→ 新製造指図書
一部仕損・代品製造の場合 ───→ 旧製造指図書
```

Q | 2-4 | **直接経費処理**

次の資料にもとづき、①仕損費を計上するための仕訳および ②仕損費（正常仕損費）を直接経費として処理するための仕訳を示しなさい。

資料

製造指図書 No.4 の一部について補修不可能な仕損が発生したため、代品製造指図書 No.4-1 を発行した。仕損品評価額は 10,000 円である。

摘　要	（旧製造指図書）指図書No.4	（新製造指図書）指図書No.4-1	（単位：円）
直接材料費	200,000	30,000	
直接労務費	280,000	60,000	
製造間接費	420,000	100,000	
小　計	900,000	190,000	

A | 2-4 | **解答**

①（借）仕 損 費	180,000	（貸）仕 掛 品	190,000
仕 損 品	10,000		
②（借）仕 掛 品	180,000	（貸）仕 損 費	180,000

2-4 | 解説

① 一部仕損による代品製造のケースなので、新製造指図書の原価から仕損費を計算します。

正常仕損費：190,000 円（新指図書 No.4-1 の原価）－ 10,000 円（仕損品評価額）＝ 180,000 円

この正常仕損費と仕損品評価額を、それぞれ仕損費勘定と仕損品勘定（資産の勘定）に振り替えます。

② 一部仕損による代品製造のケースでは、正常仕損費を旧製造指図書に賦課します。

よって、①で計上した仕損費を旧指図書 No.4 に賦課するため、仕損費勘定から仕掛品勘定に振り替えます。

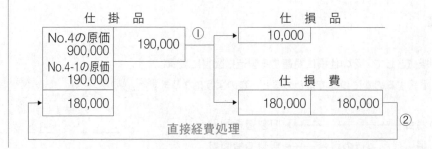

製造指図書別原価計算表では、No.4-1 で計算された正常仕損費 180,000 円を No.4 に賦課したことを次のように記入します。

製造指図書別原価計算表　　　　（単位：円）

摘　　要	指図書No.4	指図書No.4-1
直接材料費	200,000	30,000
直接労務費	280,000	60,000
製造間接費	420,000	100,000
小　　計	900,000	190,000
仕損品評価額	——	△ 10,000
仕　損　費	180,000 ← 賦課	△180,000
合　　計	1,080,000	0
備　　考		No.4に賦課

直接経費処理は、No.4-1 から No.4 に原価を移すことを意味します。よって、No.4-1 の仕損費欄は △ 180,000 円とし、合計欄は 0（No.4-1 には原価は残っていないので 0）とします。

② 間接経費処理

正常仕損の原因がその製造指図書に特有なものではない場合 [08]、正常仕損費を間接経費として処理することがあります。

この場合で、製造間接費を予定配賦しているときには、製造間接費の予算に正常仕損費の予定額を含ませることになります。

08）どの製造指図書にも経常的に起こりうる、同じ原因による仕損ということです。

Q 2-5 間接経費処理

次の資料にもとづき、①仕損費を計上するための仕訳および ②仕損費（正常仕損費）を間接経費として処理するための仕訳を示しなさい。

資料

製造指図書 No.4 の一部について補修不可能な仕損が発生したため、代品製造指図書 No.4-1 を発行した。仕損品評価額は 10,000 円である。また、当社では製造間接費の予算額に正常仕損費の予定額を算入している。

摘　　要	（旧製造指図書） 指図書No.4	（新製造指図書） 指図書No.4-1	（単位：円）
直接材料費	200,000	30,000	
直接労務費	280,000	60,000	
製造間接費	420,000	100,000	
小　　計	900,000	190,000	

A | 2-5 | 解答 |

①（借）仕 損 費	180,000	（貸）仕 掛 品	190,000
仕 損 品	10,000		
②（借）製 造 間 接 費	180,000	（貸）仕 損 費	180,000

💡 | 2-5 | 解説 |

① 正常仕損費：190,000 円（新指図書 No.4-1 の原価）－ 10,000 円（仕損品評価額）＝ 180,000 円

② 正常仕損費を間接経費として処理するため、仕損費勘定から製造間接費勘定に振り替えます。

　なお、製造間接費の部門別計算を行っている場合には、その仕損がどの製造部門で生じたのかを把握し、正常仕損費を仕損費勘定から製造部門費の勘定（例えば、Ａ製造部門費勘定）に振り替えます。

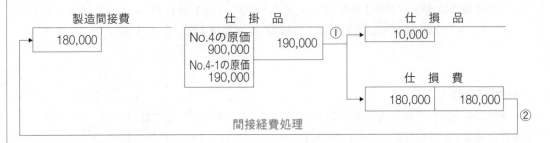

製造指図書別原価計算表の記入は次のとおりです。

製造指図書別原価計算表　　　　　（単位：円）

摘　　　要	指図書No.4	指図書No.4-1
直接材料費	200,000	30,000
直接労務費	280,000	60,000
製造間接費	420,000	100,000
小　　計	900,000	190,000
仕損品評価額	──	△10,000
仕　損　費	── ←✕	△180,000⁽⁰⁹⁾
合　　計	900,000	0
備　　考		製造間接費に振替

09) 正常仕損費 180,000 円を No.4 に賦課せず、製造間接費の実際発生額として集計します。

▶ 原価計算基準では次のように規定しています。

┌───┐
│ 三五 仕損費の計算および処理 （一部抜粋）
│
│ 仕損費の処理は、次の方法のいずれかによる。
│ ⑴ 仕損費の実際発生額又は見積額を、当該指図書に賦課する。
│ ⑵ 仕損費を間接費とし、これを仕損の発生部門に賦課する。この場合、間接費の予
│   定配賦率の計算において、当該製造部門の予定間接費額中に、仕損費の予定額を算
│   入する。
└───┘

⑵ 異常仕損費の処理

異常仕損費は原価性がないので、非原価項目とします。したがって、損益勘定に振り替えます。

Q 2-6 **異常仕損費の処理**

次の資料にもとづき、①仕損費を計上するための仕訳および ②仕損費（異常仕損費）を非原価項目として処理するための仕訳を示しなさい。

📄 **資料**

製造指図書No.5 については全部が仕損となり、補修が不可能なため、No.5-1 を発行して代品製造を行った。この仕損は異常なものである。また、仕損品の評価額は60,000 円である。

摘　　要	（旧製造指図書） 指図書No.5	（新製造指図書） 指図書No.5-1 （単位：円）
直接材料費	140,000	140,000
直接労務費	220,000	180,000
製造間接費	300,000	330,000
小　計	660,000	650,000

A 2-6 **解答**

①（借）仕　損　費	600,000	（貸）仕　掛　品	660,000
仕　損　品	60,000		
②（借）損　　　益	600,000	（貸）仕　損　費	600,000

① 全部仕損による代品製造のケースなので、旧製造指図書の原価から仕損費を計算します。

　　異常仕損費：660,000 円（旧指図書 No.5 の原価）− 60,000 円（仕損品評価額）= 600,000 円

　　この異常仕損費と仕損品評価額を、それぞれ仕損費勘定と仕損品勘定（資産の勘定）に振り替えます。

② 異常仕損費は非原価項目なので、仕損費勘定から損益勘定に振り替えます。

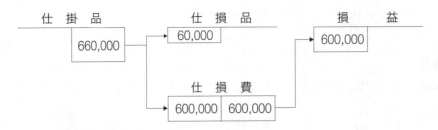

　　製造指図書別原価計算表の記入は次のとおりです。

製造指図書別原価計算表　　　　　　（単位：円）

摘　　要	指図書No.5	指図書No.5-1
直接材料費	140,000	140,000
直接労務費	220,000	180,000
製造間接費	300,000	330,000
小　　計	660,000	650,000
仕損品評価額	△ 60,000	―
仕　損　費	△600,000 ✕→	―
合　　計	0	650,000
備　　考	損益勘定に振替	

4 | 作業屑とは

▶ 作業屑とは、製造工程で生じた材料の残り屑のうち、処分価値や利用価値（評価額）のあるものです。

> イスを作っていて
> おがくずがこんなに
> たまったわ。
> これはリサイクル
> 資源として売れるのよ

いす

おがくず

5 | 作業屑の処理

▶ 作業屑の処理方法には、次の3つがあります。

作業屑の
評価額処理
- (1) 製造部門費から控除する方法（原則的な処理）
- (2) 製造指図書の原価から控除する方法
- (3) 雑収入として処理する方法

(1) 製造部門費から控除する方法（原則的な処理）

作業屑が発生した製造部門の部門費から評価額を控除します。例えば、第1製造部門から評価額20,000円の作業屑が生じ、これを第1製造部門費から控除するときは、次の仕訳を行います。

（借）作　業　屑　20,000　（貸）第1製造部門費　20,000

(2) 製造指図書の原価から控除する方法

作業屑がどの製造指図書から発生したかを特定できるときは、その指図書の原価から評価額を控除することがあります。この場合、例えば指図書No.1の加工から評価額10,000円の作業屑が生じたとすると、次のように処理します。

（借）作　業　屑　10,000　（貸）仕　掛　品　10,000

⑶ 雑収入として処理する方法

　発生した作業屑が軽微な場合には、製造原価から控除せず、売却収入を雑収入として処理することができます。例えば、作業屑が発生したが軽微であるため、売却価額 15,000 円を雑収入とするときは、次のように仕訳を行います。

（借）現 金 15,000	（貸）雑 収 入 15,000

▶▶　原価計算基準では次のように規定しています。

> ┌─────────────┐
> │ 三六　作業くずの処理 │
> └─────────────┘
>
> 　個別原価計算において、作業くずは、これを総合原価計算の場合に準じて評価し、その発生部門の部門費から控除する。ただし、必要ある場合には、これを当該製造指図書の直接材料費又は製造原価から控除することができる。

Chapter 5

総合原価計算の基本

Point
　この Chapter では、2 級の復習を中心に総合原価計算の基本を学習します。

　加工進捗度や完成品換算量の考え方、ボックス図による具体的な原価配分などは 1 級の総合原価計算での学習でも非常に重要です。

　1 級では、純粋先入先出法などが追加されます。

用語集

総合原価計算
大量見込生産を行う企業において適用される原価計算期間全体を対象にした原価計算

加工進捗度
仕掛品に対する加工の進み具合

完成品換算量
仕掛品について、「完成品量に置き換えると何個分に相当するか」を表す数値

平均法
月初仕掛品原価をあたかも当月発生した原価であるかのように扱って、月末仕掛品原価を計算する方法

先入先出法
月初仕掛品を優先的に完成させるという仮定により月末仕掛品原価を計算する方法

純粋先入先出法
月初仕掛品から完成した分と当月から製造を開始して完成した分とを区別して単価を計算する方法

総合原価計算の基礎知識

　２級でも、さまざまな種類の総合原価計算を学習しました。まずは、それぞれの総合原価計算の特徴を理解することが大切です。
　また、完成品と月末仕掛品への原価配分方法として、２級で学習した先入先出法とは少し異なる純粋先入先出法を学習します。計算ミスをしやすい内容なので、確実にマスターしておきましょう。

1 | 総合原価計算とは

▶　総合原価計算とは、同一規格の製品を大量見込生産する企業において用いられる原価計算の方法です。同じ規格の製品を生産するため、１個あたりの製造原価は同じであると考えられます。

▶　そのため、一定期間（通常１カ月）における製造原価を集計し、期間生産量で割ることにより、製品単位あたりの製造原価を求めます。

2 | 総合原価計算と個別原価計算

▶　すでに学習した個別原価計算では、受注にもとづく異種製品を、継続生産を前提とせずに生産する企業で適用されるため、製造指図書ごとに製造原価を集計することにより原価を計算しました。

▶　これに対し、総合原価計算では見込み生産により、同種製品を継続生産することが前提の企業で適用されるため、一定期間（通常１カ月）に発生した原価を集計し、その原価を完成品と月末における仕掛品に配分することによって原価を計算します。

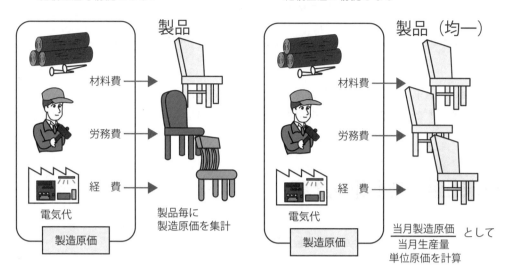

個別原価計算における製品の特徴
・受注にもとづく異種の製品
・継続生産を前提としない

総合原価計算における製品の特徴
・見込み生産にもとづく同種の製品
・継続生産が前提となる

製品

材料費
労務費
経　費

電気代

製造原価

製品毎に
製造原価を集計

製品（均一）

材料費
労務費
経　費

電気代

製造原価

$\dfrac{当月製造原価}{当月生産量}$ として
単位原価を計算

３ ｜ 総合原価計算の種類

⇥ 総合原価計算は、①生産する製品の特徴、②工程別の原価計算を行うかどうか、③工程別に集計する原価要素の範囲によって次のとおり分類されます。

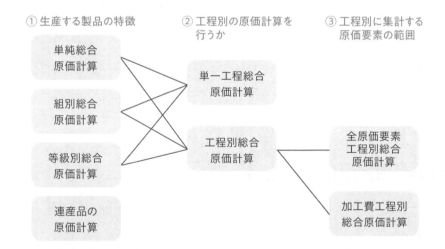

① 生産する製品の特徴

単純総合原価計算

組別総合原価計算

等級別総合原価計算

連産品の原価計算

② 工程別の原価計算を行うか

単一工程総合原価計算

工程別総合原価計算

③ 工程別に集計する原価要素の範囲

全原価要素工程別総合原価計算

加工費工程別総合原価計算

単純総合原価計算 01)	単一種類の製品を生産する場合に適用される
組別総合原価計算	異なる種類の製品を継続生産する場合に適用される
等級別総合原価計算	同じ種類の製品を継続生産するが、その製品を大きさ、形などによって等級に区別する場合に適用される
連産品の原価計算	同一原料から必然的に種類の違う製品が生産される場合に適用される

01) 次の 4 以降では、2 級の復習もかねて単純総合原価計算の基本的な計算方法について見ていきます。

4 | 完成品総合原価・月末仕掛品原価の計算

総合原価計算での完成品総合原価は次のプロセスに従い計算します。

原価(当月総製造費用)の集計	⇨	月末仕掛品原価の計算	⇨	完成品総合原価の計算

完成品総合原価は、月末仕掛品原価の計算結果を受けて計算されます。したがって、総合原価計算では月末仕掛品原価の計算が非常に重要です。

5 | 月末仕掛品原価の計算

1. 原価の分類

個別原価計算では、製造原価を製造直接費と製造間接費に分けて月末仕掛品原価や完成品原価を計算しました。これに対して総合原価計算では、材料費と加工費に分けて計算を行います。

2. 加工進捗度と完成品換算量

加工進捗度とは仕掛品に対する加工の進み具合のことです。また完成品換算量とは「完成品量に置き換えると何個分に相当するか」を表す数値で、次のとおり計算します。

完成品換算量 = 仕掛品数量 × 加工進捗度

⏩ 直接材料費は投入形態によって数量（始点で直接材料を投入する場合）または完成品換算量（工程の加工に応じて投入する場合）、加工費は完成品換算量で計算します。

	始点投入	加工に応じて投入
直接材料費	数量	完成品換算量
加工費	—	完成品換算量

⏩ それでは具体例を用いて説明していきましょう。

例│ 当社では、事務用机の天板を生産しています。材料は工程の始点で投入され、あとは加工をするだけです ⁰²⁾。

02) このとき、直接材料費は工程の始点で、また加工費は加工に応じて発生する点に注意してください。

〔当月の生産〕

製造着手2枚、完成1枚、月末仕掛品1枚（加工進捗度60％）

つまり、1枚は所定の作業をすべて終え完成しましたが、もう1枚は工程の60％の段階まで作業が進み、この時点で月末を迎えました。

このとき、直接材料費と加工費を月末仕掛品と完成品にどのような割合で配分すべきでしょうか。

(注) 次の図の ☐ の部分が投入された直接材料費、☐ の部分が加工に応じて発生する加工費を示しています。

(1) 直接材料費の計算

材料は工程の始点で投入されているので、完成品にも月末仕掛品にも1枚ずつ投入されています。したがって、完成品にも月末仕掛品にも直接材料費は対等に（1枚分）配分します。

(2) 加工費の計算

これに対して加工費は、完成品に投入された加工費と月末仕掛品に投入された加工費にはっきりとした差があります。加工費は加工の進行に従い投入される原価です。そのため、完成品1枚に含まれる加工費を100％とすると、月末仕掛品1枚にはその加工進捗度の60％分、つまり完成品0.6枚分の加工費を配分します。

6 | 平均法

平均法とは、月初仕掛品原価をあたかも当月に発生した原価であるかのように扱って月末仕掛品原価を計算する方法です[03]。

03) 月初仕掛品原価と当月製造費用を区別することなく、その合計額を月末仕掛品原価と完成品原価へと配分します。

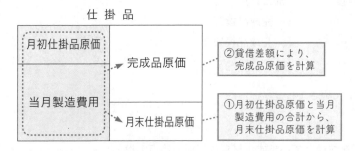

仕 掛 品

| 月初仕掛品原価 | 完成品原価 |
| 当月製造費用 | 月末仕掛品原価 |

②貸借差額により、完成品原価を計算

①月初仕掛品原価と当月製造費用の合計から、月末仕掛品原価を計算

次の問題で、平均法によって月末仕掛品原価を計算してみましょう。

Q | 1-1 | 平均法 |

次の資料から平均法によって月末仕掛品原価、完成品原価および完成品単位原価を求めなさい。

1. 生産データ

月初仕掛品	400 個（75％）
当月投入	1,400
合計	1,800 個
月末仕掛品	200 （50％）
完成品	1,600 個

2. 原価データ

	直接材料費	加 工 費
月初仕掛品原価	5,200円	6,240円
当月製造費用	30,800円	48,160円

(1) 材料はすべて工程の始点で投入された。
(2) 仕掛品の（ ）は加工進捗度を示す。

A | 1-1 | 解答 |

月末仕掛品原価	7,200 円
完成品原価	83,200 円
完成品単位原価	@52 円

💡 | 1-1 | 解説 |

(注) ボックス図内の (　) は加工費および完成品換算量を表します。

材料費（加工費） （個）

	月初仕掛品	完 成 品
材　5,200円 加　6,240円	400(300)	1,600
材　30,800円 加　48,160円	当 月 投 入 1,400(1,400)	月末仕掛品 200(100)
計　90,400円		

(1) 月末仕掛品原価

平均法では、月初仕掛品原価と当月製造費用の合計から計算した平均単価によって、月末仕掛品の原価を計算します。

材料費： $\dfrac{5,200円 + 30,800円}{1,600個 + 200個} \times 200個 = 4,000円$ ⎫
加工費： $\dfrac{6,240円 + 48,160円}{1,600個 + 100個} \times 100個 = 3,200円$ ⎭ 合計 7,200円

(2) 完成品原価 [04]

90,400円 − 7,200円 = 83,200円

04) 平均単価に完成品数量を掛けて計算することもできます。

(3) 完成品単位原価

83,200円 ÷ 1,600個 = @52円

7 | 先入先出法

先入先出法とは、月初仕掛品を優先的に完成させてから、当月投入分の加工にとりかかるという仮定により月末仕掛品原価を計算する方法です [05]。

05) 月末仕掛品は当月投入分からなるので、月末仕掛品原価は当月製造費用から計算します。

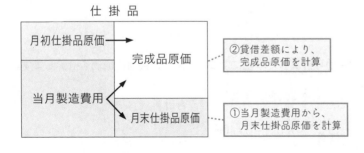

次の問題で、先入先出法によって月末仕掛品原価を計算してみましょう。

Q | 1-2 | 先入先出法 |

次の資料から先入先出法によって月末仕掛品原価、完成品原価および完成品単位原価を求めなさい。

1. 生産データ

月初仕掛品	400 個（75%）
当月投入	1,400
合　　計	1,800 個
月末仕掛品	200 （50%）
完　成　品	1,600 個

2. 原価データ

	直接材料費	加　工　費
月初仕掛品原価	5,200円	6,240円
当月製造費用	30,800円	48,160円

(1) 材料はすべて工程の始点で投入された。

(2) 仕掛品の（　）は加工進捗度を示す。

A | 1-2 | 解答 |

月末仕掛品原価	7,840 円
完 成 品 原 価	82,560 円
完成品単位原価	@51.6 円

💡 | 1-2 | 解説 |

(注) ボックス図内の（　）は加工費および完成品換算量を表します。

材料費（加工費）　　（個）

材	5,200円	月初仕掛品	完　成　品
加	6,240円	400(300)	1,600
		当 月 投 入	
材	30,800円	1,400(1,400)	
加	48,160円		月末仕掛品
			200(100)
計	90,400円		

(1) 月末仕掛品原価

先入先出法では、当月製造費用から計算した単価によって、月末仕掛品の原価を計算します。

材料費：$\dfrac{30,800円}{1,600個-400個+200個} \times 200個 = 4,400円$ ┐ 合計

加工費：$\dfrac{48,160円}{1,600個-300個+100個} \times 100個 = 3,440円$ ┘ 7,840円

(2) 完成品原価

90,400 円 − 7,840 円 = 82,560 円

(3) 完成品単位原価

82,560 円 ÷ 1,600 個 = @51.6 円

純粋先入先出法

通常の先入先出法[06]では完成品単位原価を1つしか求めません。これに対して、純粋先入先出法とは、月初仕掛品から完成した分と当月から製造を開始して完成した分とを区別して単位原価を計算する方法です。

06)通常の先入先出法のことを（純粋先入先出法と区別して）修正先入先出法といいます。

なお、月末仕掛品原価や完成品総合原価は通常の先入先出法と同じ結果になります。

仕掛品（材料費）

仕掛品（加工費）

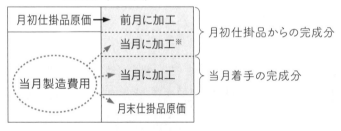

※月初仕掛品について、当月に行った完成までの残りの加工を表しています。

仮に、月初仕掛品100個（加工進捗度70％）の場合は下記のように考えます。

前月加工分：100個×70％＝70個
当月加工分：100個－70個＝30個
計100個が月初からの完成分

次の問題で、純粋先入先出法の計算方法を見ていきましょう。

Q | 1-3 | 純粋先入先出法 |

次の資料により、月末仕掛品原価、完成品原価、完成品単位原価（月初仕掛品完成分と当月投入完成分の内訳も示すこと）を求めなさい。

1. 生産データ

月初仕掛品　100個（70%）
当月投入　　200
合　　　計　300個
月末仕掛品　 50　（40%）
完　成　品　250個

2. 原価データ

	直接材料費	加工費
月初仕掛品原価	6,000円	3,850円
当月製造費用	10,000円	12,000円

(1) 材料は始点で投入される。
(2) 仕掛品の（　）は加工進捗度を示す。

A | 1-3 | 解答 |

月末仕掛品原価　　　3,700 円
完 成 品 原 価　　 28,150 円
完成品単位原価　　@112.6 円（月初仕掛品分：　@116.5 円　当月投入分：　@110.0 円）

💡 | 1-3 | 解説 |

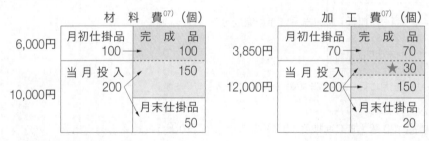

★**月初仕掛品に対する当月加工量**

月初仕掛品を完成させるために、当月に行った残りの加工量をボックス上で区別して把握します。

当月加工量：100個（月初仕掛品の数量）－70個（月初仕掛品の完成品換算量）
　　　　　＝ 30個

なお、この原価は5-9ページの図でも示したとおり、月初仕掛品完成分の完成品原価に含めます。

> 07）純粋先入先出法で計算する場合は、ボックスを材料費と加工費に分けるとわかりやすくなります。

(1) 月末仕掛品原価

材料費：$\dfrac{10,000円}{200個} \times 50個 = 2,500円$ ⎫
加工費：$\dfrac{12,000円}{200個} \times 20個 = 1,200円$ ⎭ 合計 3,700円

(2) 完成品原価

6,000 円 + 3,850 円 + 10,000 円 + 12,000 円 − 3,700 円 = 28,150 円

(3) 完成品原価の内訳

$$月初仕掛品完成分：6,000円 + 3,850円 + \frac{12,000円}{200個} \underset{\substack{月初仕掛品に対する\\当月の加工量}}{\times 30個} = 11,650円^※$$

当月投入完成分：28,150円 − 11,650円 = 16,500円

※〈図解〉月初仕掛品完成分の原価

$$* \frac{12,000円}{200個} \times 30個 = 1,800円$$

(4) 完成品単位原価

28,150 円 ÷ 250 個 = @112.6 円 [08]

月初仕掛品完成分：11,650 円 ÷ 100 個 = @116.5 円

当月着手完成分：16,500 円 ÷ 150 個 = @110.0 円

08) 月初仕掛品分と当月投入分を区別しない場合の完成品単位原価を「加重平均単位原価」ということもあります。

---

⁹ 追加材料の投入

➡ 材料は必ずしも工程の始点ですべて投入されるとは限りません。今までのところ、材料は工程の始点で投入し、それ以降では一切投入されないものと仮定してきました。

➡ しかし、製品の梱包材や包装材は工程の終点で投入されることでしょうし、また、加工の進捗にともない、順次、消費される材料もあるでしょう。このように工程の始点以外でさらに投入される材料を追加材料といいます。

追加材料をどのタイミングで投入するかによって完成品、月末仕掛品に含まれる材料費の計算が変わります。

> **追加材料の投入パターン**
> ケース1 ◆ 工程の終点
> ケース2 ◆ 工程途中の一定点
> ケース3 ◆ 工程を通じて平均投入

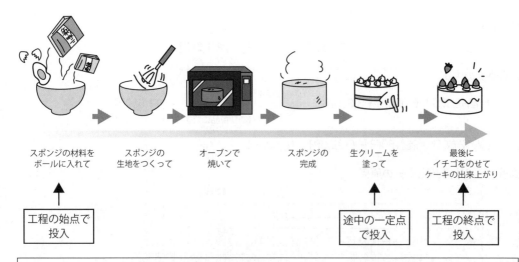

スポンジの材料を　　スポンジの　　　オーブンで　　　スポンジの　　　生クリームを　　　最後に
ボールに入れて　　　生地をつくって　　焼いて　　　　　完成　　　　　塗って　　　　イチゴをのせて
　　　　　　　　　　　　　　　　　　　　　　　　　　　　　　　　　　　　　　ケーキの出来上がり

工程の始点で　　　　　　　　　　　　　　　　　　　　　　途中の一定点　　工程の終点で
　投入　　　　　　　　　　　　　　　　　　　　　　　　　で投入　　　　　投入

ケース1 ◆材料を工程の終点で投入する場合

　追加材料は、すべて完成品に対してのみ投入され、月末仕掛品には投入されていない
ため、追加材料費を月末仕掛品に負担させることはありません。

材料投入点
　　　　　　　　　　　　　　　　　　　　　　　　　　　　　⇩
0　　　　　　　　　　　　　　50%　　　　　　　　　　100%　ダンボール

月末仕掛品 ──────────────┤ 未投入
完　成　品 ──────────────────────→ 投入済

⇢　例えば、終点で投入される追加材料が包装用ダンボールであるとしましょ
う。この場合、月末仕掛品はまだ包装されておらず、したがってダンボール
は投入されていない状態です。そこで、完成品に追加材料費すべてを負担さ
せることになるのです。

⇢　次の問題で、月末仕掛品および完成品に含まれる追加材料費を計算してみ
ましょう。

Q │ 1-4 │ **工程の終点で投入**

　次の資料により、当月完成品の負担するB材料費と月末仕掛品の負担するB材料費を求めなさ
い。なお、計算を簡便にするため、加工費等の計算データは考慮外とする。

1. 生産データ				2. 原価データ	
月 初 仕 掛 品	0	個		当 月 投 入	
当 月 投 入	1,000			B 材 料	5,000円
合　　　　計	1,000	個			
月 末 仕 掛 品	400	(50%)			
完　成　品	600	個			

(1) B材料は工程の終点で投入する。

(2) 仕掛品の（　）は加工進捗度を示す。

A 1-4 | **解答** |

月末仕掛品の負担するB材料費　　**0** 円

完成品の負担するB材料費　　**5,000** 円

1-4 | **解説** |

B追材料は終点で投入されているため、完成品にのみ投入されていることになります。

よって、月末仕掛品の負担するB材料費は0円、完成品の負担するB材料費は5,000円となります。

ケース 2-1 ◆工程途中の一定点で投入

月末仕掛品の進捗度＜材料投入点の場合には、月末仕掛品に対しては追加材料が投入されていないため、追加材料費はすべて完成品が負担します。

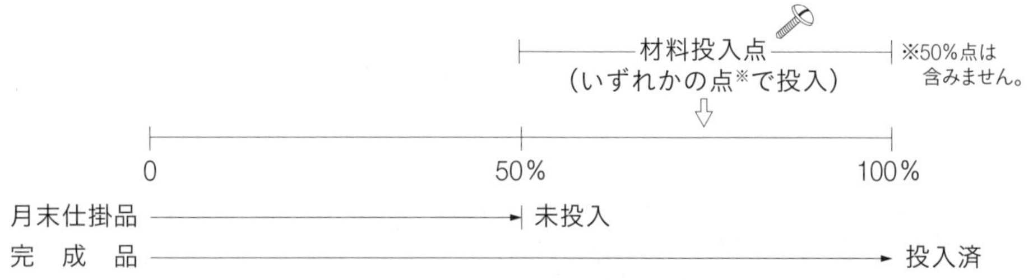

この場合にも**ケース1**と同様に月末仕掛品に対して追加材料を投入していません。このため、追加材料費すべてを完成品に負担させます。

このケースについて、次の問題で見ていきましょう。

Q 1-5 | **工程途中の一定点で投入（進捗度＜投入点）** |

次の資料により、当月完成品の負担するC材料費と月末仕掛品の負担するC材料費を求めなさい。

1. 生産データ

月初仕掛品	0個	
当月投入	1,000	
合計	1,000個	
月末仕掛品	400	（50%）
完成品	600個	

2. 原価データ

当月投入	
C材料	5,000円

(1) C材料は工程の60%点で投入する。

(2) 仕掛品の（　）は加工進捗度を示す。

A | **1-5** | 解答 |

月末仕掛品の負担するC材料費   **0** 円

完成品の負担するC材料費   **5,000** 円

1-5 | 解説 |

　追加材料を投入したかどうかは、月末仕掛品の加工進捗度と投入点の進捗度を比較して判断します。

　　月末仕掛品の加工進捗度 50％ ＜ C材料の投入点 60％

　　➡ 50％点を通過した完成品のみにC材料が投入されている

　よって、月末仕掛品の負担するC材料費は0円、完成品の負担するC材料費は5,000円となります。

ケース 2-2 ◆工程途中の一定点で投入

　月末仕掛品の進捗度≧材料投入点の場合には、完成品にも月末仕掛品にも追加材料が投入されています。したがって、月末仕掛品と完成品の両者が追加材料費を負担します[09]。

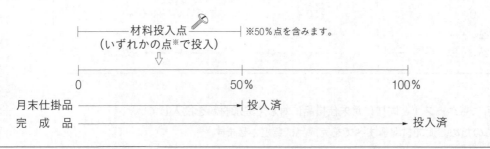

　この場合には月末仕掛品も追加材料投入点を通過しています。これは月末仕掛品にも追加材料が投入されていることを意味しているため、追加材料は月末仕掛品と完成品の両者に負担させます。

　このケースについて、次の問題で見ていきましょう。

[09] この場合の追加材料費の負担割合は、完成品：月末仕掛品＝1：1とする点に注意してください。これは完成品1単位に含まれるのと同様の追加材料が月末仕掛品にも含まれる、と考えるためです。

Q | **1-6** | 工程途中の一定点で投入（進捗度≧投入点） |

　次の資料により、当月完成品の負担するD材料費と月末仕掛品の負担するD材料費を求めなさい。

1. 生産データ

月 初 仕 掛 品	0個
当 月 投 入	1,000
合 計	1,000個
月 末 仕 掛 品	400 （50％）
完 成 品	600個

2. 原価データ

当 月 投 入

D 材 料   5,000円

⑴ D材料は工程の40％点で投入する。

⑵ 仕掛品の（ ）は加工進捗度を示す。

A | 1-6 | **解答** |

月末仕掛品の負担するD材料費 　　2,000 円

完成品の負担するD材料費 　　3,000 円

1-6 | **解説** |

　D材料は、工程の40％点で投入されているので、40％点を通過した完成品と月末仕掛品（加工進捗度50％）の両者に対して投入されています。

D材料費

当月投入	完成品
5,000円　　1,000個	600個
	月末仕掛品　400個

月末仕掛品：$\dfrac{5,000 円}{1,000 個} \times 400 個 = 2,000 円$

完　成　品：$5,000 円 - 2,000 円 = 3,000 円$

ケース3◆工程を通じて平均的に投入

　加工に応じて追加材料が投入されるため、完成品と月末仕掛品のいずれにも追加材料が投入されていると考えられます。この場合、加工費と同様に完成品換算量にもとづいて、月末仕掛品と完成品の両者に追加材料費を負担させます[10]。

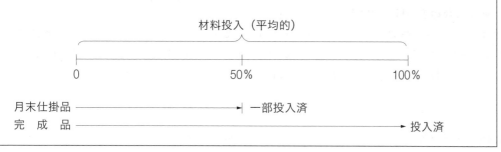

　このケースについて、次の問題で見ていきましょう。

[10] この場合の追加材料費の負担割合は、完成品：月末仕掛品＝1：月末仕掛品の加工進捗度とする点に注意してください。これは追加材料費の発生の仕方が加工費と同様、と考えるためです。

Q | 1-7 | **工程を通じて平均投入** |

　次の資料により、当月完成品の負担するE材料費と月末仕掛品の負担するE材料費を求めなさい。

　1.　生産データ

月初仕掛品	0個
当月投入	1,000
合計	1,000個
月末仕掛品	400 (50%)
完成品	600個

　2.　原価データ

　　当月投入

　　E 材料　　5,000円

　⑴ E材料は工程を通じて平均的に投入される。

　⑵ 仕掛品の（　）は加工進捗度を示す。

A | 1-7 | **解答**

月末仕掛品の負担するＥ材料費	1,250 円
完成品の負担するＥ材料費	3,750 円

💡 | 1-7 | **解説**

　Ｅ材料は、工程を通じて平均的に投入されているため、加工費と同様に完成品換算量にもとづいて原価配分を行います。

　　　月末仕掛品の完成品換算量：400 個× 0.5 ＝ 200 個

Ｅ材料費

当月投入	完成品
5,000円　800個	600個
	月末仕掛品 200個

月末仕掛品：$\dfrac{5,000 \text{円}}{600 \text{個} + 200 \text{個}} \times 200 \text{個} = 1,250 \text{円}$

完成品：5,000 円 － 1,250 円 ＝ 3,750 円

▶▶　最後に追加材料の種類が複数あるケースについて、次の問題で確認してみましょう。

Q | 1-8 | **複数種類の追加材料の投入**

　当社は、Ｘ材料を工程の始点において投入し加工しているが、その他、工程を通じて平均的にＹ材料を、またＺ材料を工程の途中点（加工進捗度 40％の点）で投入している。次の資料により、当月の完成品材料費および月末仕掛品材料費を計算しなさい。

📄 **資料**

1. 当月の生産データ

月初仕掛品	400 個（30％）
当月投入	2,600
合　計	3,000 個
月末仕掛品	800　（60％）
完成品	2,200 個

　（注）仕掛品の（　）は、加工進捗度を示す。

2. 当月の原価データ

月初仕掛品	
Ｘ材料費	10,000 円
Ｙ材料費	2,400 円
Ｚ材料費	－円
当月製造費用	
Ｘ材料費	52,000 円
Ｙ材料費	44,800 円
Ｚ材料費	60,000 円

3. 原価配分は先入先出法による。

完成品材料費	128,800 円
月末仕掛品材料費	40,400 円

💡 | 1-8 | 解説 |

1. X材料費の計算（始点投入のため、数量で配分）

X材料費 （個）

| 月初仕掛品 10,000円 | 400 | 完 成 品 | 2,200 |
| 当月投入 52,000円 | 2,600 | 月末仕掛品 | 800 |

月末仕掛品：$\dfrac{52,000円}{2,200個 - 400個 + 800個} \times 800個 = 16,000円$

完 成 品：$10,000円 + 52,000円 - 16,000円 = 46,000円$

2. Y材料費の計算（平均的投入のため、加工進捗度にもとづく完成品換算量で配分）

Y材料費 （個）

| 月初仕掛品 2,400円 | 120 | 完 成 品 | 2,200 |
| 当月投入 44,800円 | 2,560 （差引） | 月末仕掛品 | 480 |

月末仕掛品：$\dfrac{44,800円}{2,200個 - 120個 + 480個} \times 480個 = 8,400円$

完 成 品：$2,400円 + 44,800円 - 8,400円 = 38,800円$

3. Z材料費の計算（途中の一定点投入）

まず、Z材料の投入状況を確認します。

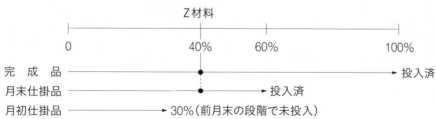

Z材料

| 0 | 40% | 60% | 100% |

完 成 品	───────●──────────→ 投入済
月末仕掛品	───────●────→ 投入済
月初仕掛品	──────→ 30%（前月末の段階で未投入）

上記の結果から、月初仕掛品量をゼロとして生産データを作成します。

Ｚ材料費　　（個）

月初仕掛品	完 成 品
0	2,200
当 月 投 入	
60,000円　　3,000	月末仕掛品
（差引）	800

月末仕掛品：$\dfrac{60,000円}{2,200個 + 800個} \times 800個 = 16,000円$

完 成 品：$60,000円 - 16,000円 = 44,000円$

4. まとめ

完 成 品 材 料 費：46,000円 + 38,800円 + 44,000円 = 128,800円

月末仕掛品材料費：16,000円 + 8,400円 + 16,000円 = 40,400円

Chapter 6

総合原価計算における
仕損・減損

Point

このChapterでは、総合原価計算を採用している場合に生じた仕損や減損の処理方法を学習します。

1級の総合原価計算の学習での最重要論点といっても過言ではありません。焦らずにじっくり取り組み、確実に理解していくようにしましょう。

用語集

減損
加工中に蒸発・ガス化などによって原材料が消失すること

度外視法
正常減損費や正常仕損費を直接計算せず、自動的に良品の原価に含める方法

両者負担
正常減損費や正常仕損費を完成品と月末仕掛品の両者に負担させること

非度外視法
いったん正常減損費や正常仕損費を分離把握し、改めて良品に対して配賦する方法

仕損品評価額
仕損品の処分価値や利用価値

Section 1 仕損・減損の処理 ～度外視法～

まずは、2級でも学習した度外視法です。
　次のSectionで学習する非度外視法をマスターするためにも、まずは度外視法の理解が重要です。
　また、このSectionの最後には、異常減損が登場します。正常なものか異常なものか、これも重要ポイントです。

1 | 仕損、減損とは

▶ 　仕損とは、材料の不良や加工の失敗が原因となって不合格品が発生してしまうことをいい、不合格品を仕損品といいます。
　減損とは、加工中に蒸発・ガス化などによって原材料が消失することをいいます。

▶ 　仕損（減損）は、製品の製造上の正常な原因による正常仕損（減損）と、異常な原因による異常仕損（減損）に分けられ、それぞれに異なった処理が必要となります。

▶ 　具体的には、正常仕損（減損）の発生による費用は良品を生産するコストと考え、完成品や仕掛品の原価に含めます。これに対して異常仕損（減損）の発生による費用は製造原価から除外し、非原価項目（営業外費用や特別損失）として処理するのです。
　ここでは前者の処理の説明から始めることにしましょう[01]。

01）仕損と減損の基本的な処理は同じなので、2以降は減損の処理を中心に見ていきます。

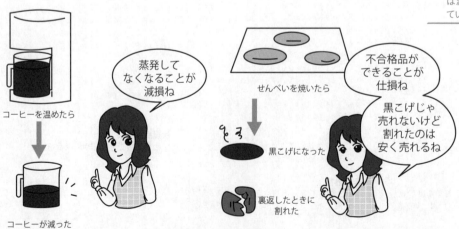

コーヒーを温めたら

蒸発して
なくなることが
減損ね

コーヒーが減った

せんべいを焼いたら

黒こげになった

裏返したときに
割れた

不合格品が
できることが
仕損ね

黒こげじゃ
売れないけど
割れたのは
安く売れるね

2 | 正常減損費の処理

▸ 正常減損費は、製品の製造にあたり、どうしても発生してしまう許容範囲内[02]の減損による費用です。

▸ このような性質を「原価性がある」といい、正常減損費は製品の原価に含めます。つまり良品（完成品と月末仕掛品）[03]に正常減損費を負担させるのですが、その場合、次の2点が問題になります。

> (1) 正常減損費の負担関係
>   →正常減損費を月末仕掛品にも負担させるか
> (2) 正常減損費の把握
>   →正常減損費を負担させるにあたって、正常減損費を把握するか否か

02) 減損の発生をこれ以上抑えようとすると、かえって設備費や人件費などが増加してしまう状況をイメージするとよいでしょう。

03) 良品には完成品だけではなく、減損の発生点を通過した月末仕掛品も含まれます。

CHAPTER 6

総合原価計算における仕損・減損

1. 正常減損費の負担関係

▸ 正常減損費の負担関係（完成品のみに負担させるか、完成品と月末仕掛品の両者に負担させるか）は、工程における減損の発生点と月末仕掛品の加工進捗度との関係で決定します。

減損の発生点		負担関係
定点発生 ─ 工程始点 …………………………………		両者負担
─ 工程途中 ─ 月末仕掛品の進捗度 ≧ 正常減損の発生点	…	両者負担
└ 月末仕掛品の進捗度 < 正常減損の発生点	…	完成品のみ負担
─ 工程終点 ……………………………………………		完成品のみ負担
工程を通じて平均的に発生[04] ……………………………		両者負担

04) 減損が工程を通じて平均的に発生する場合、減損の加工進捗度は50%とみなします。

▸ 次の問題を用いて具体的に説明しましょう。

Q | 1-1 | 減損費の負担関係 |

次の資料にもとづいて、正常減損の負担関係[05]を示しなさい。

月末仕掛品の加工進捗度　50%

【正常減損の発生点】

① 加工進捗度 30% で発生

② 加工進捗度 70% で発生

③ 工程を通じて平均的に発生

05) 正常減損の負担関係はパターンを暗記するのではなく、減損の発生点と月末仕掛品の加工進捗度から判断できるようにしましょう。

A | **1-1** | 解答

① 加工進捗度 30% で発生 　⇒ 　**両者負担**

② 加工進捗度 70% で発生 　⇒ 　**完成品のみ負担**

③ 工程を通じて平均的に発生 　⇒ 　**両者負担**

💡 | **1-1** | 解説

①

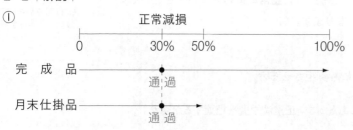

★完成品も月末仕掛品もともに正常減損発生点を通過しており、双方から正常減損が生じている
とわかります。そのため、正常減損費を完成品と月末仕掛品の両者に負担させます。

②

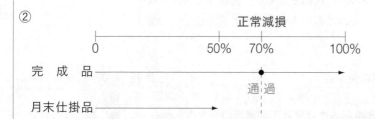

★完成品は正常減損発生点を通過していますが、月末仕掛品は通過していないため、完成品のみ
から正常減損が生じたとわかります。そのため、正常減損費を完成品のみに負担させます。

③

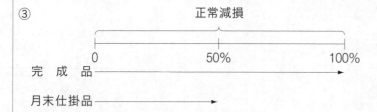

★減損が工程を通じて平均的に発生している場合、月末仕掛品、完成品の双方から減損が生じて
いるため、正常減損費を両者に負担させます。

2. 正常減損費の把握

▶ 　正常減損費を良品に負担させるにあたっては、正常減損費を直接把握する
非度外視法と、把握しない度外視法があります。

▶ 　まずは、次ページ以降で、2 級で学習した方法である度外視法を見ていき
ましょう。

3 | 正常減損 ― 度外視法とは

▶ 度外視法とは、正常減損費を直接計算せず、自動的に良品の原価に含める
方法です。

1. 完成品負担の場合

▶ 完成品負担の場合、正常減損の数量（完成品換算量）を生産データに含めて
原価配分を行います。

　正常減損費を負担しない月末仕掛品原価を計算し[06]、貸借差額により完成
品原価を計算することで、正常減損費を完成品のみに負担させます。

06) 減損の数量（完成品換算量）を生産データに含めることで、正常減損費を負担しない単価で月末仕掛品原価を計算することができます。

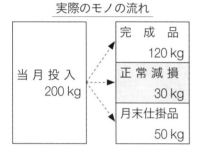

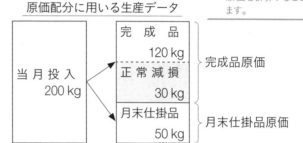

Q | 1-2 | 度外視法―**完成品負担の計算** |

　次の資料にもとづいて、度外視法により、完成品原価、完成品単位原価および月末仕掛品原価
を求めなさい。

1. 生産データ

月初仕掛品	200 kg (50%)
当月投入	1,300
合計	1,500 kg
月末仕掛品	400 (50%)
正常減損	100
差引：完成品	1,000 kg

2. 原価データ

	月初仕掛品原価	当月製造費用
直接材料費	44,600円	270,400円
加工費	66,540円	779,760円
合計	111,140円	1,050,160円

3. その他

（1）材料はすべて工程始点で投入された。　（3）正常減損は工程の終点で発生している。

（2）仕掛品の（　）は加工進捗度を示す。　（4）月末仕掛品の評価は平均法による。

A | 1-2 | 解答 |

完成品原価	947,100 円
完成品単位原価	@947.1 円
月末仕掛品原価	214,200 円

💡 **1-2 解説**

1. 負担関係の確認

　正常減損は工程の終点で発生しており、月末仕掛品は正常減損発生点を通過していないため、正常減損費を完成品のみに負担させます。

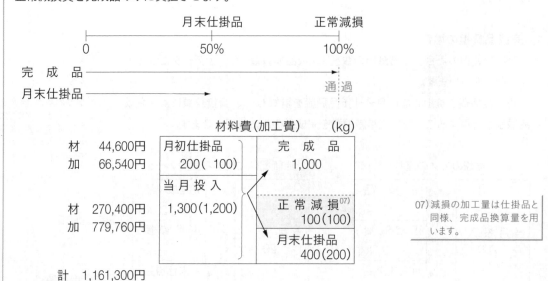

07) 減損の加工量は仕掛品と同様、完成品換算量を用います。

2. 月末仕掛品原価

材料費： $\dfrac{44,600\,円 + 270,400\,円}{(1,000\,kg + \underbrace{100\,kg}_{正常減損量}) + 400\,kg} \times 400\,kg = 84,000\,円$

加工費： $\dfrac{66,540\,円 + 779,760\,円}{(1,000\,kg + \underbrace{100\,kg}_{正常減損量}) + 200\,kg} \times 200\,kg = 130,200\,円$

合計 214,200 円

3. 完成品原価

1,161,300 円 − 214,200 円 = 947,100 円 [08]

08) 正常減損 100 kg 分の原価が自動的に含まれています。

4. 完成品単位原価

947,100 円 ÷ 1,000 kg = @947.1 円

5. 仕掛品勘定への記入

仕 掛 品

月初仕掛品	111,140	製　　品	947,100
直接材料費	270,400	月末仕掛品	214,200
加　工　費	779,760		
	1,161,300		1,161,300

2. 両者負担の場合

▶ 　両者負担の場合、正常減損の数量（完成品換算量）を原価配分上は無視します。

　これにより、正常減損費を完成品と月末仕掛品に自動的に負担させることができます[09]。

09）下記の例では、200 kg 分の原価を 170 kg で負担しているため、30 kg 分だけ単価が上昇します。
この単価で原価配分を行うことにより、正常減損費は完成品と月末仕掛品に自動的に配分されます。

実際のモノの流れ

原価配分に用いる生産データ

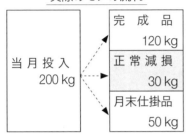

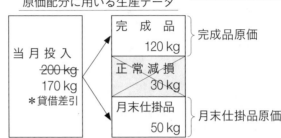

Q | 1-3 | **度外視法─両者負担の計算** |

　次の資料にもとづいて、度外視法により、完成品原価、完成品単位原価および月末仕掛品原価を求めなさい。

1. 生産データ

月初仕掛品	200 kg	(50%)
当月投入	1,300	
合計	1,500 kg	
月末仕掛品	400	(50%)
正常減損	100	(40%)
差引：完成品	1,000 kg	

2. 原価データ

	月初仕掛品原価	当月製造費用
直接材料費	44,600円	270,400円
加工費	66,540円	779,760円
合計	111,140円	1,050,160円

3. その他

(1) 材料はすべて工程始点で投入された。

(2) 仕掛品の（　）は加工進捗度を示す。また、正常減損の（　）は発生点を示す。

(3) 月末仕掛品の評価は平均法による。

A | 1-3 | **解答** |

完成品原価	930,250 円
完成品単位原価	@930.25 円
月末仕掛品原価	231,050 円

1. 負担関係の確認

　正常減損の発生点（40%）＜月末仕掛品の加工進捗度（50%）であり、完成品と月末仕掛品の双方が正常減損発生点を通過しています。そのため正常減損費は両者負担とします。

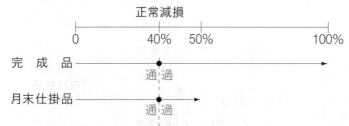

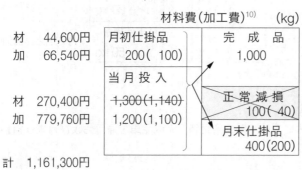

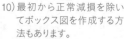

10) 最初から正常減損を除いてボックス図を作成する方法もあります。

月初 200 (100)	完成 1,000
当月 1,200 (1,100)	月末 400 (200)

慣れてきたらこちらの方法で解くようにしましょう。

2. 月末仕掛品原価

材料費：$\dfrac{44,600\,円 + 270,400\,円}{1,000\,kg + 400\,kg} \times 400\,kg = 90,000\,円$

加工費：$\dfrac{66,540\,円 + 779,760\,円}{1,000\,kg + 200\,kg} \times 200\,kg = 141,050\,円$

合計 231,050 円

3. 完成品原価

1,161,300 円 − 231,050 円 = 930,250 円

4. 完成品単位原価

930,250 円 ÷ 1,000 kg ＝ @930.25 円

5. 仕掛品勘定への記入

仕　掛　品

月初仕掛品	111,140	製　　品	930,250
直接材料費	270,400	月末仕掛品	231,050
加　工　費	779,760		
	1,161,300		1,161,300

4 | 異常減損費の処理

▶ 異常減損費（異常減損によって生じた費用）は、原価性が認められないため、非原価項目として処理します[11]。

11) P/L上で営業外費用または特別損失として表示します。

▶ 異常減損費の計算は、月末仕掛品原価の計算と同じ原価配分方法によって行います[12]。

12) 先入先出法、平均法などによって計算します。

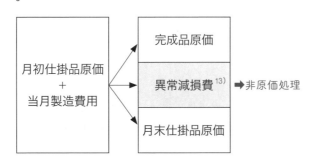

13) 異常減損費を良品の原価とは分離して把握するため、異常減損の数量（完成品換算量）を生産データに含めて計算します。

CHAPTER 6 総合原価計算における仕損・減損

Q | 1-4 | 異常減損費の計算 |

次の資料にもとづいて、完成品原価、月末仕掛品原価および異常減損費を求めなさい。

1. 生産データ

月初仕掛品	0 kg
当月投入	1,500
合計	1,500 kg
月末仕掛品	400 (50%)
異常減損	100 (40%)
差引：完成品	1,000 kg

2. 原価データ（当月製造費用）

直接材料費	21,000円
加工費	14,880円
合計	35,880円

3. その他

(1) 材料はすべて工程始点で投入された。

(2) 仕掛品の（ ）は加工進捗度を示す。また、異常減損の（ ）は発生点を示す。

A | 1-4 | 解答 |

完成品原価	26,000 円
月末仕掛品原価	8,000 円
異常減損費	1,880 円

1. 生産データを材料費と加工費に分けて整理し、ボックスに記入します。

材料費（加工費）（kg）

当月投入	完成品
	1,000
1,500(1,240)	
	異常減損
	100(40)
	月末仕掛品
	400(200)

材 21,000円
加 14,880円

計 35,880円

2. 月末仕掛品原価

材料費：$\dfrac{21,000\text{円}}{1,000\text{kg} + 100\text{kg} + 400\text{kg}}$ （= @14円）× 400kg = 5,600円

加工費：$\dfrac{14,880\text{円}}{1,000\text{kg} + 40\text{kg} + 200\text{kg}}$ （= @12円）× 200kg = 2,400円

合計 8,000円

3. 異常減損費

異常減損費は、月末仕掛品原価と同様の原価配分方法（本問では平均法）によって計算します。

材料費：@14円 × 100kg = 1,400円
加工費：@12円 × 40kg = 480円

合計 1,880円

4. 完成品原価

35,880円 − 8,000円 − $\underbrace{1,880\text{円}}_{\text{異常減損費}}$ [14] = 26,000円

14）異常減損費は、非原価項目とするため製造原価から控除します。

5. 仕掛品勘定への記入

仕 掛 品

直接材料費	21,000	製　　　品	26,000
加 工 費	14,880	異常減損費	1,880
		月末仕掛品	8,000
	35,880		35,880

Section 2 | 仕損・減損の処理 〜非度外視法〜

非度外視法は、「度外視しない」つまり正常仕損費や正常減損費をはっきりと計算する方法です。そのため、度外視法よりもかえってわかりやすいという見方もできます。

これに限らず、「1級で初めて学習する方法だからきっと難しいはず…」という先入観を持たないようにしましょう！

1 | 正常減損—非度外視法とは[01]

▶ 非度外視法とはいったん正常減損費を分離把握し、その後で正常減損の発生と関係のある良品に対して追加配賦する計算方法です。

非度外視法は次の手順で計算します[02]。

01) 仕損と減損の基本的な処理は同じなので、本Sectionにおいても、減損の処理を中心に見ていきます。

02) 正常減損費を把握することにより、原価管理に役立てることができます。

Step1 正常減損費負担前の金額の計算（正常減損費の分離把握）

正常減損量を含めた生産データにもとづいて原価配分を行い、正常減損費を分離把握するとともに、正常減損費負担前の月末仕掛品原価と完成品原価を計算します。

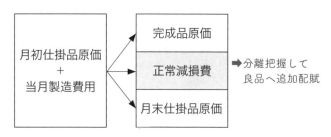

Step2 正常減損費の負担先の決定

正常減損の発生状況や月末仕掛品の加工進捗度をもとに負担関係を決定します。両者負担の場合には追加配賦の按分額の計算も同時に行います[03]。

03) 詳しくは6-15ページで学習します。

Step3 正常減損費の追加配賦

正常減損の追加配賦を行い、正常減損費負担後の完成品原価等の金額を計算します。

1. 完成品負担の場合

▶ 正常減損費をいったん分離把握し、その全額を完成品に負担させます。上記の Step の流れを次ページの問題で確認してみましょう。

Q | 2-1 | 非度外視法―完成品負担の計算 |

次の資料にもとづいて、非度外視法により、完成品原価、完成品単位原価および月末仕掛品原価を求めなさい。

1. 生産データ

月初仕掛品	200 kg(50%)
当月投入	1,300
合計	1,500 kg
月末仕掛品	400 (50%)
正常減損	100
差引：完成品	1,000 kg

2. 原価データ

	月初仕掛品原価	当月製造費用
直接材料費	44,600円	270,400円
加工費	66,540円	779,760円
合計	111,140円	1,050,160円

3. その他

(1) 材料はすべて工程始点で投入された。　(3) 正常減損は工程の終点で発生している。

(2) 仕掛品の（　）は加工進捗度を示す。　(4) 月末仕掛品の評価は平均法による。

A | 2-1 | 解答 |

完成品原価	947,100 円
完成品単位原価	@947.1 円
月末仕掛品原価	214,200 円

💡 | 2-1 | 解説 |

材料費（加工費）　(kg)

材　44,600円 加　66,540円	月初仕掛品 200(100)	完成品 1,000
材　270,400円 加　779,760円	当月投入 1,300(1,200)	正常減損 100(100)
		月末仕掛品 400(200)

計　1,161,300円

負担

Step1 正常減損費負担前の金額の計算

(1) 月末仕掛品

材料費：$\dfrac{44,600\,円 + 270,400\,円}{\underset{正常減損量}{1,000\,kg + 100\,kg} + 400\,kg}$（＝@210 円）× 400 kg ＝ 84,000 円 ⎤

加工費：$\dfrac{66,540\,円 + 779,760\,円}{\underset{正常減損量}{1,000\,kg + 100\,kg} + 200\,kg}$（＝@651 円）× 200 kg ＝ 130,200 円 ⎦ 合計 214,200 円

(2) 正常減損費

材料費：@210 円× 100 kg ＝ 21,000 円 ⎤
加工費：@651 円× 100 kg ＝ 65,100 円 ⎦ 合計 86,100 円

(3) 完成品原価

$$1,161,300 \text{円} - 214,200 \text{円} - 86,100 \text{円} = 861,000 \text{円}$$

Step2 正常減損費の負担先の決定

正常減損は工程の終点で発生しているため、完成品のみに正常減損費を負担させます。

Step3 正常減損費の追加配賦

完成品原価：$861,000 \text{円} + \underset{\text{追加配賦額}}{86,100 \text{円}} = 947,100 \text{円}$

完成品単位原価：$947,100 \text{円} \div 1,000 \text{kg} = @947.1 \text{円}$

月末仕掛品原価：$84,000 \text{円} + 130,200 \text{円} = 214,200 \text{円}$

仕掛品勘定への記入

仕 掛 品			
月初仕掛品	111,140	製　　　品	947,100
直接材料費	270,400	月末仕掛品	214,200
加　工　費	779,760		
	1,161,300		1,161,300

2. 両者負担の場合

▶ いったん、正常減損費を分離把握し、次に良品に追加配賦して負担させます。

▶ 減損の発生状況によって、負担関係の考え方や正常減損費の追加配賦の按分方法が異なります。

● 負担関係の考え方

定点発生では、減損の発生点と月末仕掛品の加工進捗度を比較して、正常減損費の負担関係を決定します。

それに対し、平均的発生では始点から終点までの間で平均的に減損が発生しているため、必ず両者負担となります[04]。また、減損の加工進捗度を 50% とみなして計算を行います。

● 按分方法

> 定点発生の場合 … 数量にもとづいて按分
> 平均的発生の場合 … 完成品換算量にもとづいて按分

平均的発生の場合、減損は加工の進み具合に応じて発生しているものと仮定し、按分基準を完成品換算量とします。

▶ まずは、定点発生の場合について見ていきましょう。

04) 厳密には、工程のいたるところでランダムに減損が発生しているケースですが、簡便的に平均的に発生しているものとして計算します。

Q 2-2 | **非度外視法—両者負担の計算①**

　次の資料にもとづいて、非度外視法により、完成品原価、完成品単位原価および月末仕掛品原価を求めなさい。

1. 生産データ

月初仕掛品	200 kg (50%)
当月投入	1,300
合計	1,500 kg
月末仕掛品	400 (50%)
正常減損	100 (40%)
差引：完成品	1,000 kg

2. 原価データ

	月初仕掛品原価	当月製造費用
直接材料費	44,600円	270,400円
加工費	70,200円	809,400円
合計	114,800円	1,079,800円

3. その他

(1) 材料はすべて工程始点で投入された。

(2) 仕掛品の（　）は加工進捗度を示す。また、正常減損の（　）は発生点を示す。

(3) 月末仕掛品の評価は先入先出法によって行う。

(4) 正常減損は当月投入分から生じたものとみなす。

A 2-2 | **解答**

完成品原価	953,000 円
完成品単位原価	@953 円
月末仕掛品原価	241,600 円

💡 2-2 | **解説**

材　44,600円
加　70,200円

材　270,400円
加　809,400円

計　1,194,600円

1. 各金額の計算

Step1 正常減損費負担前の金額の計算

(1) 月末仕掛品

材料費：$\dfrac{270,400 円}{1,300 kg}$ (＝@208円) × 400 kg ＝ 83,200円 ⎱ 合計
加工費：$\dfrac{809,400 円}{1,140 kg}$ (＝@710円) × 200 kg ＝ 142,000円 ⎰ 225,200円

(2) 正常減損費

材料費：@208 円 × 100 kg = 20,800 円 ┐合計
加工費：@710 円 × 40 kg = 28,400 円 ┘49,200 円

(3) 完成品原価

1,194,600 円 − 225,200 円 − 49,200 円 = 920,200 円

Step2 正常減損費の負担先の決定

「正常減損の発生点（40％）＜ 月末仕掛品の加工進捗度（50％）」のため、両者負担とします。

また、定点発生のため完成品と月末仕掛品の数量の比で按分します。

ただし、「正常減損は当月投入分から生じたものとみなす」とあり、月初仕掛品の当月完成分からは生じていないため、この数量を除いて按分計算を行います。

月末仕掛品：$\dfrac{49,200 \text{ 円}}{800 \text{ kg}^* + 400 \text{ kg}} \times 400 \text{ kg} = 16,400$ 円

完　成　品：49,200 円 − 16,400 円 = 32,800 円

＊ 1,000 kg（完成品数量）− 200 kg（月初仕掛品完成分）= 800 kg

仮に、平均法を採用している場合には完成品数量（月初仕掛品完成分を含む）と月末仕掛品数量の比にもとづいて按分します（詳しくは次ページの参考を参照してください）。

Step3 正常減損費の追加配賦

完　成　品　原　価：920,200 円 + 32,800 円 = 953,000 円
　　　　　　　　　　　　　　　　追加配賦額

完成品単位原価：953,000 円 ÷ 1,000 kg = @953 円

月末仕掛品原価：225,200 円 + 16,400 円 = 241,600 円
　　　　　　　　　　　　　　　追加配賦額

2. 仕掛品勘定への記入

仕 掛 品

月初仕掛品	114,800	製　　　品	953,000
直接材料費	270,400	月末仕掛品	241,600
加 　工 　費	809,400		
	1,194,600		1,194,600

参考 | 先入先出法と平均法で正常減損費の按分方法が異なる理由

　原価配分方法として平均法を採用していた場合には、完成品数量から月初仕掛品完成分を除く必要はありません。なぜなら「正常減損は当月投入分から生じたものとみなす」という仮定自体が平均法の場合には成立しないためです。

　具体的には、平均法では正常減損費の計算にあたって、月初仕掛品と当月投入分の平均単価を用いるため、暗黙のうちに正常減損が月初仕掛品からも生じているものとみなしているからです。

　そのため、平均法では「当月投入分から生じたものとみなす」という指示が入ることはありません。

➡️　続いて、平均的発生の場合について見ていきましょう。

Q | 2-3 | **非度外視法──両者負担の計算②** |

　次の資料にもとづき月末仕掛品原価、完成品原価を計算しなさい。

1. 生産データ

月初仕掛品	200 kg（40％）
当月投入	1,300
合　　計	1,500 kg
正常減損	100
月末仕掛品	400　　（60％）
差引：完成品	1,000 kg

2. 原価データ

	月初仕掛品	当月製造費用
直接材料費	17,000円	113,200円
加　工　費	24,000円	375,900円
合　　計	41,000円	489,100円

3. その他

　(1) 材料は工程始点ですべて投入された。　　(2) 仕掛品の（　）は加工進捗度を示す。

　(3) 正常減損の処理は非度外視法による。なお、減損は工程を通じて平均的に発生している。

　(4) 月末仕掛品の評価は平均法による。

A | 2-3 | **解答** |

月末仕掛品原価	113,800 円
完成品原価	416,300 円

💡 | 2-3 | **解説** |

材 17,000円	
加 24,000円	
材 113,200円	
加 375,900円	
計 530,100円	

05）「平均的に発生」の場合には、計算上減損の加工進捗度を50％とします。

1. 各金額の計算

[Step1] 正常減損費負担前の金額の計算

(1) 月末仕掛品

材料費：$\dfrac{17{,}000\,円 + 113{,}200\,円}{1{,}000\,kg + \underset{\text{正常減損量}}{100\,kg} + 400\,kg}$ $(= @86.8\,円) \times 400\,kg = 34{,}720\,円$

加工費：$\dfrac{24{,}000\,円 + 375{,}900\,円}{1{,}000\,kg + \underset{\text{正常減損量}}{50\,kg} + 240\,kg}$ $(= @310\,円) \times 240\,kg = 74{,}400\,円$

} 合計 109,120 円

(2) 正常減損費

材料費：@86.8 円 × 100 kg = 8,680 円
加工費：@310 円 × 50 kg = 15,500 円

} 合計 24,180 円

(3) 完成品原価

530,100 円 − 109,120 円 − 24,180 円 = 396,800 円

[Step2] 正常減損費の負担先の決定

正常減損は工程を通じて平均的に発生しているため、両者負担とし、完成品と月末仕掛品へ完成品換算量の比で按分します。

月末仕掛品：$\dfrac{24{,}180\,円}{1{,}000\,kg + 240\,kg} \times 240\,kg = 4{,}680\,円$

完　成　品：24,180 円 − 4,680 円 = 19,500 円

[Step3] 正常減損費の追加配賦

月末仕掛品原価：109,120 円 + $\underset{\text{追加配賦額}}{4{,}680\,円}$ = 113,800 円

完 成 品 原 価：396,800 円 + $\underset{\text{追加配賦額}}{19{,}500\,円}$ = 416,300 円

2. 仕掛品勘定への記入

仕 掛 品

月初仕掛品	41,000	製　　　　品	416,300
直接材料費	113,200	月末仕掛品	113,800
加　工　費	375,900		
	530,100		530,100

2 | 正常減損と異常減損が両方とも発生している場合

▶ 1つの工程において正常減損と異常減損の両方が発生している場合、正常減損は良品に負担させ、異常減損は非原価項目とします。

▶ この場合、正常減損費を異常減損に負担させるか否かが問題となります。

▶ この場合における正常減損費の負担関係は、次のように正常減損の発生点を異常減損が通過しているかどうかにより決定します。

> ① **異常減損の発生点 ＞ 正常減損の発生点**
> 正常減損費を異常減損に負担させる
> ② **異常減損の発生点 ＜ 正常減損の発生点**
> 正常減損費を異常減損に負担させない

▶ ただし、正常減損と異常減損の発生点にかかわらず、正常減損費を異常減損に負担させないという考え方[06]もあるため、検定試験では問題の指示に従ってください。

06) 正常減損費は良品を製造するために必要な原価であるため、異常減損に対して負担させるべきではないという考え方です。

▶ また、正常減損と異常減損の発生点が同じときは、正常減損費を異常減損に負担させないことが一般的です。

1. 異常減損の発生点 ＞ 正常減損の発生点の場合

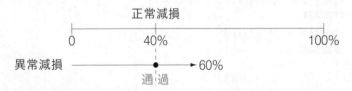

▶ 上記のケースでは、正常減損の発生点を異常減損が通過しています。異常減損の発生点は60％点ですから、正常減損の発生点40％点ではまだ異常減損ではなかったわけです。

▶ そして正常減損の発生点を通過して、さらに加工を進めたところ、60％点で異常減損となってしまいました。したがって、異常減損にも正常減損費を負担させます。

▶ それでは次の問題で、度外視法による場合と非度外視法による場合について具体的に見ていきましょう。

次の資料にもとづいて、下記問1、問2の場合における月末仕掛品原価、異常減損費、完成品原価についてそれぞれ計算しなさい。なお、計算上端数が生じた場合には円未満を四捨五入すること。

問1　正常減損費の処理方法について度外視法を採用した場合

問2　正常減損費の処理方法について非度外視法を採用した場合

1. 生産データ

月初仕掛品	50 kg(20%)
当月投入	600
合　　計	650 kg
正常減損	25 (40%)
異常減損	25 (60%)
月末仕掛品	100 (50%)
差引：完成品	500 kg

2. 原価データ

	月初仕掛品原価	当月製造費用
直接材料費	35,700円	451,800円
加工費	10,170円	847,500円
合計	45,870円	1,299,300円

3. その他

(1) 材料は工程の始点ですべて投入された。

(2) (　) は加工進捗度、または減損発生点を示す。

(3) 月末仕掛品の評価は平均法による。

A 2-4 | **解答**

問1　度外視法による場合

月末仕掛品原価　__153,900__ 円　異常減損費　__42,270__ 円　完成品原価　__1,149,000__ 円

問2　非度外視法による場合

月末仕掛品原価　__154,967__ 円　異常減損費　__42,471__ 円　完成品原価　__1,147,732__ 円

2-4 | **解説**

異常減損は正常減損の発生点を通過しているので、正常減損費を負担します。

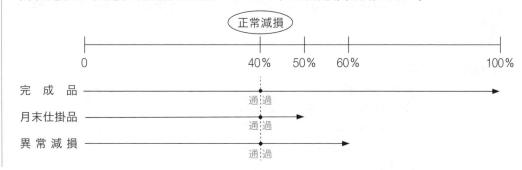

問1　度外視法による場合

　度外視法で完成品、月末仕掛品、異常減損の3者に正常減損費を負担させる場合、正常減損のみが生じている場合の両者負担のときと同じように、正常減損量を無視して原価配分を行います。

材料費（加工費）（kg）

	月初仕掛品	完 成 品
材　35,700円	50（10）	500
加　10,170円		
	当月投入	正常減損 25（10）
材　451,800円	600（565）	異常減損 25（15）
加　847,500円	575（555）	
		月末仕掛品 100（50）

計　1,345,170円

1. 月末仕掛品原価、異常減損費、完成品原価の計算

（1）月末仕掛品

材料費：$\dfrac{35,700\ 円 + 451,800\ 円}{500\ kg + \underset{異常減損量}{25\ kg} + 100\ kg}$（＝@780円）× 100 kg ＝ 78,000円

加工費：$\dfrac{10,170\ 円 + 847,500\ 円}{500\ kg + \underset{異常減損量}{15\ kg} + 50\ kg}$（＝@1,518円）× 50 kg ＝ 75,900円

合計 153,900円

（2）異常減損費

材料費：@780円× 25 kg ＝ 19,500円
加工費：@1,518円× 15 kg ＝ 22,770円

合計 42,270円

（3）完成品原価

1,345,170円 − 153,900円 − 42,270円 ＝ 1,149,000円

　なお、「異常減損には正常減損費を負担させないものとする」など指示があった場合は、異常減損が正常減損の発生点を通過していない場合と同じ処理を行います（6−22ページ以降で学習します）。

2. 仕掛品勘定への記入

仕　掛　品

月初仕掛品	45,870	製　　　品	1,149,000
直接材料費	451,800	異常減損費	42,270
加　工　費	847,500	月末仕掛品	153,900
	1,345,170		1,345,170

問 2　非度外視法による場合

材料費（加工費）（kg）	
月初仕掛品 50（ 10）	完 成 品 500
当 月 投 入 600（565）	正 常 減 損 25（10）
	異 常 減 損 25（15）
	月末仕掛品 100（50）

材　35,700円
加　10,170円

材　451,800円
加　847,500円

計　1,345,170円

1. 正常減損費負担前の月末仕掛品原価等の計算

(1) 月末仕掛品

材料費：$\dfrac{35,700\,円 + 451,800\,円}{500\,kg + \underset{\text{正常減損量}}{25\,kg} + 25\,kg + 100\,kg}$（＝@ 750 円）× 100 kg = 75,000 円

加工費：$\dfrac{10,170\,円 + 847,500\,円}{500\,kg + \underset{\text{正常減損量}}{10\,kg} + 15\,kg + 50\,kg}$（＝@ 1,491.6 円）× 50 kg = 74,580 円

合計 149,580 円

(2) 正常減損費

材料費：@750 円× 25 kg = 18,750 円
加工費：@1,491.6 円× 10 kg = 14,916 円

合計 33,666 円

(3) 異常減損費

材料費：@750 円× 25 kg = 18,750 円
加工費：@1,491.6 円× 15 kg = 22,374 円

合計 41,124 円

(4) 完成品原価

1,345,170 円 − 149,580 円 − 33,666 円 − 41,124 円 = 1,120,800 円

2. 正常減損費の関係品への追加配賦

完成品、月末仕掛品、異常減損の 3 者に負担させます。また、定点発生のため、数量を基準として追加配賦を行います。

月末仕掛品：$\dfrac{33,666\,円}{500\,kg + 25\,kg + 100\,kg}$（＝@ 53.8656 円）× 100 kg = 5,386.56 円

→ ≒ 5,387 円

異 常 減 損：@53.8656 円× 25kg = 1,346.64 円 → ≒ 1,347 円

完 成 品：33,666 円−（5,387 円＋ 1,347 円）= 26,932 円

3. 正常減損費負担後の金額の計算

月末仕掛品原価：149,580 円＋ 5,387 円 = 154,967 円

異 常 減 損 費：41,124 円＋ 1,347 円 = 42,471 円

完 成 品 原 価：1,120,800 円＋ 26,932 円 = 1,147,732 円

4. 仕掛品勘定への記入

仕 掛 品

月初仕掛品	45,870	製　　　品	1,147,732
直接材料費	451,800	異常減損費	42,471
加 工 費	847,500	月末仕掛品	154,967
	1,345,170		1,345,170

2. 異常減損の発生点 < 正常減損の発生点の場合

正常減損

```
     0        40%              100%
     ├────────┼────────────────┤
異常減損 ──────→20%●
```

▶　上記のケースでは正常減損の発生点を異常減損が通過していません。そのため、異常減損は正常減損に無関係であるため、正常減損費を異常減損に負担させません。

▶　次の問題で、度外視法による場合と非度外視法による場合について具体的に見ていきましょう。

Q 2-5 **正常減損と異常減損②**

次の資料をもとに、(a) 度外視法、(b) 非度外視法のそれぞれにおける、月末仕掛品原価・異常減損費・完成品原価を計算しなさい。

1. 生産データ

月 初 仕 掛 品	50 kg(20%)
当 月 投 入	600
合　　　　　計	650 kg
正 常 減 損	25 (40%)
異 常 減 損	25 (20%)
月 末 仕 掛 品	100 (50%)
差 引：完成品	500 kg

2. 原価データ

	月初仕掛品原価	当月製造費用
直接材料費	35,700円	451,800円
加 工 費	10,170円	847,500円
合　　計	45,870円	1,299,300円

3. その他

(1) 材料は工程の始点ですべて投入された。

(2) (　)は加工進捗度、または減損発生点を示す。

(3) 月末仕掛品の評価は平均法による。

A | 2-5 | 解答 |

（a）度外視法による場合

月末仕掛品原価 ___155,405___ 円　異常減損費 ___26,340___ 円　完成品原価 ___1,163,425___ 円

（b）非度外視法による場合

月末仕掛品原価 ___156,555___ 円　異常減損費 ___26,340___ 円　完成品原価 ___1,162,275___ 円

2-5 | 解説 |

異常減損は正常減損の発生点を通過していないので、正常減損費を負担させません。

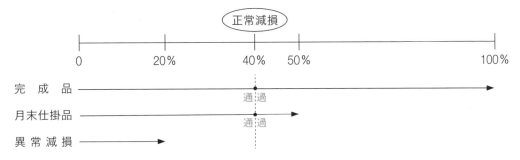

（a）度外視法による場合

度外視法で異常減損が正常減損の発生点を通過していない場合は、次の手順で計算を行います。

[Step1] **異常減損費の分離把握**

異常減損費のみを先に抜き出して計算しておきます。なお、この時点では月末仕掛品原価等の計算は行いません。

[Step2] **異常減損費を除いた原価を度外視法により良品へ配分**

異常減損費は非原価処理とするため、[Step1] で計算した異常減損費を除いた金額にもとづいて月末仕掛品、完成品への原価配分を行います。

以下、具体的な計算方法について見ていきます。

[Step1] **異常減損費の分離把握**

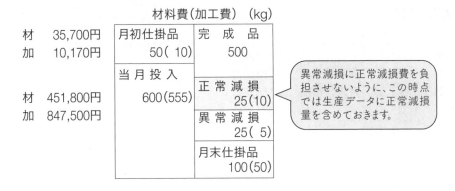

● 異常減損費の計算

材料費：$\dfrac{35,700\text{円} + 451,800\text{円}}{500\text{kg} + \underbrace{25\text{kg}}_{正常減損量} + 25\text{kg} + 100\text{kg}} \times 25\text{kg} = 18,750\text{円}$

加工費：$\dfrac{10,170\text{円} + 847,500\text{円}}{500\text{kg} + \underbrace{10\text{kg}}_{正常減損量} + 5\text{kg} + 50\text{kg}} \times 5\text{kg} = 7,590\text{円}$

合計 26,340円

Step2 異常減損費を除いた原価を度外視法により良品へ配分

「正常減損費の発生点（40%）＜月末仕掛品の加工進捗度（50%）」のため、完成品と月末仕掛品の両者負担とします。

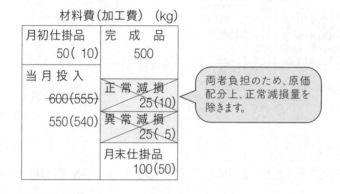

材料費（加工費）（kg）

月初仕掛品 50(10)	完 成 品 500
当月投入 ~~600(555)~~ 550(540)	正常減損 25(10)
	異常減損 25(5)
	月末仕掛品 100(50)

両者負担のため、原価配分上、正常減損量を除きます。

1. 月末仕掛品原価等の計算

(1) 月末仕掛品原価

材料費：$\dfrac{468,750\text{円}^{*1}}{500\text{kg} + 100\text{kg}} \times 100\text{kg} = 78,125\text{円}$

加工費：$\dfrac{850,080\text{円}^{*2}}{500\text{kg} + 50\text{kg}} \times 50\text{kg} = 77,280\text{円}$

合計 155,405円

＊1　35,700円 + 451,800円 − 18,750円（異常減損費）＝ 468,750円
＊2　10,170円 + 847,500円 − 7,590円（異常減損費）＝ 850,080円

(2) 完成品原価

468,750円 + 850,080円 − 155,405円 ＝ 1,163,425円

2. 仕掛品勘定への記入

仕 掛 品

月初仕掛品	45,870	製　　品	1,163,425
直接材料費	451,800	異常減損費	26,340
加 工 費	847,500	月末仕掛品	155,405
	1,345,170		1,345,170

（ｂ）非度外視法による場合

材料費（加工費）（kg）

材　35,700円	月初仕掛品	完　成　品	
加　10,170円	50（ 10）	500	
	当　月　投　入		
材　451,800円	600（555）	正　常　減　損	
加　847,500円		25（10）	
		異　常　減　損	
		25（ 5）	
		月末仕掛品	
		100（50）	

計　1,345,170円

　正常減損費を異常減損に負担させない場合は、正常減損費のみが生じている場合と計算の流れはほとんど同じです。①正常減損費と異常減損費を分離把握、②正常減損費を良品へ追加配賦という流れになります。

1.　正常減損費負担前の金額の計算

（1）月末仕掛品

材料費：$\dfrac{35,700\text{円} + 451,800\text{円}}{500\text{kg} + \underset{\text{正常減損量}}{25\text{kg}} + 25\text{kg} + 100\text{kg}}$（＝＠750円）× 100 kg = 75,000円 ⎫ 合計
　　　　　　　　　　　　　　　　　　　　　　　　　　　　　　　　　　150,900円

加工費：$\dfrac{10,170\text{円} + 847,500\text{円}}{500\text{kg} + \underset{\text{正常減損量}}{10\text{kg}} + 5\text{kg} + 50\text{kg}}$（＝＠1,518円）× 50 kg = 75,900円 ⎭

（2）正常減損費

材料費：＠750円× 25 kg = 18,750円 ⎫ 合計
加工費：＠1,518円× 10 kg = 15,180円 ⎭ 33,930円

（3）異常減損費

材料費：＠750円× 25 kg = 18,750円 ⎫ 合計
加工費：＠1,518円× 5 kg = 7,590円 ⎭ 26,340円

（4）完成品原価

1,345,170円 － 150,900円 － 33,930円 － 26,340円 = 1,134,000円

2.　正常減損費の負担関係の決定

　「正常減損費の発生点（40％）＜月末仕掛品の加工進捗度（50％）」のため、完成品と月末仕掛品の両者負担とします。なお、定点発生のため、数量比にもとづいて按分計算を行います。

月末仕掛品：$\dfrac{33,930\text{円}}{500\text{kg} + 100\text{kg}}$ × 100 kg = 5,655円

完　成　品：33,930円 － 5,655円 = 28,275円

3. 正常減損費の追加配賦

月末仕掛品原価：150,900円＋ 5,655円 ＝ 156,555円
<small>追加配賦額</small>

完 成 品 原 価：1,134,000円＋ 28,275円 ＝ 1,162,275円
<small>追加配賦額</small>

4. 仕掛品勘定への記入

仕 掛 品

月初仕掛品	45,870	製　　　品	1,162,275
直接材料費	451,800	異常減損費	26,340
加 工 費	847,500	月末仕掛品	156,555
	1,345,170		1,345,170

3 | 正常減損が工程を通じて安定的に発生する場合

▶ 　正常減損が工程を通じて「平均的に発生」する場合、正常減損が工程のどの段階でも生じる可能性があります。その発生量は時々の偶然で左右されますが、平均すればある一定量の減損が発生するという場合です。

▶ 　これに対して、正常減損の発生がもっと安定しており、加工が進むにつれて一定率で正常減損が発生することを「安定的発生」といいます。

▶ 　下図では、工程始点で100kgの原料を投入し、正常減損が進捗度に応じて徐々に発生し、最終的に始点投入量の10%が減少するケースを示しています。

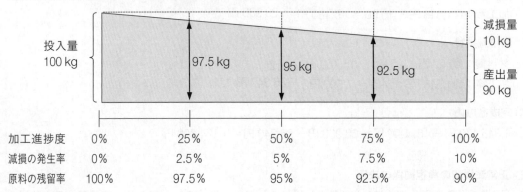

加工進捗度	0%	25%	50%	75%	100%
減損の発生率	0%	2.5%	5%	7.5%	10%
原料の残留率	100%	97.5%	95%	92.5%	90%

●歩減率と歩留率

　始点投入量に対する減損の発生割合を歩減率といい、始点投入量に対する良品の産出割合を歩留率といいます[07]。

　両者は発生割合と残留割合という関係ですので、上図のとおり、合わせて100%（＝ 10%＋90%）となります。

07) 上図中の「減損の発生率」と「原料の残留率」のことです。

▶ 　次の問題で具体的な計算方法について説明していきます。

Q 2-6 | 減損の安定的発生 |

次の資料にもとづき、非度外視法によって完成品原価、月末仕掛品原価を計算しなさい。

1. 生産データ

月初仕掛品	0 kg
当月投入	6,500
合　　計	6,500 kg
月末仕掛品	470　（60％）
正常減損	630
完　成　品	5,400 kg

2. 原価データ

原料費	650,000 円
加工費	1,198,200 円

※原料はすべて工程の始点で投入された。

※月末仕掛品の（　）は加工進捗度である。

3. 減損の発生に関するデータ

工程の全域で減損が発生しており、減損の発生量は工程の進捗につれて安定的（比例的）に増加していく。工程始点で投入された原料の工程終点における歩留率は90％であり、歩留率は安定している。つまり、当工場では工程始点で1kgの原料を投入すると工程終点では0.9kgとなり、0.1kgが消失する。

A 2-6 | 解答 |

完成品原価 ___1,740,000___ 円　　月末仕掛品原価 ___108,200___ 円

💡 2-6 | 解説 |

1. 原料の正常減損量の把握

減損が安定的に発生するケースでは、完成品、月末仕掛品それぞれからどれぐらい減損が発生したかを把握することができます。

そこで、図を使いながら当月の正常減損630kgを完成品の分と月末仕掛品の分とに区別します。

(1) 完成品部分の正常減損量

歩留率は「始点投入量に対する良品の産出割合」ですので、完成品5,400kgを歩留率90％で割り返すことにより、始点投入量を計算します。

始点投入量：5,400 kg ÷ 90％（歩留率）＝ 6,000 kg

この始点投入量と産出量（完成品量）の差が正常減損量となります。

正常減損量：6,000 kg － 5,400 kg ＝ 600 kg　または、6,000 kg×10％（歩減率）＝ 600 kg

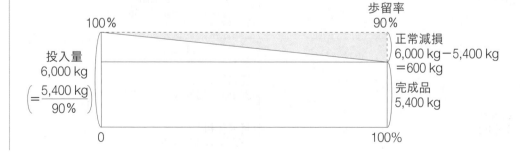

(2) 月末仕掛品分の正常減損量

月末仕掛品の歩留率の計算は、①月末仕掛品の歩減率を計算、②「100％－歩減率」で歩留率を計算という流れになります。

① 月末仕掛品の歩減率：10％（工程終点における歩減率）×60％（月末仕掛品の加工進捗度）＝6％

② 月末仕掛品の歩留率：100－6％＝94％

この後の計算方法は上記(1)と同様になります。

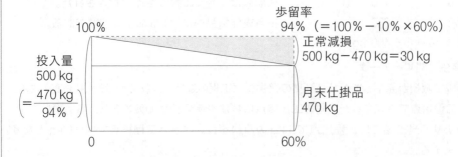

2. 正常減損の完成品換算量

減損が安定的に発生するケースでは、減損の完成品換算量に注意が必要です。完成品から生じた減損600 kgに対する加工量を、この600 kgが減損とならずに完成品となっていた場合の加工量と比べると、次のようになります。

長方形で表した原料に対する加工量（白い部分）を比べると、同じ600 kgに対する加工でも、減損が安定的に発生する場合は、加工進捗度に比例して一定量ずつ原料が消失するため、減損にならなかった場合の $\frac{1}{2}$ の加工量となります。

安定発生のケースでは「減損の完成品換算量＝減損量 × 加工進捗度 × $\frac{1}{2}$」と $\frac{1}{2}$ をかける点に注意してください。

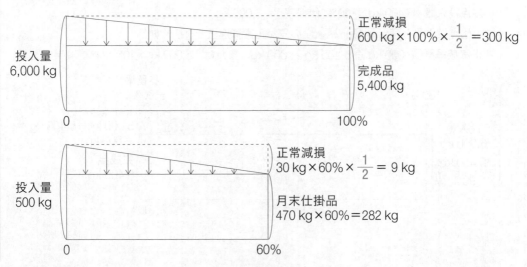

3. 原料費と加工費の計算

前記1、2では正常減損量について、完成品分と月末仕掛品分を分けて把握しました。

これにより、完成品と月末仕掛品がそれぞれ負担すべき正常減損費を直接計算することができます。

原料費（加工費）（kg）

当月投入	完成品 5,400
原 650,000円 加 1,198,200円 6,500（5,991）	正常減損（完成分） 600（300）
	月末仕掛品 470（282）
	正常減損（月末分） 30（ 9）

(1) 原料費

完成品：$\dfrac{650,000\ 円}{\underset{正常減損量}{5,400\ \mathrm{kg} + \underbrace{600\ \mathrm{kg}} + 470\ \mathrm{kg} + 30\ \mathrm{kg}}}$（＝@100円）× 5,400 kg ＝ 540,000円

正常減損完成分：@100円× 600 kg ＝ 60,000円

月 末 仕 掛 品：@100円× 470 kg ＝ 47,000円

正常減損月末分：@100円× 30 kg ＝ 3,000円

(2) 加工費

完成品：$\dfrac{1,198,200\ 円}{\underset{正常減損量}{5,400\ \mathrm{kg} + \underbrace{300\ \mathrm{kg}} + 282\ \mathrm{kg} + 9\ \mathrm{kg}}}$（＝@200円）× 5,400 kg ＝ 1,080,000円

正常減損完成分：@200円× 300 kg ＝ 60,000円

月 末 仕 掛 品：@200円× 282 kg ＝ 56,400円

正常減損月末分：@200円× 9 kg ＝ 1,800円

(3) 原価の計算

完 成 品 原 価：540,000円 ＋ 60,000円 ＋ 1,080,000円 ＋ 60,000円 ＝ 1,740,000円

月末仕掛品原価：47,000円 ＋ 3,000円 ＋ 56,400円 ＋ 1,800円 ＝ 108,200円

Section 3 仕損品に評価額がある場合

> 　仕損と減損の違いは、それらが発生した後にモノが残るかどうかです。減損は蒸発などによって材料が消えてなくなってしまいますが、仕損は失敗品（仕損品）としてのモノは残ります。そこで、その残ったモノに価値があれば資産として計上します。

1 | 仕損品に評価額がある場合[01]

▶　仕損品に評価額（処分価値など）がある場合、仕損品にかかった原価[02]から評価額を控除して仕損費とします。

仕損費 ＝ 仕損品原価 － 仕損品評価額

01)減損の場合は、原材料等が消失してしまうため（無価値であるため）評価額の問題は生じません。

02)仕損品原価といいます。なお、評価額がない場合には、仕損品原価がそのまま仕損費になります。

2 | 正常仕損—度外視法の場合[03]

1. 完成品負担の場合

▶　正常仕損を影響させないように月末仕掛品原価を先に計算し、残りの原価[04]から評価額を差し引いた金額を完成品原価とします。

▶　正常仕損費を直接計算せず、「貸借差額で自動的に正常仕損費を完成品原価に含ませる」という基本的な考え方は、正常減損の場合と変わりありません。

03)仕損品の評価額を控除するタイミングが問題となります。

04)次ページの図中の「月初仕掛品原価＋当月製造費用－月末仕掛品原価」のことです。

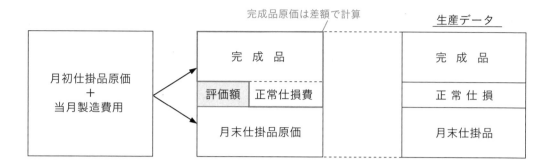

完成品原価は差額で計算　　　　生産データ

月初仕掛品原価 ＋ 当月製造費用	完成品	完成品
	評価額　正常仕損費	正常仕損
	月末仕掛品原価	月末仕掛品

Q | ３-１ | **度外視法─完成品負担** |

次の資料にもとづいて、度外視法により、完成品原価、月末仕掛品原価を求めなさい。

1. 生産データ

月 初 仕 掛 品	200 kg（40％）
当 月 投 入	1,800
合　　　　計	2,000 kg
月 末 仕 掛 品	400　（60％）
正 常 仕 損	100
差引：完 成 品	1,500 kg

2. 原価データ

	月初仕掛品原価	当月製造費用
直 接 材 料 費	21,000円	207,000円
加 工 費	8,260円	191,840円
合　　計	29,260円	398,840円

3. その他

⑴ 材料は工程始点ですべて投入された。

⑵ 仕掛品の（　）は加工進捗度を示す。

⑶ 正常仕損品の評価額の総額は 570 円である。なお、この価値は主として材料に依存する。また、仕損は工程の終点で発生している。

⑷ 月末仕掛品の評価は、平均法による。

A | ３-１ | **解答** |

完成品原価　　355,830 円　　　月末仕掛品原価　　71,700 円

解説

3-1 | 解説 |

1. 正常仕損費の負担関係

終点発生のため、完成品負担となります。

材料費（加工費）　（kg）

	月初仕掛品	完 成 品
材　21,000円	200（　80）	1,500
加　8,260円		
	当 月 投 入	正 常 仕 損[05] 100（100）
材　207,000円	1,800（1,760）	
加　191,840円		月末仕掛品 400（240）
計　428,100円		

05）月末仕掛品に正常仕損費を負担させないようにするため、正常仕損量を生産データに含めて原価配分を行います。

2. 月末仕掛品原価

材料費：$\dfrac{21{,}000\text{円}+207{,}000\text{円}}{1{,}500\text{kg}+\underbrace{100\text{kg}}_{\text{正常仕損量}}+400\text{kg}}\times 400\text{kg}=45{,}600\text{円}$

加工費：$\dfrac{8{,}260\text{円}+191{,}840\text{円}}{1{,}500\text{kg}+\underbrace{100\text{kg}}_{\text{正常仕損量}}+240\text{kg}}\times 240\text{kg}=26{,}100\text{円}$

合計 71,700円

3. 完成品原価

$428{,}100\text{円}-71{,}700\text{円}-\underbrace{570\text{円}}_{\text{仕損品評価額}}=355{,}830\text{円}$

4. 仕掛品勘定への記入

仕 掛 品

月初仕掛品	29,260	製　　　品	355,830
直接材料費	207,000	仕　損　品	570
加　工　費	191,840	月末仕掛品	71,700
	428,100		428,100

2. 両者負担の場合

▶ 　仕損品評価額控除後の原価を完成品と月末仕掛品に配分します。

　このとき、仕損品評価額が材料の価値に依存する場合は材料費から、加工作業に依存する場合には加工費からそれぞれ控除します。

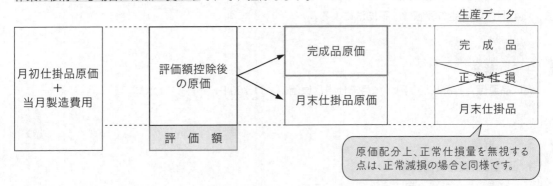

生産データ

原価配分上、正常仕損量を無視する点は、正常減損の場合と同様です。

Q | ３-２ | **度外視法—両者負担** |

次の資料にもとづいて、度外視法により、完成品原価、月末仕掛品原価を求めなさい。

1. 生産データ

月初仕掛品	200 kg（40%）
当月投入	1,800
合計	2,000 kg
月末仕掛品	400　（60%）
正常仕損	100　（40%）
差引：完成品	1,500 kg

2. 原価データ

	月初仕掛品原価	当月製造費用
直接材料費	21,000円	207,000円
加工費	8,260円	191,840円
合計	29,260円	398,840円

3. その他

⑴ 材料は工程始点ですべて投入された。

⑵ （　）は加工進捗度および仕損発生点を示す。

⑶ 正常仕損品の評価額の総額は570円である。なお、この価値は、主として材料の価値に依存する。

⑷ 月末仕掛品の評価は、平均法による。

A | ３-２ | **解答** |

完成品原価 ___352,050___ 円　　月末仕掛品原価 ___75,480___ 円

💡 | ３-２ | **解説** |

1. 正常仕損費の負担関係

「正常仕損の発生点（40%）＜ 月末仕掛品の加工進捗度（60%）」のため、両者負担とします。

材料費（加工費）（kg）

材 21,000円 加 8,260円	月初仕掛品 200（ 80）	完　成　品 1,500
材 206,430円[06] 加 191,840円	当月投入 1,800（1,700）	正常仕損 100（ 40）
		月末仕掛品 400（240）

計 427,530円

06)「この価値は、主として材料の価値に依存する」とあるため、材料費から評価額を控除します。
207,000円
－570円（仕損品評価額）
＝206,430円

2. 月末仕掛品原価

仕損品評価額を控除した後の原価を完成品と月末仕掛品に配分します。

材料費：$\dfrac{21,000 円 + 206,430 円}{1,500 \text{ kg} + 400 \text{ kg}} \times 400 \text{ kg} = 47,880 円$

加工費：$\dfrac{8,260 円 + 191,840 円}{1,500 \text{ kg} + 240 \text{ kg}} \times 240 \text{ kg} = 27,600 円$

合計 75,480円

3. 完成品原価

427,530 円 − 75,480 円 = 352,050 円

4. 仕掛品勘定への記入

仕 掛 品

月初仕掛品	29,260	製 品	352,050
直接材料費	207,000	仕 損 品	570
加 工 費	191,840	月末仕掛品	75,480
	428,100		428,100

∃ | 正常仕損─非度外視法の場合

▶ まず、正常仕損量を含めた生産データをもとに原価配分を行い正常仕損品
原価、正常仕損費負担前の月末仕掛品原価等の計算を行います。

次に、月末仕掛品の加工進捗度と仕損の発生点から負担関係を決定し、正
常仕損費（＝正常仕損品原価−評価額）の追加配賦を行います[07]。

07) 評価額のない場合と比較すると、「評価額を控除した後の金額を追加配賦する」という点以外に大きな違いはありません。

$$正常仕損費 ＝ 正常仕損品原価 − 仕損品評価額$$

生産データ

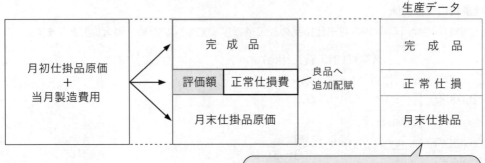

原価配分上、正常仕損量を含めて正常仕損費を
計算する点は、正常減損の場合と同様です。

Q ３-３ | **非度外視法** |

次の資料にもとづいて、非度外視法により、完成品原価、月末仕掛品原価を求めなさい。

1. 生産データ

月 初 仕 掛 品	200 kg (40%)
当 月 投 入	1,800
合　　　　計	2,000 kg
月 末 仕 掛 品	400　(60%)
正 常 仕 損	100
差引：完成品	1,500 kg

2. 原価データ

	月初仕掛品原価	当月製造費用
直接材料費	21,000円	207,000円
加 工 費	8,260円	191,840円
合　　計	29,260円	398,840円

3. その他

(1) 材料は工程始点ですべて投入された。

(2) 仕掛品の（　）は加工進捗度を示す。

(3) 仕損は工程の終点で発生している。なお、正常仕損品の評価額の総額は 570 円である。

(4) 月末仕掛品の評価は、平均法による。

A ３-３ | **解答** |

完成品原価 　355,830 円　　月末仕掛品原価 　71,700 円

💡 ３-３ | **解説** |

材料費（加工費）　(kg)

材	21,000円	月初仕掛品	完 成 品
加	8,260円	200(80)	1,500
		当 月 投 入	
材	207,000円	1,800(1,760)	正 常 仕 損 100(100)
加	191,840円		月末仕掛品 400(240)
計	428,100円		

1. 完成品原価等の計算

[Step1] 正常仕損費負担前の金額の計算

(1) 月末仕掛品

材料費：$\dfrac{21,000\,円 + 207,000\,円}{1,500\,kg + \underset{正常仕損量}{100\,kg} + 400\,kg}$ (= @114 円) × 400 kg = 45,600 円

加工費：$\dfrac{8,260\,円 + 191,840\,円}{1,500\,kg + \underset{正常仕損量}{100\,kg} + 240\,kg}$ (= @108.75 円) × 240 kg = 26,100 円

合計 71,700 円

(2) 正常仕損品原価

材料費：@114 円× 100 kg = 11,400 円 ⎫ 合計
加工費：@108.75 円× 100 kg = 10,875 円 ⎬ 22,275 円

(3) 完成品原価

428,100 円 − 71,700 円 − 22,275 円 = 334,125 円

Step2 正常仕損費の負担先の決定

終点発生のため、完成品負担とします。

正常仕損費 = 22,275 円 − 570 円（評価額）= 21,705 円

Step3 正常仕損費の追加配賦

完成品原価：171,000 円 + 163,125 円 + 21,705 円 = 355,830 円
追加配賦額

2. 仕掛品勘定への記入

仕 掛 品

月初仕掛品	29,260	製　　　品	355,830
直接材料費	207,000	仕　損　品	570
加 工 費	191,840	月末仕掛品	71,700
	428,100		428,100

---

4 ｜ 異常仕損の場合

▶ 異常仕損 [08] の場合も、正常仕損の場合と同様に異常仕損品原価から評価額を控除した金額を異常仕損費とします。

08) 正常仕損との区別は、仕損の発生状況や発生量によるため、異常仕損でも評価額があるケースはあります。

異常仕損費 = 異常仕損品原価 − 仕損品評価額

生産データ

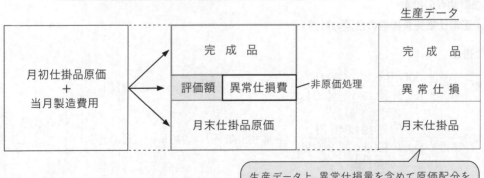

非原価処理

生産データ上、異常仕損量を含めて原価配分を行う点は評価額がない場合と同様です。

Q | ∃-4 | **異常仕損** |

次の資料にもとづいて、完成品原価、月末仕掛品原価および異常仕損費を求めなさい。

1. 生産データ

月初仕掛品	200 kg(60%)
当 月 投 入	1,300
合　　　計	1,500 kg
月末仕掛品	400　(50%)
異 常 仕 損	100　(40%)
差引：完成品	1,000 kg

2. 原価データ

	月初仕掛品原価	当月製造費用
直接材料費	2,600円	18,400円
加　工　費	1,320円	13,560円
合　　計	3,920円	31,960円

3. その他

⑴ 材料は工程始点ですべて投入された。

⑵ （　）は加工進捗度および仕損発生点を示す。

⑶ 仕損品の評価額は 2 円 /kg であり、材料価値に依存する。

⑷ 月末仕掛品の評価は平均法による。

A | ∃-4 | **解答** |

完成品原価　　26,000 円　　　月末仕掛品原価　　8,000 円　　　異常仕損費　　1,680 円

💡 ∃-4 | **解説** |

材料費（加工費）　（kg）

材 2,600円 加 1,320円	月初仕掛品 200(120)	完 成 品 1,000
材 18,400円 加 13,560円	当 月 投 入 1,300(1,120)	異 常 仕 損 100(40)
		月末仕掛品 400(200)

計 35,880円

1. 月末仕掛品原価等の計算

⑴ 月末仕掛品

材料費：$\dfrac{2,600\,円 + 18,400\,円}{1,000\,kg + \underset{異常仕損量}{100\,kg} + 400\,kg}$ (＝＠ 14 円) × 400 kg = 5,600 円 ⎫
加工費：$\dfrac{1,320\,円 + 13,560\,円}{1,000\,kg + \underset{異常仕損量}{40\,kg} + 200\,kg}$ (＝＠ 12 円) × 200 kg = 2,400 円 ⎭ 合計 8,000 円

⑵ 異常仕損品原価

材料費：＠14 円× 100 kg = 1,400 円 ⎫ 合計
加工費：＠12 円× 40 kg = 480 円 ⎭ 1,880 円

CHAPTER

6

総合原価計算における仕損・減損

(3) 完成品原価

35,880 円 − 8,000 円 − 1,880 円 = 26,000 円

2. 異常仕損費の計算

異常仕損費：1,880 円 − @2 円 × 100 kg = 1,680 円
　　　　　　　　仕損品原価　　　　評価額

3. 仕掛品勘定への記入

仕　掛　品

月初仕掛品	3,920	製　　　品	26,000
直接材料費	18,400	仕　損　品	200
加　工　費	13,560	異常仕損費	1,680
		月末仕掛品	8,000
	35,880		35,880

Chapter 7

工程別総合原価計算

Point

　このChapterでは、工程別総合原価計算について学習しますが、中心は2級でも学習した累加法です。

　1級では、非累加法が追加されるものの、検定試験での出題はほとんど累加法です。

用語集

工程別総合原価計算
　製品を連続する2つ以上の工程を経て生産する場合に適用される原価計算

累加法
　各工程の完成品原価を次の工程に前工程費として振り替えていく計算方法

工程間仕掛品
　ある工程と次の工程の間で在庫として保有する工程完成品（例えば、第1工程と第2工程の間にある第1工程完成品の在庫）

非累加法
　最終完成品に含まれる原価を工程費ごとに計算していく方法

加工費工程別総合原価計算
　材料費を工程別に計算せず、加工費のみを工程別に計算する方法

Section 1 工程別総合原価計算 〜累加法〜

まずは、累加法による工程別総合原価計算を復習します。

累加法では、前工程の完成品原価を前工程費ととらえて計算します。前工程費は、当工程の始点で投入する直接材料費と考えれば難しくありません。

このSectionのメインは、「工程間仕掛品」です。工程内仕掛品との違いを理解して、問題資料を正確に読み取る力をつけましょう。

1 | 工程別総合原価計算とは

▶ 工程別総合原価計算とは、製品を連続する2つ以上の工程を経て生産する場合に適用される原価計算の方法です。

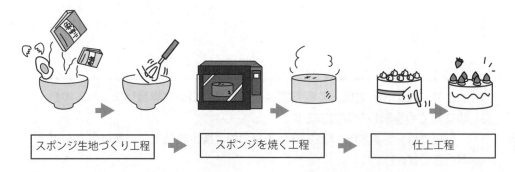

| スポンジ生地づくり工程 | ➡ | スポンジを焼く工程 | ➡ | 仕上工程 |

▶ 工程別に原価を計算すると計算の手間がかかりますが、実際の製品の製造工程に近い方法で計算を行うことになるので、製品原価の計算が単一工程のときと比べて正確になります。

また工程ごとの原価の発生状態がわかるので原価管理にも役立ちます。

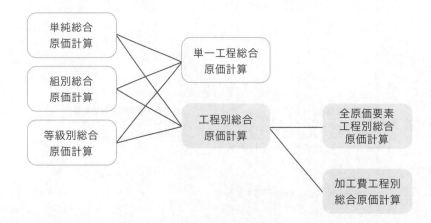

▶ 工程別総合原価計算は、工程別に集計する原価要素の範囲と工程別計算の方法とによって次のように分類できます。

工程別計算の方法	工程別に集計する原価要素の範囲
累 加 法	全原価要素工程別
非累加法[01]	加工費工程別[02]

01) Section 2 で学習します。
02) Section 3 で学習します。

▶ 本 Section では、このうち全原価要素工程別の累加法について学習します。

2 ｜ 累加法とは

▶ 累加法とは、各工程で発生した原価をそれぞれの工程の完成品原価と月末仕掛品原価に分け、各工程の完成品原価を次の工程に振り替えていく計算方法です。

▶ 次工程に振り替えた完成品原価は、前工程費として受け入れられ、加工費とともに計算されます。この計算を各工程で行うことにより、最終的な完成品原価が求められます。

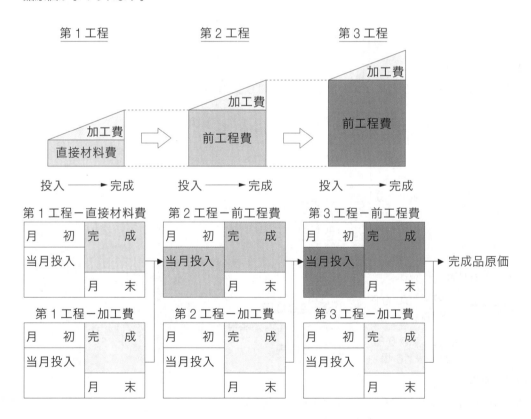

Q | 1-1 | **累加法**

次の資料をもとに、累加法によって（a）第1工程月末仕掛品原価、（b）第2工程月末仕掛品原価、（c）完成品原価を計算しなさい。

	第1工程	第2工程
月初仕掛品	50個(80%)	80個(40%)
当月投入	190	200
計	240個	280個
月末仕掛品	40 (40%)	30 (50%)
差引：完成品	200個	250個

	第1工程		第2工程	
	材料費	加工費	前工程費	加工費
月初仕掛品	2,000円	1,640円	7,480円	1,367円
当月投入	10,000	7,000	？	11,883
合計	12,000円	8,640円	？	13,250円

(1) 材料は第1工程の始点ですべて投入された。
(2) 仕掛品の（　）は加工進捗度を示す。
(3) 月末仕掛品の評価は第1工程、第2工程とも平均法による。

A | 1-1 | **解答**

(a) 第1工程月末仕掛品原価　　2,640 円
(b) 第2工程月末仕掛品原価　　3,480 円
(c) 完成品原価　　35,250 円

💡 | 1-1 | **解説**

1. 第1工程の計算

第1工程は、単純総合原価計算の場合と同様に計算します。

第1工程　　　　（個）

材	2,000円	月初仕掛品 50(40)	完 成 品 200
加	1,640円		
材	10,000円	当月投入 190(176)	
加	7,000円		月末仕掛品 40(16)
計	20,640円		

(1) 月末仕掛品原価

材料費：$\dfrac{2,000\,円 + 10,000\,円}{200\,個 + 40\,個} \times 40\,個 = 2,000\,円$

加工費：$\dfrac{1,640\,円 + 7,000\,円}{200\,個 + 16\,個} \times 16\,個 = 640\,円$

}合計2,640円

(2) 完成品原価

20,640円 − 2,640円 = 18,000円（第2工程へ振替え）

第1工程の完成品原価は第2工程では前工程費になります。

2. 第2工程の計算

第1工程から振り替えられる前工程費は、始点投入の材料と同じように扱います[03]。

03) 仕掛品の進捗度を100%として扱うということです。

第2工程 （個）

前 7,480円	月初仕掛品	完成品
加 1,367円	80(32)	250
前 18,000円	当月投入	
加 11,883円	200(233)	月末仕掛品
		30(15)
計 38,730円		

(1) 月末仕掛品原価

前工程費：$\dfrac{7,480\,円 + 18,000\,円}{250\,個 + 30\,個} \times 30\,個 = 2,730\,円$

加工費：$\dfrac{1,367\,円 + 11,883\,円}{250\,個 + 15\,個} \times 15\,個 = 750\,円$

合計 3,480円

(2) 完成品原価

38,730円 − 3,480円 = 35,250円

3. 各工程の仕掛品勘定

仕掛品－第1工程

月初仕掛品	3,640	仕掛品-第2工程	18,000
直接材料費	10,000	月末仕掛品	2,640
加 工 費	7,000		
	20,640		20,640

仕掛品－第2工程

月初仕掛品	8,847	製 品	35,250
仕掛品-第1工程	18,000	月末仕掛品	3,480
加 工 費	11,883		
	38,730		38,730

∃ | 前工程費の予定価格による振替え

先に見た方法では、第1工程における完成品の実際原価を第2工程に振り替えていました。これに対して、予定価格を利用する方法があります。

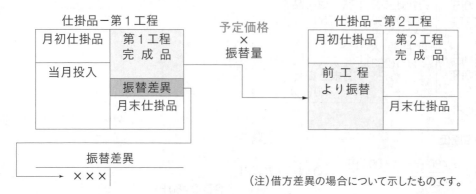

(注)借方差異の場合について示したものです。

工程間の振替原価の計算に予定価格を用いる目的は次のとおりです。

●計算の迅速化

予定価格によれば、前工程の原価の計算を待たずに次工程の原価を計算することができます。

●原価管理 [04]

予定価格にはムダが含まれないため、前工程の能率の良否による影響を次工程に与えないようにすることができます。

04) 各工程の純粋な原価能率を反映した完成品原価を計算することができるため、原価管理にとって有用です。

仮に、【Q1-1】について、第1工程完成品の第2工程への振替えに予定価格(@85円とします)を採用した場合、振替原価と振替差異は次のように計算します。

振替原価：@85円(予定価格)× 200個(振替量)＝ 17,000円

振替差異：17,000円－ 18,000円(実際原価)＝△ 1,000円(借方差異)

4 | 工程間仕掛品がある場合

▶ これまでに見てきた工程別計算では、各工程内において加工進捗度が100%未満の仕掛品[05]が在庫としてあるケースでした。

05) 工程内仕掛品といいます。

▶ しかし、実務上は各工程の完成品についても在庫として保有することがあります[06]。

これら工程完成品も工程全体として見れば最終完成品ではありませんので仕掛品に該当し、上記の工程内仕掛品と区別して、工程間仕掛品と呼びます。

06) 生産工程のトラブルや急な注文に対応できるように安全在庫として保有します。

▶ この工程間仕掛品について、次の問題で見ていきましょう。

Q | 1-2 | **工程間仕掛品がある場合** |

当工場では2つの工程を経て製品Nを製造しており、累加法による工程別総合原価計算を採用している。次の資料にもとづいて、仕掛品勘定を完成しなさい。

当工場の仕掛品とは、第1工程と第2工程の間にバッファーとしてある第1工程完成品在庫のことをいい、各工程内に月初・月末仕掛品は存在しない。

📄 **資料**

1. 各工程の完成品数量

第1工程	第2工程
450個	?個（各自推定）

当月において第1工程、第2工程ともに仕損は生じていない。

2. 仕掛品

月初有高	月末有高
200個（@315円）	150個

第1工程完成品の払出単価の計算は先入先出法によるものとする。

3. 当月の原価データ

	第1工程	第2工程
直接材料費	89,100円	―
加工費	54,000円	91,600円

仕　掛　品

月 初 仕 掛 品	63,000	製　　　　　品	250,000
直 接 材 料 費	89,100	月 末 仕 掛 品	47,700
加　　工　　費	145,600		
	297,700		297,700

💡 ｜ ⅼ-2 ｜ 解説 ｜

1. 本問のポイント

本問では累加法による工程別総合原価計算が採用されていますが、これまで見てきた問題と次の2点が異なります。

> ①**仕掛品勘定が単一**
> ➡第1工程と第2工程を1つの工程として仕掛品勘定を作成
> ②**工程間仕掛品がある**
> ➡最終完成品ではないため、仕掛品として扱う

2. 生産データと仕掛品勘定の関係

第2工程の完成品数量は下記のように生産データを作って計算します。

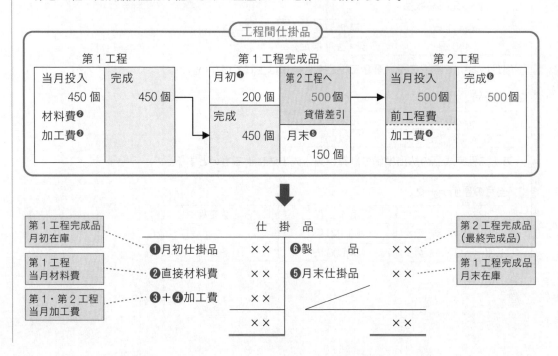

3. 仕掛品勘定の各金額の計算

(1) 借方欄

月初仕掛品：資料2. より、@315円× 200個＝ 63,000円 … ❶
第1工程完成品月初有高

直接材料費：資料3. より、89,100円 … ❷

加　工　費：資料3. より、54,000円 ＋ 91,600円 ＝ 145,600円 … ❸ ＋ ❹
第1工程　　第2工程

(2) 貸方欄

上記 **2.** の生産データの流れに従って累加法による工程別計算を行い、月末仕掛品原価と最終完成品原価を算定します。

・第1工程

工程内に仕掛品はないため、当月投入原価がそのまま完成品原価になります。

第1工程完成品：89,100円（材料費）＋ 54,000円（加工費）＝ 143,100円

・第1工程完成品（先入先出法）

月末在庫：143,100円 ÷ 450個× 150個 ＝ 47,700円（月末仕掛品）… ❺

第2工程への振替額：63,000円（上記(1)より）＋ 143,100円 － 47,700円 ＝ 158,400円

・第2工程

第1工程と同様に当月投入原価がそのまま完成品原価になります。

第2工程完成品：158,400円 ＋ 91,600円（加工費）＝ 250,000円（製品）… ❻

工程別総合原価計算 ～非累加法～

累加法は、各工程が前工程費を受け入れながら、いわば雪だるま式の計算を行う方法です。ここで学習する非累加法には、この前工程費という考え方がありません。

では、前工程費という考え方を用いずにどのように計算する方法なのか、具体的に見ていくことにしましょう。

1 | 工程別総合原価計算～非累加法

▶ 非累加法とは、最終完成品に含まれる原価を工程費ごとに計算していく方法をいいます[01]。

累加法と比較すると、完成品原価の内訳が明確になるというメリットがあります[02]。

01)「工程費」とは第1工程材料費や第1工程加工費などのことをいいます。

02) 内訳がわかれば、最終完成品原価が増加した場合にはその要因分析に役立てることができます。

▶ 非累加法の原価の流れを示すと、下図のようになります（工程が2つのケース）。

原価要素別に計算

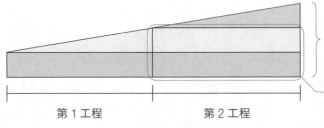

完成品原価の内訳がわかる

累加法では、「前工程費」として扱われるため、内訳がわからない

第1工程加工費
第1工程材料費

第1工程　　　第2工程

▶ 非累加法の計算方法には、次の2つの方法があります。

(1) 累加法の計算結果と一致する方法（→ 2 で学習します）

(2) 工程全体を単一工程とみなす方法（→ 3 で学習します）

2 | 累加法の計算結果と一致する方法

この方法は、各工程費を工程別に計算することで最終完成品の負担する原価を求める方法です。この方法のポイントは次の2つです。

①原価要素別に工程順に計算を行う

→前工程費という概念は用いません。

②加工費は次工程から始点投入の材料と同様に扱う

→例えば、第1工程加工費であれば、第2工程以降は数量にもとづいて原価配分を行います[03]。

03) 第2工程にあるものは、第1工程の加工が終わっている（加工進捗度100%）からです。

それでは、次の問題で具体的な計算について見ていきましょう。

Q 2-1 | 非累加法—累加法の計算結果と一致する方法 |

当社では、連続する2つの工程を経て製品Yを量産している。以下に示す当月の資料にもとづいて、非累加法（累加法の計算結果と一致する方法）により、第2工程における(1) 完成品原価、(2) 完成品単位原価を求めなさい。

資料

1. 生産データ

	第1工程	第2工程
月初仕掛品	100個 (1/2)	400個 (2/5)
当月投入	1,100	1,000
合計	1,200個	1,400個
月末仕掛品	200 (3/4)	200 (4/5)
完成品	1,000個	1,200個

（注1）材料は、第1工程始点ですべて投入された。
（注2）仕掛品の（ ）は、加工進捗度を示す。

2. 原価データ

	第1工程	第2工程
月初仕掛品原価		
直接材料費	800円	2,400円
第1工程加工費	300円	1,400円
第2工程加工費	—	1,760円
当月製造費用		
直接材料費	10,670円	—
第1工程加工費	9,460円	—
第2工程加工費	—	10,200円

3. その他のデータ

月末仕掛品の評価は、先入先出法による。

A 2-1 | 解答 |

(1) 完成品原価 ＿＿28,800＿円 （このうちの第1工程加工費 ＿＿8,176＿円）

(2) 完成品単位原価 ＿＿@ 24＿円

1. 生産データと原価配分

原価要素別にボックス図を作り、工程順に総合原価計算を行います。

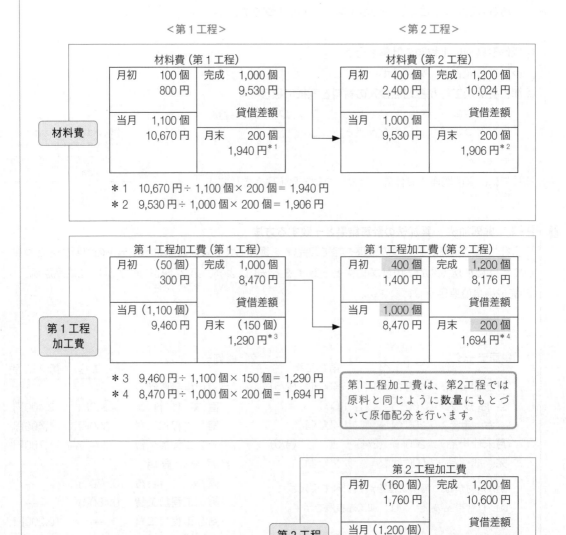

<第1工程>　　　　　　　　　　　　　<第2工程>

材料費

材料費（第1工程）

月初　100個　800円	完成　1,000個　9,530円
当月　1,100個　10,670円	貸借差額
	月末　200個　1,940円*1

材料費（第2工程）

月初　400個　2,400円	完成　1,200個　10,024円
当月　1,000個　9,530円	貸借差額
	月末　200個　1,906円*2

＊1　10,670円 ÷ 1,100個 × 200個 = 1,940円
＊2　9,530円 ÷ 1,000個 × 200個 = 1,906円

第1工程加工費

第1工程加工費（第1工程）

月初　（50個）　300円	完成　1,000個　8,470円
当月（1,100個）　9,460円	貸借差額
	月末　（150個）　1,290円*3

第1工程加工費（第2工程）

月初　400個　1,400円	完成　1,200個　8,176円
当月　1,000個　8,470円	貸借差額
	月末　200個　1,694円*4

＊3　9,460円 ÷ 1,100個 × 150個 = 1,290円
＊4　8,470円 ÷ 1,000個 × 200個 = 1,694円

> 第1工程加工費は、第2工程では原料と同じように数量にもとづいて原価配分を行います。

第2工程加工費

第2工程加工費

月初　（160個）　1,760円	完成　1,200個　10,600円
当月（1,200個）　10,200円	貸借差額
	月末　（160個）　1,360円*5

＊5　10,200円 ÷ 1,200個 × 160個 = 1,360円

2. 完成品原価

$$\underset{\text{材料費}}{10,024\text{円}} + \underset{\text{第1工程加工費}}{8,176\text{円}} + \underset{\text{第2工程加工費}}{10,600\text{円}} = 28,800\text{円}$$

3. 完成品単位原価

28,800円 ÷ 1,200個 = @24円

4. 仕掛品勘定への記入 (単位:円)

仕掛品－第1工程費		
月初仕掛品	4,900	製　　品 18,200
直接材料費	10,670	月末仕掛品 6,830
加　工　費	9,460	
	25,030	25,030

仕掛品－第2工程費		
月初仕掛品	1,760	製　品 10,600
加　工　費	10,200	月末仕掛品 1,360
	11,960	11,960

　上記の勘定記入と各工程費の対応関係を示すと、下記のとおりです。非累加法では工程費ごとに原価を集計するため、第2工程の仕掛品の第1工程費の扱いに注意が必要になります。

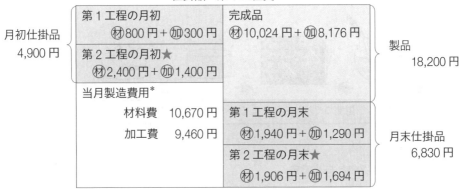

＊資料2. より

3 ｜ 工程全体を単一工程とみなす方法

▶ この方法は、工程全体を単一の工程と考えて完成品原価と仕掛品原価を計算する方法です。

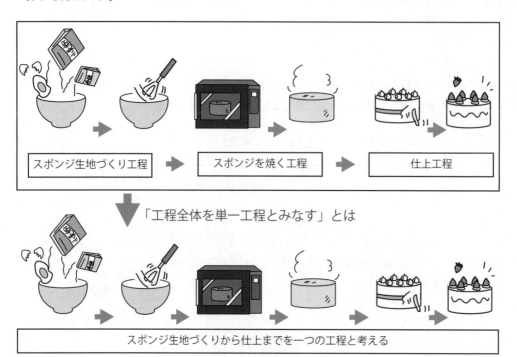

スポンジ生地づくり工程 ➡ スポンジを焼く工程 ➡ 仕上工程

「工程全体を単一工程とみなす」とは

スポンジ生地づくりから仕上までを一つの工程と考える

▶ この方法のポイントは次のとおりです。

> ①原価要素別に全工程を一括して計算する[04]。
> ②次工程へ振り替える額を把握しないで、完成品と仕掛品とに原価を配分する。

04) 第1工程費と第2工程費といった工程費に区別した上で、それぞれについて単一の工程とみなします。

▶ この方法では計算の前提となるボックスの作り方が重要です。次のページに工程が2つの場合の例を示しています。

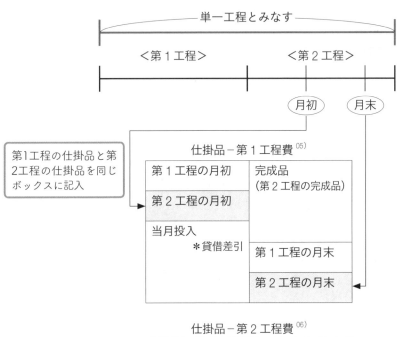

第1工程の仕掛品と第2工程の仕掛品を同じボックスに記入

仕掛品－第1工程費 [05]

第1工程の月初	完成品
第2工程の月初	（第2工程の完成品）
当月投入	
＊貸借差引	第1工程の月末
	第2工程の月末

05) 第1工程費として材料費と加工費があれば、「材料費」、「第1工程加工費」のボックスをそれぞれ作成します。

仕掛品－第2工程費 [06]

第2工程の月初	完成品
当月投入	（第2工程の完成品）
＊貸借差引	第2工程の月末

06) 累加法と計算結果が一致する方法でのボックスと同じです。

▶ 次の問題で具体的な計算について見ていきましょう。

Q | 2-2 | **非累加法─単一工程とみなす方法**

当社では、連続する2つの工程を経て製品Yを量産している。以下に示す当月の資料にもとづいて、非累加法（工程全体を単一工程とみなす方法）により、第2工程における(1)完成品原価、(2)完成品単位原価を求めなさい。

📋 **資料**

1. 生産データ

	第1工程	第2工程
月初仕掛品	100個 (1/2)	400個 (2/5)
当月投入	1,100	1,000
合　計	1,200個	1,400個
月末仕掛品	200 (3/4)	200 (4/5)
完　成　品	1,000個	1,200個

(注1) 材料は、第1工程始点ですべて投入された。
(注2) 仕掛品の（ ）は、加工進捗度を示す。

2. 原価データ

	第1工程	第2工程
月初仕掛品原価		
直接材料費	800円	2,400円
第1工程加工費	300円	1,400円
第2工程加工費	─	1,760円
当月製造費用		
直接材料費	10,670円	─
第1工程加工費	9,460円	─
第2工程加工費	─	10,200円

3. その他のデータ

月末仕掛品の評価は、先入先出法による。

A | 2-2 | 解答 |

(1) 完成品原価　　　　28,740 円

(2) 完成品単位原価　　@ 23.95 円

2-2 | 解説 |

1. 生産データと原価配分

(1) 第1工程

　工程全体の当月の単価（材料費：@9.7 円、加工費：@8.6 円）を計算し、同じ単価にもとづいて第1工程と第2工程の月末仕掛品原価を算定します。

　加工費（第1工程加工費）について、第2工程にある仕掛品の加工進捗度を100%として扱う点は「累加法の計算結果と一致する方法」と同様です。

材 料 費		
第1　　100 個	完成	
800 円		1,200 個
第2　　400 個		9,990 円
2,400 円		貸借差額
当月		
1,100 個	第1　　200 個	
10,670 円		1,940 円
@9.7 円	第2　　200 個	
		1,940 円

第1工程加工費		
第1　（50 個）	完成	
300 円		1,200 個
第2　　400 個		8,150 円
1,400 円		貸借差額
当月		
(1,100 個)	第1　（150 個）	
9,460 円		1,290 円
@8.6 円	第2　　200 個	
		1,720 円

当月単価：10,670 円 ÷ 1,100 個 = @9.7 円　　　当月単価：9,460 円 ÷ 1,100 個 = @8.6 円
第1月末：@9.7 円 × 200 個 = 1,940 円　　　　第1月末：@8.6 円 × 150 個 = 1,290 円
第2月末：@9.7 円 × 200 個 = 1,940 円　　　　第2月末：@8.6 円 × 200 個 = 1,720 円

(2) 第2工程

　第2工程については、これまで学習した累加法や非累加法（累加法の計算結果と一致する方法）と同様に計算します。

第2工程加工費		
月初　（160 個）	完成　1,200 個	
1,760 円	10,600 円	
	貸借差額	
当月 (1,200 個)		
10,200 円	月末　（160 個）	
@8.5 円	1,360 円	

当月単価：10,200 円 ÷ 1,200 個 = @8.5 円
第2月末：@8.5 円 × 160 個 = 1,360 円

2. 完成品原価

　9,990 円 + 8,150 円 + 10,600 円 = 28,740 円

3. 完成品単位原価

　28,740 円 ÷ 1,200 個 = @23.95 円

4. 仕掛品勘定への記入 (単位：円)

　「累加法の計算結果と一致する方法」との違いは、各工程費を工程順に計算するか、単一の工程とみなして計算するかという点にあり、各工程費に区分して計算する点は同じです。

　そのため、非累加法であれば、どちらの方法を採用していても仕掛品勘定の記入方法に違いはありません。

仕掛品－第1工程費

月初仕掛品	4,900	製　　　品	18,140
直接材料費	10,670	月末仕掛品	6,890
加　工　費	9,460		
	25,030		25,030

仕掛品－第2工程費

月初仕掛品	1,760	製　　　品	10,600
加　工　費	10,200	月末仕掛品	1,360
	11,960		11,960

(1) 仕掛品－第1工程費勘定

月初仕掛品：800 円 + 2,400 円 + 300 円 + 1,400 円 = 4,900 円

直接材料費：
加　工　費：} 資料 2. より

製　　　品：9,990 円 + 8,150 円 = 18,140 円

月末仕掛品：1,940 円 + 1,940 円 + 1,290 円 + 1,720 円 = 6,890 円

(2) 仕掛品－第2工程費勘定

月初仕掛品：
加　工　費：} 資料 2. より

製　　　品：10,600 円

月末仕掛品：1,360 円

Section 3 加工費工程別 総合原価計算

> 加工費工程別総合原価計算は、加工費のみについて工程別計算を行う方法で、加工費に関する具体的な計算内容は Section 2 までの内容と同じです。
> よって、加工費工程別総合原価計算は、むしろ工程別計算を行わない材料費の計算のほうに特徴があります。

1 | 加工費工程別総合原価計算とは

▶ 材料費について工程別に集計すれば、厳密な計算結果が得られます。しかし、工程別に集計しなくても結果に大差がない場合には工程別の集計を省略し、単一の工程とみなして計算する方が合理的に手間を省くことができます。

▶ 加工費工程別総合原価計算とは、材料費を工程別に計算せず、加工費のみを工程別に計算する方法です。この方法は材料が最初の工程の始点ですべて投入され、その後の工程では単にこれを加工するにすぎない場合[01]に採用されます。

01) 紡績業、製紙工業、伸銅工業など一部の業種で採用されています。

加工費工程別総合原価計算の計算方法をまとめると次のようになります。

> 材料費の計算…工程全体を単一工程とみなして計算する[02]。
> 加工費の計算…累加法または非累加法による工程別計算を行う。

02) 計算方法としては、非累加法の「工程全体を単一工程とみなす方法」と同様です。

▶ 次の問題で、具体的な計算について確認してみましょう。

Q | ∃-1 | 加工費工程別総合原価計算 |

当社は、加工費工程別総合原価計算を採用している。次の資料にもとづいて、(1) 各工程の月末仕掛品の加工費、(2) 第2工程の完成品原価を求めなさい。

📑 **資料**

1. 生産データ

	第1工程	第2工程
月初仕掛品	300 kg (40%)	600 kg (20%)
当月投入	900	1,000
計	1,200 kg	1,600 kg
月末仕掛品	200 (60%)	400 (50%)
完成品	1,000 kg	1,200 kg

※( )は、加工進捗度。材料は第1工程始点ですべて投入。

2. 原価データ

	月初仕掛品原価	当月製造費用
直接材料費	64,200円	59,400円
加工費		
第1工程	6,400円	45,000円
第2工程		
前工程	32,400円	？ 円
自工程	11,760円	99,840円

3. その他のデータ
　(1) 加工費の工程別計算は累加法による。
　(2) 原価配分の方法は先入先出法による。

A | ∃-1 | 解答 |

(1) 月末仕掛品の加工費　第1工程　　　　5,400 円
　　　　　　　　　　　　　第2工程　　　34,000 円
(2) 第2工程の完成品原価　　240,000 円

💡 | ∃-1 | 解説 |

1. 材料費の計算

非累加法の「工程全体を単一とみなす方法」と同様です。

材料費　（kg）

	第1月初 300	完成品 1,200
64,200円	第2月初 600	第1月末 200
	当月 900	第2月末 400
59,400円	貸借差引	

123,600円 − 39,600円 = 84,000円（貸借差額）

59,400円 ÷ 900 kg ×（200 kg + 400 kg）
= 39,600円

計 123,600円

2. 加工費の計算

累加法により工程別計算を行います。

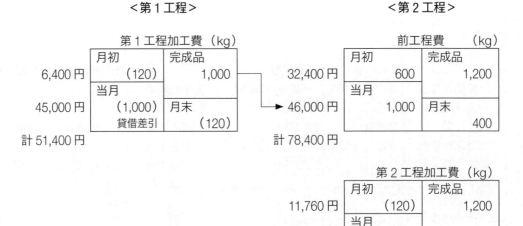

＜第1工程＞　　　　　　　　　　　　　＜第2工程＞

第1工程加工費（kg）

	月初	完成品	
6,400円	（120）	1,000	
	当月		
45,000円	（1,000）	月末	
	貸借差引	（120）	
計 51,400円			

前工程費　　（kg）

	月初	完成品	
32,400円	600	1,200	
	当月		
46,000円	1,000	月末	
		400	
計 78,400円			

第2工程加工費（kg）

	月初	完成品	
11,760円	（120）	1,200	
	当月		
99,840円	（1,280）	月末	
	貸借差引	（200）	
計 111,600円			

(1) 第1工程

月末仕掛品：45,000円 ÷ 1,000 kg × 120 kg ＝ 5,400円

完　成　品：51,400円 − 5,400円 ＝ 46,000円（第2工程へ振替）

(2) 第2工程

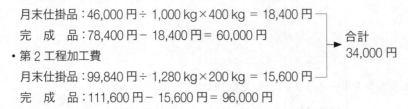

・前工程費

月末仕掛品：46,000円 ÷ 1,000 kg × 400 kg ＝ 18,400円 ─┐

完　成　品：78,400円 − 18,400円 ＝ 60,000円　　　　　　│　合計
　　　　　　　　　　　　　　　　　　　　　　　　　　　　　　　34,000円
・第2工程加工費　　　　　　　　　　　　　　　　　　　　　 │

月末仕掛品：99,840円 ÷ 1,280 kg × 200 kg ＝ 15,600円 ─┘

完　成　品：111,600円 − 15,600円 ＝ 96,000円

3. 完成品原価

84,000円 ＋ 60,000円 ＋ 96,000円 ＝ 240,000円

Chapter 8

組別・等級別
総合原価計算

Point

　このChapterでは、組別総合原価計算と等級別総合原価計算を学習します。

　組別総合原価計算と等級別総合原価計算の違いなど、まずは2級の復習にあたる部分が重要です。

　1級では、等級別総合原価計算についてより正確な計算方法を学習します。

用語集

組別総合原価計算
同一の生産工程において、異種製品を大量生産する場合に適用される原価計算

組直接費
製造費用のうち各製品との関係が特定できる原価

組間接費
各製品に共通的にかかる原価

等級別総合原価計算
同一の生産工程において、同種製品（等級製品）を大量生産する場合に適用される原価計算

等級製品
同一工程において同一原材料から生産される同種製品であり、重量や長さ等、等級で区別される製品

等価係数
各等級製品が原価を1単位あたりいくら負担するのかを比率で表したもの

積数
各等級製品の生産量に等価係数を掛けて求めた値

1 組別総合原価計算

重要度

1 組別総合原価計算とは

▶　組別総合原価計算とは、同一の生産工程において、異種製品を大量生産する場合に適用される原価計算の方法です。ここでは、単一工程組別総合原価計算と工程別組別総合原価計算に分けて学習します。

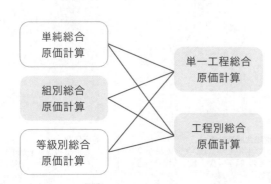

2 | 組別総合原価計算の計算手続

▶▶ 組別総合原価計算は次のような手順で計算を行います。

⑴ 組直接費と組間接費の把握

製造費用を組直接費と組間接費に分類します。

> 組直接費：製造費用のうち各製品との関係が特定できる原価
> 組間接費：各製品に共通的にかかる原価

⑵ 製造費用の組別集計

組直接費は各製品に賦課し、組間接費は適当な配賦基準にもとづいて各製品に配賦することにより、組別に製造費用を集計します。

⑶ 製品原価の計算

集計された製造費用をもとに、各製品ごとに総合原価計算を行い完成品原価と月末仕掛品原価を計算します。

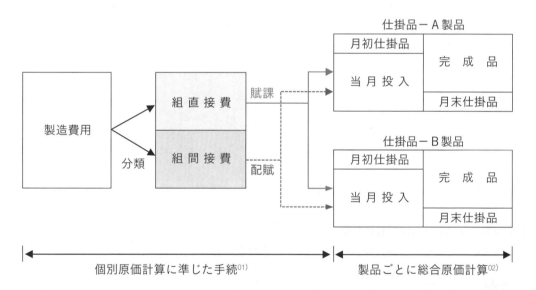

01) 個別原価計算では、製品別ではなく製造指図書別に直接費と間接費を集計していました。

02) 先入先出法や平均法などによって、原価配分を行います。

Q | **1-1** | 組別総合原価計算 |

当工場では、製品ＸおよびＹの２種類の製品を生産販売しており、組別総合原価計算を採用している。次の資料をもとに各製品の完成品原価を求めなさい。なお、当工場では製造間接費を組間接費として処理している。

📃 **資料**

1. 生産データ

	製品X	製品Y
月初仕掛品	30 個（80%）	20 個（50%）
当 月 投 入	510	330
合　　　計	540 個	350 個
月末仕掛品	40 （50%）	50 （60%）
完 成 品	500 個	300 個

2. 原価データ

	製品X	製品Y
月初仕掛品原価		
直 接 材 料 費	2,250円	3,050円
加 　工 　費	1,980円	680円
当 月 製 造 費 用		
直 接 材 料 費	40,800円	21,450円
直 接 労 務 費	7,440円	5,760円
製 造 間 接 費	45,760円 （共通）	

・材料は工程の始点ですべて投入された。
・仕掛品の（　）の数値は、加工進捗度を示す。

3. その他のデータ
　① 月末仕掛品の評価は、製品Ｘが先入先出法、製品Ｙが平均法によっている。
　② 製造間接費は、機械作業時間を基準として各製品に配賦する。
　　　　製品Ｘ：186 時間　　　製品Ｙ：100 時間

A | **1-1** | 解答 |

製品Ｘ	77,530 円
製品Ｙ	41,400 円

💡 | **1-1** | 解説 |

1. 組間接費の配賦と当月加工費の計算

組間接費を当月の機械作業時間を基準として各製品に配賦します。

製品X：$45,760円 \times \dfrac{186時間}{186時間＋100時間} = 29,760円$

製品Y：$45,760円 \times \dfrac{100時間}{186時間＋100時間} = 16,000円$

また、当月の直接労務費と組間接費（製造間接費）を合計して当月加工費を計算します。

製品Ｘ：7,440 円 + 29,760 円 = 37,200 円
製品Ｙ：5,760 円 + 16,000 円 = 21,760 円

2. 生産データの整理

仕掛品－製品Ｘ　（個）

材　2,250 円 加　1,980 円	月初仕掛品 30(24)	完 成 品 500
材　40,800 円 加　37,200 円	当 月 投 入 510(496)	
		月末仕掛品 40(20)
計　82,230 円		

仕掛品－製品Ｙ　（個）

材　3,050 円 加　680 円	月初仕掛品 20(10)	完 成 品 300
材　21,450 円 加　21,760 円	当 月 投 入 330(320)	
		月末仕掛品 50(30)
計　46,940 円		

3. 製品Ｘの計算 (先入先出法)

(1) 月末仕掛品原価

材料費：$\dfrac{40{,}800\ 円}{510\ 個} \times 40\ 個 = 3{,}200\ 円$ ⎱ 合計
4,700 円

加工費：$\dfrac{37{,}200\ 円}{496\ 個} \times 20\ 個 = 1{,}500\ 円$

(2) 完成品原価

82,230 円 － 4,700 円 = 77,530 円

4. 製品Ｙの計算 (平均法)

(1) 月末仕掛品原価

材料費：$\dfrac{3{,}050\ 円 + 21{,}450\ 円}{300\ 個 + 50\ 個} \times 50\ 個 = 3{,}500\ 円$ ⎱ 合計
5,540 円

加工費：$\dfrac{680\ 円 + 21{,}760\ 円}{300\ 個 + 30\ 個} \times 30\ 個 = 2{,}040\ 円$

(2) 完成品原価

46,940 円 － 5,540 円 = 41,400 円

∃ ｜ 組間接費の予定配賦

▶▶ 　上記の計算は、組間接費について実際配賦を行うことが前提になっていました。これに対してあらかじめ組間接費の予算を定め、その予算にもとづいて計算された予定配賦率により、組間接費を予定配賦する方法があります。

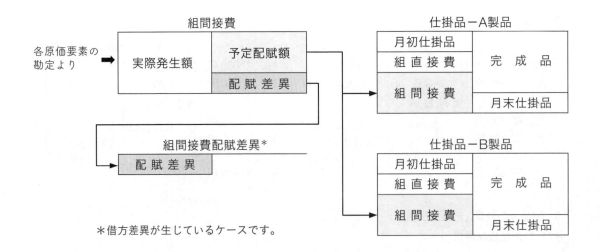

組間接費

| 実際発生額 | 予定配賦額 |
| | 配賦差異 |

仕掛品－A製品

月初仕掛品	完　成　品
組　直　接　費	
組　間　接　費	
	月末仕掛品

組間接費配賦差異*

| 配　賦　差　異 |

仕掛品－B製品

月初仕掛品	完　成　品
組　直　接　費	
組　間　接　費	
	月末仕掛品

各原価要素の勘定より

＊借方差異が生じているケースです。

Q 1-2 **組間接費の予定配賦**

　当工場では、製品AおよびBの2種類の製品を生産販売しており、組別総合原価計算を採用している。次の資料をもとに、加工費に関する勘定記入を行いなさい。なお、当工場では加工費を組間接費として処理している。

資料

1. 生産データ

	A製品		B製品	
月初仕掛品	50 個	(60%)	30 個	(40%)
当月投入	130		155	
合　　計	180 個		185 個	
月末仕掛品	30	(50%)	25	(80%)
完　成　品	150 個		160 個	

（注）仕掛品の（　）の数値は加工進捗度を示している。

2. 原価データ(加工費のみ)

	A製品	B製品
月初仕掛品	2,280円	960円
当月製造費用	25,500円	(共通)

3. その他のデータ

(1) 加工費は、各組製品の加工時間を基準に予定配賦（配賦率 @120 円）を行っている。

	A製品	B製品
当月加工時間	90時間	112時間

(2) 月末仕掛品の評価はA製品が先入先出法、B製品が平均法による。

組間接費	
実際発生額 （25,500）	仕掛品－A製品 （10,800）
	仕掛品－B製品 （13,440）
	配 賦 差 異 （ 1,260）
（25,500）	（25,500）

仕掛品－A製品	
月初仕掛品 2,280	A 製 品 （11,880）
加 工 費 （10,800）	月末仕掛品 （ 1,200）
（13,080）	（13,080）

仕掛品－B製品	
月初仕掛品 960	B 製 品 （12,800）
加 工 費 （13,440）	月末仕掛品 （ 1,600）
（14,400）	（14,400）

1-2 | 解説

組間接費を実際配賦している場合と異なるのは次の2点です。

① 月末仕掛品原価等の計算にあたって、組間接費の実際発生額ではなく予定配賦額を用いる。

② 組間接費の予定配賦額と実際発生額の差額から配賦差異を把握する。

1. 組間接費の予定配賦

本問では、問題の指示により加工費を組間接費として扱います。また、資料3.（I）より、加工時間を基準として各組製品へ予定配賦を行います。

A製品：@120円×90時間＝10,800円

B製品：@120円×112時間＝13,440円

2. 配賦差異の把握

予定配賦額と実際発生額の差額が配賦差異となります。

（10,800円＋13,440円）－25,500円＝△1,260円（不利差異）

3. 月末仕掛品原価、完成品原価の計算

各組製品ごとに生産データを整理して月末仕掛品原価等を計算します。

03）加工費のみの問題なので、生産データの整理は完成品換算量で行っています。

A製品（加工費）03）（個）

	月初仕掛品 30	完 成 品 150
2,280円		
10,800円	当月投入 135 （貸借差引）	月末仕掛品 15

計 13,080円

B製品（加工費）03）（個）

	月初仕掛品 12	完 成 品 160
960円		
13,440円	当月投入 168 （貸借差引）	月末仕掛品 20

計 14,400円

A製品（先入先出法）

月末仕掛品：$\frac{10,800円}{135個}×15個＝1,200円$

完 成 品：13,080円－1,200円＝11,880円

B製品（平均法）

月末仕掛品：$\frac{960円＋13,440円}{160個＋20個}×20個＝1,600円$

完 成 品：14,400円－1,600円＝12,800円

4 | 工程別組別総合原価計算

▶ ここまでは単一工程のケースのみを見てきましたが、自動車の製造などのように複数の工程を経て異種製品が生産されることもあります。

このような場合の計算方法としては次の2つに分類できます。

①全原価要素工程別組別総合原価計算 [04]

②加工費工程別組別総合原価計算 [05]

▶ 一見複雑なようですが、複数種類の製品がある場合の工程別総合原価計算というだけでそれほど難しいものではありません。

①の方法を採用している場合について、次の問題で見ていきましょう。

Q | 1-3 | 工程別組別総合原価計算

当社では2つの連続する工程（第1工程と第2工程）と1つの補助部門（動力部）を有し、製品Aと製品Bを量産しており、累加法による工程別組別総合原価計算を採用している。以下に示すのは、11月の原価資料である。そこで次の資料にもとづいて設問に答えなさい。

📖 **資料**

1. 組間接費に関するデータ

当社では、組間接費の各製品への配賦は予定配賦を採用している。また、補助部門費（動力部費）の各工程への配賦についても予定配賦を採用している。

各工程および動力部の予定配賦率は次のとおりである。

第1工程：80円／直接作業時間 第2工程：60円／直接作業時間

動 力 部：500円／kWh

(1) 部門共通費配賦後（補助部門費配賦前）の組間接費実際発生額

第1工程	第2工程	動力部
23,600円	31,200円	20,800円

(2) 当月の実際直接作業時間と実際動力供給量

	第1工程		第2工程	
	製品A	製品B	製品A	製品B
直接作業時間	250時間	200時間	400時間	250時間
動力供給量	22 kWh		18 kWh	

2. 当月の生産データ

| | 第1工程 | | 第2工程 | |
	製品A	製品B	製品A	製品B
月初仕掛品	―個	―個	400個（50%）	150個（60%）
当月投入	800	600	800	600
合計	800個	600個	1,200個	750個
月末仕掛品	―	―	200（60%）	250（40%）
完成品	800個	600個	1,000個	500個

（注）仕掛品の（ ）内は加工進捗度を示す。

3. その他の原価データ

| | 第1工程 | | 第2工程 | |
	製品A	製品B	製品A	製品B
月初仕掛品	―	―	51,200円	22,500円
直接材料費	24,000円	21,600円	―	―
直接労務費	28,000円	22,400円	40,400円	25,800円

4. その他

(1) 工程別計算は累加法により、月末仕掛品の評価は先入先出法により行う。

(2) 計算上生じる端数は円未満の端数を四捨五入する。

問1 補助部門費配賦差異、第1工程費配賦差異、第2工程費配賦差異を求めなさい。なお、不利差異のときは△をつけて示すこと。

問2 製品A、製品Bそれぞれの月末仕掛品原価および完成品原価を求めなさい。

A 1-3 **解答**

問1

補助部門費配賦差異	△800円
第1工程費配賦差異	1,400円
第2工程費配賦差異	△1,200円

問2

製品A月末仕掛品原価	26,400円
完成品原価	161,200円
製品B月末仕掛品原価	33,000円
完成品原価	90,300円

問1

1. 問題を解く前に

部門別計算の内容も含む複合問題です。次の3点が整理できていると、スムーズに問題を解くことができます。

① 補助部門費を製造部門（本問では工程）に集計し、その合計額を各製品へと配賦している。

② 補助部門費の各工程への集計にあたっては予定配賦率を用いる。

③ 組間接費の製品への配賦には予定配賦率を用いる。

2. 組間接費（工程費）の製品への予定配賦

第1工程　製品A：@80円×250時間＝ 20,000円 ⎫
　　　　　製品B：@80円×200時間＝ 16,000円 ⎬ 問2の製品原価の計算
　　　　　　　　　　　　　　　　　　 36,000円 ⎭ に用いる金額

第2工程：製品A：@60円×400時間＝ 24,000円 ⎫
　　　　　製品B：@60円×250時間＝ 15,000円 ⎬
　　　　　　　　　　　　　　　　　　 39,000円 ⎭

3. 組間接費（工程費）の実際発生額の集計と配賦差異の計算

(1) 補助部門費の予定配賦

第1工程：@500円（予定配賦率）× 22 kwh（実際消費量）＝ 11,000円
第2工程：@500円（予定配賦率）× 18 kwh（実際消費量）＝ 9,000円
　　　　　　　　　　　　　　　　　　　　　　　　　　　 20,000円

補助部門費配賦差異：20,000円 − 20,800円＝△800円（不利差異）

(2) 工程費の集計

第1工程：23,600円（資料1.(1)より）＋ 11,000円 ＝ 34,600円
第2工程：31,200円（資料1.(1)より）＋ 9,000円 ＝ 40,200円

(3) 工程費配賦差異

第1工程費配賦差異：36,000円（上記2.より）− 34,600円 ＝ 1,400円（有利差異）
第2工程費配賦差異：39,000円（上記2.より）− 40,200円 ＝△1,200円（不利差異）

問2

1. 製品A

(1) 生産データおよび原価データを整理し、ボックスに記入します。

第1工程－製品A　（個）

材 24,000円		
労 28,000円	当 月 投 入	完 成 品
間 20,000円	800	800　⇨第2工程へ
計 72,000円		

第2工程－製品A　　（個）

	月初仕掛品	完　成　品
51,200円	400（200）	1,000
前 72,000円	当　月　投　入	
加工費 { 労 40,400円	800（920）	月末仕掛品
間 24,000円		200（120）
計 187,600円		

※（　）は完成品換算量

(2) 月末仕掛品原価

前工程費：$\dfrac{72,000\,円}{800\,個} \times 200\,個 = 18,000\,円$

加　工　費：$\dfrac{40,400\,円 + 24,000\,円}{920\,個} \times 120\,個 = 8,400\,円$

合計 26,400円

(3) 完成品原価

187,600円 － 26,400円 ＝ 161,200円

2. 製品B

(1) 生産データおよび原価データを整理し、ボックスに記入します。

第1工程－製品B　　（個）

	当　月　投　入	完　成　品
材 21,600円		
労 22,400円	600	600
間 16,000円		
計 60,000円		

⇨第2工程へ

第2工程－製品B　　（個）

	月初仕掛品	完　成　品
22,500円	150（ 90）	500
前 60,000円	当　月　投　入	
加工費 { 労 25,800円	600（510）	月末仕掛品
間 15,000円		250（100）
計 123,300円		

※（　）は完成品換算量

(2) 月末仕掛品原価

前工程費：$\dfrac{60,000\,円}{600\,個} \times 250\,個 = 25,000\,円$

加　工　費：$\dfrac{25,800\,円 + 15,000\,円}{510\,個} \times 100\,個 = 8,000\,円$

合計 33,000円

CHAPTER **8** 組別・等級別総合原価計算

(3) 完成品原価

123,300 円 − 33,000 円 = 90,300 円

■参考

勘定記入を示すと、次のようになります（単位：円）。

動力部費

諸　口	20,800	第1工程費	11,000
		第2工程費	9,000
		動 力 部 費 配 賦 差 異	800
	20,800		20,800

第1工程費

諸　口	23,600	第1工程 ー製品A	20,000
動力部費	11,000		
第1工程費 配賦差異	1,400	第1工程 ー製品B	16,000
	36,000		36,000

第1工程ー製品A

直接材料費	24,000	第2工程 ー製品A	72,000
直接労務費	28,000		
第1工程費	20,000		
	72,000		72,000

第1工程ー製品B

直接材料費	21,600	第2工程 ー製品B	60,000
直接労務費	22,400		
第1工程費	16,000		
	60,000		60,000

第2工程費

諸　口	31,200	第2工程 ー製品A	24,000
動力部費	9,000	第2工程 ー製品B	15,000
		第2工程費 配賦差異	1,200
	40,200		40,200

第2工程ー製品A

前月繰越	51,200	製品A	161,200
前工程費	72,000	次月繰越	26,400
直接労務費	40,400		
第2工程費	24,000		
	187,600		187,600

第2工程ー製品B

前月繰越	22,500	製品B	90,300
前工程費	60,000	次月繰越	33,000
直接労務費	25,800		
第2工程費	15,000		
	123,300		123,300

等級別総合原価計算

等級別総合原価計算のポイントは、計算のどの段階で等価係数を用いるかにあります。

2級で学習した方法も含めて3つの方法が登場しますので、それぞれの方法での計算方法（ボックス図の作成方法）を一つずつ確実にマスターしていきましょう。

1 | 等級別総合原価計算とは

▶ 　等級別総合原価計算とは、同一の生産工程において同種製品（等級製品）を生産する場合に適用される方法です。

CHAPTER

8

組別・等級別総合原価計算

1. 等級製品

▶ 　等級製品とは、同一工程において同一原材料から生産される同種製品であり、重量や長さ等、等級で区別される製品をいいます[01]。

01）等級製品としてあげられるものとしては、同じ生地から作られるTシャツ（サイズL、M、Sを作る）があります。

等級製品

組製品

等級製品はそれぞれ必要な数量を別個に生産できることから、正確な製品原価を算定するためには、組別総合原価計算を適用すべきといえます[02]。

しかし、等級製品は同種製品であり製品ごとの原価発生額の違いは重量や大きさ、長さ、面積あるいは材料消費量や作業時間などを原因とするものです。

そこで、このような原価発生の原因の違いに着目して等価係数と呼ばれる比率を設定し、この比率にもとづいて等級製品に原価を按分することによりそれぞれの製品原価を計算します[03]。

02) 組別総合原価計算の「組」とは、製品種類を意味しており、同種製品を生産する等級製品の原価計算にも適用することができます。

03) 組別総合原価計算を適用するよりも手間をかけずに製品原価を計算することができます。

2. 等価係数

等価係数とは、各等級製品が原価を1単位あたりいくら負担するのかを比率で表したものです。

例えば、L、M、Sといった大きさの異なる等級製品を考えた場合、Mを基準（等価係数1.0）とすると、Lはより多くの原価を負担し（等価係数1.5）、Sはより少ない原価を負担する（等価係数0.8）ものと考えます。

3. 積数

各等級製品の製造原価を計算するためには、各等級製品の生産量に等価係数を掛けた積数を利用します。この積数を用いて、製造原価を各等級製品に按分します。

各等級製品の積数 = 各等級製品の生産量 × 各等級製品の等価係数

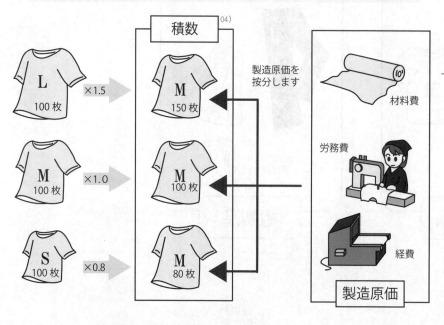

04) 積数の求め方
L 100枚×1.5 = 150
M 100枚×1.0 = 100
S 100枚×0.8 = 80

この場合、Lは100枚でMの150枚分の原価を、Sは100枚でMの80枚分の原価を負担することを意味します。

2 | 計算方法

等級別総合原価計算の計算方法は、原価要素別（材料費・加工費別）に等価係数を区別するか、仕掛品にも等価係数を用いるかということから、次の3つに分類されます[05]。

05)この後詳しく説明していきますので、ここで止まらず先に読み進めていきましょう。

	等価係数の扱い	
	原価要素	仕掛品
(1) 単純総合原価計算に近い計算方法 ① (第1法)	区別しない	用いない
(2) 組別総合原価計算に近い計算方法 (第2法)	区別する	用いる
(3) 単純総合原価計算に近い計算方法 ② (第3法)		

1. 単純総合原価計算に近い計算方法 ① (第1法)[06]

単純総合原価計算と同じように完成品総合原価を一括して計算し、次に、その完成品総合原価を各等級製品に等価係数を用いて按分する方法です。

この方法は、仕掛品を等級製品別に把握していない場合に使われます。

06)完成品原価按分法ともいいます。

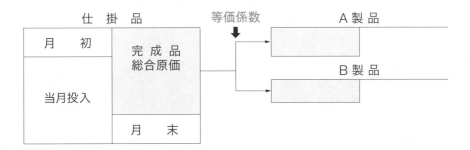

Q 2-1 | 単純総合原価計算に近い計算方法① (第1法)

当社では、等級製品A、Bを生産しており、等級別総合原価計算を実施している。次の資料にもとづいて、各等級製品の完成品原価と完成品単位原価を求めなさい。

📖 資料

1. 生産データ

月初仕掛品	240個（80%）
当月投入	1,320個
合計	1,560個
月末仕掛品	360個（40%）
完成品	1,200個

2. 原価データ

月初仕掛品原価
　直接材料費　10,260円
　加工費　5,760円
当月製造費用
　直接材料費　60,720円
　加工費　41,280円

＊1　（ ）内は加工進捗度を表している。
＊2　材料はすべて工程の始点で投入している。
＊3　完成品の内訳
　　　製品A 840個、製品B 360個

3．その他

(1) 原価配分は、平均法による。

(2) 等価係数は各等級製品の重量にもとづいて算定しており、この等価係数を基礎として一括的に把握された完成品原価を各等級製品に按分する。

	製品A	製品B
等価係数	1	1.5

A 2-1 │解答│

	完成品原価	完成品単位原価
製品A	58,800円	@70円
製品B	37,800円	@105円

2-1 │解説│

　第1法では、各等級製品を1つの製品と考えて、共通の完成品総合原価を算定し、生産量に等価係数を掛けた積数を基準として各等級製品に按分します。

1. 按分前の完成品総合原価の計算

材料費（加工費）　（個）

材	10,260円	月初仕掛品	完　成　品
加	5,760円	240（　192）	1,200
		当月投入	
材	60,720円	1,320（1,152）	
加	41,280円		月末仕掛品
			360（144）

	合　計	単位原価
材　70,980円	1,560個	@45.5円
加　47,040円	（1,344個）	@35円

(1) 月末仕掛品原価

　材料費：@45.5円×360個＝16,380円　　加工費：@35円×144個＝5,040円

(2) 完成品総合原価

　70,980円＋47,040円－16,380円－5,040円＝96,600円

2. 完成品総合原価の按分と完成品単位原価の計算

(1) 積数の計算

製　　品	生産量	×	等価係数	＝	積　数
A	840個		1		840
B	360個		1.5		540
					1,380

(2) 完成品原価の按分

製品A：$\dfrac{96,600\text{円}}{1,380} \times 840 = 58,800$ 円　　　製品B：$\dfrac{96,600\text{円}}{1,380} \times 540 = 37,800$ 円

(3) 完成品単位原価

単位原価を求めるさいには積数ではなく、生産量（完成品数量）を用います。

製品A：58,800 円 ÷ 840 個 = @70 円　　　製品B：37,800 円 ÷ 360 個 = @105 円

2. 組別総合原価計算に近い計算方法（第2法）[07]

▶ この方法では、当月製造費用を原価要素ごとに設定した等価係数を使って各等級製品に按分し、その後は製品別に原価配分を行います。

> 07) 当月製造費用按分法ともいいます。
> 「単純総合原価計算に近い方法①」と異なり、材料費と加工費でそれぞれ等価係数が設定されます。

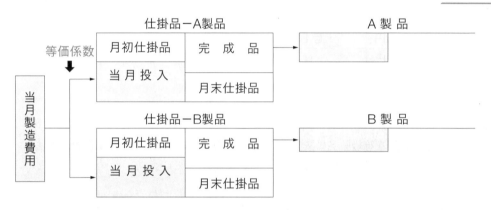

Q │ 2-2 │ **組別総合原価計算に近い計算方法（第2法）**

当工場では、等級製品 X、Y を生産し、実際等級別総合原価計算を採用している。次の資料にもとづいて、各製品の完成品原価と完成品単位原価を求めなさい。

📄 資料

1. 生産データ

等級製品	X	Y
月初仕掛品	3,000個(1/4)	1,000個(1/5)
当月投入	27,000	19,000
合　計	30,000個	20,000個
正常仕損	100	—
月末仕掛品	3,900 (1/2)	2,000 (3/4)
完成品	26,000個	18,000個

注）材料は工程の始点で投入される。
　　（　）は加工進捗度。正常仕損は工程の終点で発生し、処分価値はない。

2. 原価データ　　　　　　　　　（単位：円）

等級製品	X	Y	合　計
月初仕掛品原価			
直接材料費	185,500	51,200	236,700
加工費	22,750	10,440	33,190
小　計	208,250	61,640	269,890
当月製造費用			
直接材料費			2,321,000
加工費			1,049,760
小　計			3,370,760
投入額合計			3,640,650

3. 等価係数

等 級 製 品	X		Y
直接材料費	1	:	0.8
加 工 費	1	:	0.6

4. その他の条件

(1) 当工場では、できるだけ正確に等級製品の製造原価を把握するために、等価係数は直接材料費と加工費とを区別して、当月製造費用を等級製品に按分するさいに使用している。

(2) 完成品と月末仕掛品に対する原価の配分は、先入先出法による。

(3) 正常仕損については、非度外視法による。

A | 2-2 | 解答 |

	完成品原価	完成品単位原価
製品X	2,163,200 円	@ 83.2 円
製品Y	1,098,000 円	@ 61 円

Q | 2-2 | 解説 |

　資料4. (1)に「当月製造費用を等級製品に按分する」とあるので、組別総合原価計算に近い方法だとわかります。この問題は次の順序で解きます。

　1. 生産データの整理
　2. 当月製造費用の按分
　3. 等級製品ごとの原価計算

1. 生産データの整理

X製品－材料費（個）

月初	完成
3,000	26,000
当月	
27,000	仕損 100
	月末 3,900

X製品－加工費（個）

月初	完成
750	26,000
当月	
27,300	仕損 100
	月末 1,950

Y製品－材料費（個）

月初	完成
1,000	18,000
当月	
19,000	月末 2,000

Y製品－加工費（個）

月初	完成
200	18,000
当月	
19,300	月末 1,500

2. 当月製造費用の按分

1. の生産データの当月投入量に等価係数を掛けた積数によって、当月製造費用を按分します。

〈材料費の積数〉

製品	投入量		等価係数		積数
X	27,000個	×	1	=	27,000
Y	19,000個	×	0.8	=	15,200
					42,200

〈加工費の積数〉

製品	投入量		等価係数		積数
X	27,300個	×	1	=	27,300
Y	19,300個	×	0.6	=	11,580
					38,880

(1) 材料費の按分

製品X：$\dfrac{2,321,000\,円}{42,200}\,(=@55\,円) \times 27,000 = 1,485,000\,円$

製品Y：$@55\,円 \times 15,200 = 836,000\,円$

(2) 加工費の按分

製品X：$\dfrac{1,049,760\,円}{38,880}\,(=@27\,円) \times 27,300 = 737,100\,円$

製品Y：$@27\,円 \times 11,580 = 312,660\,円$

3. 等級製品ごとの原価計算

製品原価の計算には、積数ではなく上記1. の生産データを用います。

(1) 製品X（先入先出法）

「正常仕損については、非度外視法による」とありますが、完成品負担であるため、度外視法により計算しても同じ結果になります。

具体的には、正常仕損量を含めた生産データで月末仕掛品原価を計算し、貸借差額により完成品原価を計算することで正常仕損費を完成品のみに負担させます。

① 月末仕掛品

材料費：$\dfrac{1,485,000\,円}{26,000\,個 + \underset{\text{正常仕損}}{100\,個} + 3,900\,個 - 3,000\,個} \times 3,900\,個 = 214,500\,円$

加工費：$\dfrac{737,100\,円}{26,000\,個 + \underset{\text{正常仕損}}{100\,個} + 1,950\,個 - 750\,個} \times 1,950\,個 = 52,650\,円$

合　計：$214,500\,円 + 52,650\,円 = 267,150\,円$

② 完成品原価、完成品単位原価

$208,250\,円 + 1,485,000\,円 + 737,100\,円 - 267,150\,円 = 2,163,200\,円$

$2,163,200\,円 \div 26,000\,個 = @83.2\,円$

(2) 製品Y（先入先出法）

① 月末仕掛品

材料費：836,000 円 ÷ 19,000 個 × 2,000 個 ＝ 88,000 円

加工費：312,660 円 ÷ 19,300 個 × 1,500 個 ＝ 24,300 円

合　計：88,000 円 ＋ 24,300 円 ＝ 112,300 円

② 完成品原価、完成品単位原価

61,640 円 ＋ 836,000 円 ＋ 312,660 円 － 112,300 円 ＝ 1,098,000 円

1,098,000 円 ÷ 18,000 個 ＝ @61 円

3. 単純総合原価計算に近い計算方法 ②（第3法）[08]

08）総合原価按分法ともいいます。

各等級製品の生産データを積数ベースで合算し、その合算データにもとづいて原価配分を行います。

なお、等価係数を原価要素別に区別し、仕掛品にも等価係数を用いるという点は第2法と同じです。

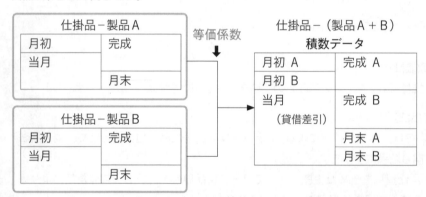

図だけではイメージしづらいと思いますので、次の問題で計算方法を見ていきましょう。

Q 2-3 単純総合原価計算に近い計算方法 ②（第3法）

次の資料により、各等級製品の完成品原価および完成品単価を計算しなさい。

資料

1. 生産データ

	製品A	製品B
月初仕掛品	200 kg（1/4）	250 kg（1/5）
当月投入	1,300	2,250
合計	1,500 kg	2,500 kg
月末仕掛品	100（1/2）	500（3/5）
完成品	1,400 kg	2,000 kg

2. 原価データ

	製品A	製品B
月初仕掛品原価		
直接材料費	3,500円	4,000円
加工費	1,460円	60円
当月製造費用		
直接材料費	31,000円	
加工費	55,080円	

・（　）内の数値は、加工進捗度を示す。

・材料は、各製品とも工程の始点で投入される。

3. その他

(1) 月末仕掛品の評価方法は、平均法による。

(2) 各製品の等価係数は、次のとおりである。

	製品A	製品B
直接材料費	1	0.8
加 工 費	1	0.6

(3) 等価係数を基礎として、月初仕掛品原価と当月製造費用を各等級製品の完成品と月末仕掛品に按分する。

A 2-3 | 解答 |

	完成品原価	完成品単位原価
製品A	43,400 円	@ 31 円
製品B	41,600 円	@ 20.8 円

💡 2-3 | 解説 |

1. 生産データをボックス図によって整理

資料3. (3)の指示より第3法によって計算します。

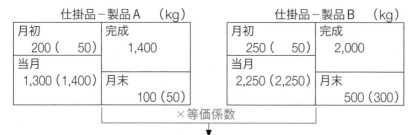

仕掛品－製品A （kg）

月初 200 (50)	完成 1,400
当月 1,300 (1,400)	月末 100 (50)

仕掛品－製品B （kg）

月初 250 (50)	完成 2,000
当月 2,250 (2,250)	月末 500 (300)

×等価係数

積数データ[09]

09) 材料費と加工費で等価係数が異なるので注意しましょう。

材 3,500 円 加 1,460 円	月初 A 200 (50)	完成 A 1,400 (1,400)
材 4,000 円 加 60 円	月初 B[*1] 200 (30)	完成 B[*3] 1,600 (1,200)
材 31,000 円 加 55,080 円	当月 3,100 (2,750)	
		月末 A 100 (50)
		月末 B[*2] 400 (180)

　合　計
材 38,500 円
加 56,600 円

* 1　材：250 × 0.8 = 200　　加：50 × 0.6 = 30
* 2　材：500 × 0.8 = 400　　加：300×0.6 = 180
* 3　材：2,000 × 0.8 = 1,600　加：2,000×0.6 = 1,200

2. 原価配分 (平均法)

（1）材料費

単　価：$\dfrac{38,500\ 円}{1,400\ +\ 1,600\ +\ 100\ +\ 400}$ ＝@11 円

月末 A：@11 円×100 ＝ 1,100 円　　完成 A：@11 円 ×1,400 ＝ 15,400 円

月末 B：@11 円× 400 ＝ 4,400 円　　完成 B：@11 円 ×1,600 ＝ 17,600 円

（2）加工費

単　価：$\dfrac{56,600\ 円}{1,400\ +\ 1,200\ +\ 50\ +\ 180}$ ＝@20 円

月末 A：@20 円× 50 ＝ 1,000 円　　完成 A：@20 円 ×1,400 ＝ 28,000 円

月末 B：@20 円× 180 ＝ 3,600 円　　完成 B：@20 円 ×1,200 ＝ 24,000 円

3. 完成品原価と完成品単位原価の計算

（1）製品 A

完成品原価：15,400 円＋ 28,000 円 ＝ 43,400 円

単 位 原 価：43,400 円÷ 1,400 kg ＝@31 円

（2）製品 B

完成品原価：17,600 円＋ 24,000 円 ＝ 41,600 円

単 位 原 価：41,600 円÷ 2,000 kg ＝@20.8 円

※ 原価配分方法が先入先出法の場合

積数データ

月初 A	完成 A	
月初 B		**貸借差額**
当月	完成 B	
	月末 A	
	月末 B	

　当月製造費用が製品ごとに区別されていないため、直接計算することはできません。

　そのため、貸借差額により製品Aと製品Bを合わせた完成品総合原価をいったん計算し、積数比で各等級製品に按分します。

Chapter 9

連産品と副産物

Point

このChapterでは、連産品と副産物を中心に学習します。
この2つは似ている面もありますが、原価計算上の処理方法はまったく
異なります。

用語集

連産品
同一工程において同一原料から必然的に生産される異種製品であって、相互に主副の区別ができないもの

連結原価(結合原価)
各連産品が分離されるまでに共通的に発生した原価

物量基準(生産量基準)
各連産品の生産量を基準として連結原価を按分する方法

正常市価基準
各連産品の正常市価を基準として連結原価を按分する方法

見積正味実現可能価額基準
分離点における推定正常市価(見積正味実現可能価額)を基準として連結原価を按分する方法

修正見積正味実現可能価額基準
各製品の売上総利益率を全体の売上総利益率に一致させるように連結原価を按分する方法

副産物
主製品の製造過程から必然的に生産される物品で、主製品と比較して経済的価値が低いもの

作業屑
製造工程で生じた材料の残り屑のうち、処分価値や利用価値(評価額)のあるもの

Section 1 | 連産品

　連産品は、連なって生産される複数種類の製品、つまり必ずセットで一緒に生産される製品のことです。

　そのため、これまで学習してきた製品原価計算のように、各製品の原価を直接的に計算することができません。では、各製品の原価をどのように計算するのかを見ていくことにしましょう。

1 | 連産品とは

▶　連産品とは、同一工程において同一原料から必然的に生産される[01]異種製品であって、相互に主副の区別ができないものをいいます。

　例えば、原料として原油を投入し、これを精製すると、ガソリン、重油、軽油、灯油などが生成されます。特に軽油だけを生産しないということは不可能です。これらは典型的な連産品です[02]。

> 01) 「必然的に生産される」とは、他の物品の生産過程で必ず発生し、意図的に生産しないということができないものです。

> 02) ガソリン、重油、軽油、灯油のすべてを連産品といいます。

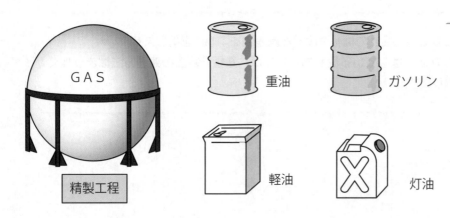

重油　ガソリン

GAS
精製工程

軽油　灯油

2 | 連結原価

▶　各連産品が分離されるまでに共通的に発生した原価を、連結原価[03]といいます。各連産品の製造原価を算定するためには、連結原価を按分（配賦）する必要があります。

> 03) 結合原価、ジョイントコストともいわれます。

∃ 連結原価の按分方法

▸ 連結原価を按分する方法は、一般的に次の2つに分類されます。

●**物量基準（生産量基準）**

　物量基準とは、各連産品の生産量を基準として連結原価を按分する方法をいいます。

　この方法は、各連産品を1単位生産するための原価はすべて等しいという仮定にもとづいています。

●**正常市価基準**

　正常市価基準とは、各連産品の正常市価[04]を基準として連結原価を按分する方法をいいます。

　この方法は、市価の高い連産品にはその分だけ多く連結原価を負担させるという負担能力主義という考え方にもとづいています。

04) 過去の実績等にもとづいて把握した比較的長期間の平均市場価格のことです。

▸ 次の問題で、物量基準と正常市価基準の2つの基準によって連結原価を按分してみましょう。

Q | 1-1 | **連結原価の按分** |

　当工場では工程始点において原料Xを投入し加工を行い、終点で連産品A（製品A）と連産品B（製品B）に分類している。次の資料にもとづき、下記(1)、(2)のそれぞれの場合における各製品の単位あたり製造原価と売上総利益率を答えなさい。なお、計算上端数が生じる場合、最終解答数値で小数点以下第2位を四捨五入すること。

　(1) 物量基準によって連結原価を各連産品に按分した場合
　(2) 正常市価基準によって連結原価を各連産品に按分した場合

▤ **資料**

1. 分離点までの製造原価（連結原価）　240,000円
2. 分離点における各連産品の生産量と市場価格（正常市価）

	製品A	製品B
生 産 量	250 kg	150 kg
市 場 価 格	@900 円	@500 円

A | 1-1 | 解答 |

(1) 物量基準

	製品A	製品B
単位あたり製造原価	@ 600 円	@ 600 円
売上総利益率	33.3 %	△ 20 %

(2) 正常市価基準

	製品A	製品B
単位あたり製造原価	@ 720 円	@ 400 円
売上総利益率	20 %	20 %

💡 | 1-1 | 解説 |

1. 物量基準

(1) 連結原価の按分

物量基準の場合、生産量を基準として連結原価を按分します。

製品A：$240{,}000 \text{円} \times \dfrac{250 \text{ kg}}{250 \text{ kg} + 150 \text{ kg}} = 150{,}000 \text{円 (@600 円}^{05)}\text{)}$

製品B：$240{,}000 \text{円} \times \dfrac{150 \text{ kg}}{250 \text{ kg} + 150 \text{ kg}} = 90{,}000 \text{円 (@600 円}^{05)}\text{)}$

05) 各連産品の単位原価は同じになります。
240,000 円 ÷ 400 kg
＝@ 600 円

(2) 製品別の損益計算書 [06]

物量基準により連結原価を按分した場合の損益計算書は次のとおりです。

	製品A	製品B	合 計
売 上 高	225,000 円	75,000 円	300,000 円
売 上 原 価			
連 結 原 価	150,000 円	90,000 円	240,000 円
売 上 総 利 益	75,000 円	△ 15,000 円	60,000 円
売上総利益率	33.3%	△ 20%	20%

06) 製品Bの利益はマイナスとなっていますが、これは連結原価の発生と因果関係のない物量を基準として按分したことによるもので、製品Bの収益性が低いことを意味するものではありません。

連産品は各製品が不可避的に同時に生産され、特定の製品のみを生産することはできないため、各製品の利益率が異なってしまう按分方法は合理的ではないとする考え方があります。

2. 正常市価基準

(1) 連結原価の按分

正常市価基準の場合、「正常市価×生産量」で計算した金額（積数）を基準として連結原価を按分します。

・積数の計算

製品A：@900 円 × 250 kg = 225,000 円

製品B：@500 円 × 150 kg = 75,000 円

・按分計算

製品A：$240{,}000 \text{円} \times \dfrac{225{,}000 \text{円}}{225{,}000 \text{円} + 75{,}000 \text{円}} = 180{,}000 \text{円 (@720 円}^{07)}\text{)}$

製品B：$240{,}000 \text{円} \times \dfrac{75{,}000 \text{円}}{225{,}000 \text{円} + 75{,}000 \text{円}} = 60{,}000 \text{円 (@400 円}^{07)}\text{)}$

07) 製品A
180,000 円 ÷ 250 kg
＝@ 720 円
製品B
60,000 円 ÷ 150 kg
＝@ 400 円

⑵ 製品別の損益計算書

正常市価基準により連結原価を按分した場合の損益計算書は次のとおりです。

	製品A	製品B	合　計
売　上　高	225,000円	75,000円	300,000円
売 上 原 価			
連 結 原 価	180,000円	60,000円	240,000円
売 上 総 利 益	45,000円	15,000円	60,000円
売上総利益率	20%	20%	20%

正常市価基準では、製品全体の売上原価率80%（＝240,000円÷300,000円）を算定し、これに各製品の売上高（＝正常市価）を掛けた金額を連結原価の按分額としています。そのため、各製品の売上総利益率は製品全体の売上総利益率と等しくなります。

4 ｜ 分離後に個別加工を行う場合

▶ 連産品として分離されたときにはまだ製品として販売できる状態でないなどの理由により、分離後に追加的な個別加工が行われることがあります。

この場合、正常市価基準で連結原価を按分する方法として以下の2つが考えられます [08]。

08）分離後個別費が生じる場合であっても、生産量基準はあくまでも連結原価を分離点の生産量で按分します。

1. 見積正味実現可能価額基準

▶ この方法では、分離点における推定正常市価（見積正味実現可能価額）を計算し、それを基準に連結原価を按分します。

見積正味実現可能価額 ＝ 最終製品の正常市価 － 分離後見積個別費

▶ 見積正味実現可能価額基準では、各製品の売上総利益率と製品全体の売上総利益率は一致しません。

2. 修正見積正味実現可能価額基準

▶▶ この方法は、見積正味実現可能価額基準を修正し、各製品の売上総利益率と製品全体の売上総利益率を一致させるための方法です。追加加工を行うとしても、各製品が同等の収益力を持つべきとする考え方にもとづいています。

▶▶ この方法では、製品全体の売上総利益率を計算し、各製品の売上総利益率がそれに一致するように、製品別の原価合計（連結原価按分額＋個別追加加工費）を逆算します。

Q | 1-2 | 追加加工がある場合 |

次の予算資料をもとに、⑴見積正味実現可能価額基準と⑵修正見積正味実現可能価額基準による連結原価の按分を行い、製品G、Hの完成品原価を算定しなさい。当工場では、原料Xを工程始点で投入して加工を行い、終点で中間品gとhとに分離する。その後、個別加工を行い、製品GとHが完成する。

資料

1. 連結原価予算額 70,000円
2. 各製品の正常販売価格
   製品G：1,500円/個
   製品H：1,125円/個
3. 各製品の予算生産量
   製品G：50個　製品H：40個
4. 追加加工費（分離後）

	製品G	製品H
見積額	6,000円	2,000円

A | 1-2 | 解答 |

⑴ 製品G　__49,125__ 円　製品H　__28,875__ 円
⑵ 製品G　__48,750__ 円　製品H　__29,250__ 円

💡 | 1-2 | 解説 |

1. 見積正味実現可能価額基準

(1) 連結原価の按分

・見積正味実現可能価額

製品G：@1,500円 × 50個 − 6,000円 = 69,000円
　　　　 　　正常市価　　　　個別加工費

製品H：@1,125円 × 40個 − 2,000円 = 43,000円

・按分計算

製品G：70,000円 × $\dfrac{69,000円}{69,000円 + 43,000円}$ = 43,125円

製品H：70,000円 × $\dfrac{43,000円}{69,000円 + 43,000円}$ = 26,875円

(2) 売上総利益、売上総利益率

損益計算書は次のとおりです。なお、連結原価と追加加工費の合計額が完成品原価になります[09]。

09) 製品A
43,125円 + 6,000円
= 49,125円
製品B
26,875円 + 2,000円
= 28,875円

	製品G	製品H	合　計
売　上　高	75,000円	45,000円	120,000円
売　上　原　価			
連　結　原　価	43,125円	26,875円	70,000円
追　加　加　工　費	6,000円	2,000円	8,000円
売　上　総　利　益	25,875円	16,125円	42,000円
売　上　総　利　益　率	34.5%	35.8%	35%

この方法では、分離後追加加工費の影響により、各製品の売上総利益率と製品全体の売上総利益率は一致しません。これは、追加加工費が売上高に対して一定率で設定されるわけではなく、各製品ごとに個別に決定されるためです。

2. 修正見積正味実現可能価額基準

　この方法では、製品全体の売上総利益率を算定し、各製品の売上総利益がそれと一致するように、製品別の原価合計（連結原価按分額＋個別加工費）を逆算します。

(1) 製品全体の売上総利益率 … ①

$$\frac{42,000 \text{円（製品全体の売上総利益）}}{120,000 \text{円（製品全体の売上高）}} = 35\%$$

(2) 各製品の売上総利益 … ②

製品G：75,000 円 × 35％ = 26,250 円

製品H：45,000 円 × 35％ = 15,750 円

(3) 連結原価の按分額 … ③

　各製品の原価合計（＝売上高－売上総利益）から、追加加工費を差し引くことにより連結原価按分額を計算します。なお、この原価合計が各製品の完成品原価となります。

製品G：75,000 円 － 26,250 円 － 6,000 円（追加加工費）= 42,750 円
　　　　製品Gの原価合計 48,750 円

製品H：45,000 円 － 15,750 円 － 2,000 円 = 27,250 円
　　　　製品Hの原価合計 29,250 円

(4) 製品別の損益計算書

次のように損益計算書を作成して計算すると、ケアレスミスを防ぐことができます。

	製品G	製品H	合　計
売　上　高	75,000 円	45,000 円	120,000 円
売　上　原　価			
連　結　原　価	42,750 円 ③	27,250 円 ③	70,000 円
追　加　加　工　費	6,000 円	2,000 円	8,000 円
売　上　総　利　益	26,250 円 ②	15,750 円 ②	42,000 円
売　上　総　利　益　率	35％	35％	35％①

> **参考** | 売上原価率から計算することもできます。
>
> 　製品Gを例に計算手順を示すと次のとおりです。
>
> 　①製品全体の売上原価率：1 － 35％ = 65％
>
> 　②製品Gの売上原価：75,000 円 × 65％ = 48,750 円（＝連結原価按分額＋個別加工費）
>
> 　③連結原価按分額：48,750 円 － 6,000 円 = 42,750 円

2 | 副産物と作業屑

　副産物も、連産品と同じように主製品（主産物）と必ずセットで一緒に生産される製品のことです。

　しかし、その処理方法は連産品とは異なり、副産物の評価額を用いた処理となります。では、具体的にどのように処理するのかを見ていくことにしましょう。

1 | 副産物とは

▶　副産物とは、酒造業における酒かすなどのように主製品（酒）の製造過程から必然的に生産される物品（酒かす）で、主製品と比較して経済的価値が低いものをいいます[01]。

01)「必然的に生産される」とは、他の物品の生産過程で必ず発生し、意図的に生産しないということができないものです。

主製品

副産物

2 | 作業屑とは

▶　作業屑とは、製造工程で生じた材料の残り屑のうち、処分価値や利用価値（評価額）のあるものです[02]。

02)個別原価計算の学習でも登場しました(4-21ページ)。

3 | 副産物の処理

副産物は主製品と比べ価値が低いため原価計算を行うほどの重要性はありません[03]。しかし、売却価値や利用価値があるため、原価計算上は何らかの処理が必要になりますが、どのような処理をすべきでしょうか？

これについて、原価計算基準では次のように規定しています。

> **二八　副産物等の処理と評価**
>
> 　総合原価計算において、副産物が生ずる場合には、その価額を算定して、これを主産物の総合原価から控除する。副産物とは、主産物の製造過程から必然に派生する物品をいう。
> 　副産物の価額は、次のような方法によって算定した額とする。
> ⑴副産物で、そのまま外部に売却できるものは、見積売却価額から販売費および一般管理費又は販売費、一般管理費および通常の利益の見積額を控除した額
> ⑵副産物で、加工の上売却できるものは、加工製品の見積売却価額から加工費、販売費および一般管理費又は加工費、販売費、一般管理費および通常の利益の見積額を控除した額
> ⑶副産物で、そのまま自家消費されるものは、これによって節約されるべき物品の見積購入価額
> ⑷副産物で、加工の上自家消費されるものは、これによって節約されるべき物品の見積購入価額から加工費の見積額を控除した額
> 　軽微な副産物は、前項の手続きによらないで、これを売却して得た収入を、原価計算外の収益とすることができる。作業くず、仕損品等の処理および評価は、副産物に準ずる[04]。

04) 作業屑・仕損品の処理および評価方法は副産物と同じになります。

基準の処理方法について、簡単にまとめると次のとおりです。

原則：副産物の評価額を見積もり、主産物の製造原価から控除する[05]。
例外：軽微な副産物の場合には、売却して得た収入を原価計算外の収益とする[06]。

05) 製造費用または完成品原価から控除します。

06) この場合の副産物評価額はゼロとみなします。なお、売却収入は営業外収益（雑収入など）として処理します。

▶ 　原則処理の場合、副産物の発生点（分離点）によって処理が異なってきます。

⑴ 副産物の発生点 ＞ 月末仕掛品の進捗度の場合 [07]
　月末仕掛品原価を計算した後、完成品原価から評価額を控除します。

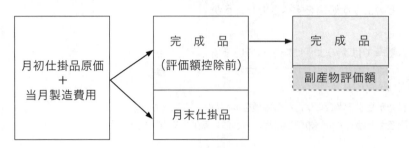

07) 評価額のある正常仕損（完成品負担のケース）で度外視法を採用している場合と同じ計算になります。6-30ページ参照。

⑵ 副産物の発生点 ≦ 月末仕掛品の進捗度の場合 [08]
　評価額を控除した後の原価を完成品と月末仕掛品に配分します。

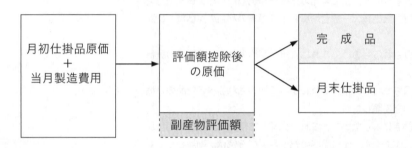

08) 評価額のある正常仕損（両者負担のケース）で度外視法を採用している場合と同じ計算になります。6-32ページ参照。

Q | 2-1 | **副産物の処理** |

次の資料をもとに（A）、（B）の各場合の完成品原価、月末仕掛品原価を計算しなさい。

資料

1. 生産データ
月 初 仕 掛 品	―	
当 月 投 入	1,800	kg
合 計	1,800	kg
月 末 仕 掛 品	600	（80%）
副 産 物	200	
完 成 品	1,000	kg

2. 原価データ
当月製造費用	
直 接 材 料 費	72,000円
加 工 費	31,080円
合 計	103,080円

3. その他
   ⑴ 材料は工程の始点で投入される。（ ）は加工進捗度を示す。
   ⑵ 副産物の評価額は 50 円 /kg である。副産物の価値は主として材料から生じている。

（A）副産物の分離点が工程の終点の場合
（B）副産物の分離点が工程の 50% の場合

A | 2-1 | **解答** |

（A）完成品原価	60,200 円	月末仕掛品原価	32,880 円
（B）完成品原価	59,750 円	月末仕掛品原価	33,330 円

（A）副産物の分離点（100%）＞月末仕掛品の加工進捗度（80%）の場合

材料費（加工費）（kg）

当月投入	完成品
材 72,000 円 加 31,080 円	1,800（1,680）	1,000
	副産物 200（200）
	月末仕掛品 600（480）

計 103,080 円

1. 月末仕掛品原価

$$材料費：\frac{72,000 円}{1,000 kg + 200 kg + 600 kg} × 600 kg = 24,000 円$$

$$加工費：\frac{31,080 円}{1,000 kg + 200 kg + 480 kg} × 480 kg = 8,880 円$$

合計
32,880 円

2. 完成品原価

103,080 円 － 32,880 円 － @50 円 × 200 kg = 60,200 円
　　　　　　　　　　　　　　副産物評価額

（B）副産物の分離点（50%）≦月末仕掛品の進捗度（80%）の場合

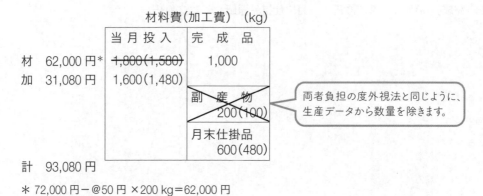

材料費（加工費）（kg）

当月投入	完成品
材 62,000 円*	~~1,800（1,580）~~	1,000
加 31,080 円	1,600（1,480）	
	~~副産物~~ ~~200（100）~~
	月末仕掛品 600（480）

> 両者負担の度外視法と同じように、生産データから数量を除きます。

計 93,080 円

＊ 72,000 円 － @50 円 × 200 kg = 62,000 円

1. 月末仕掛品原価

材料費：62,000 円 ÷ 1,600 kg × 600 kg = 23,250 円
加工費：31,080 円 ÷ 1,480 kg × 480 kg = 10,080 円

合計
33,330 円

2. 完成品原価

93,080 円 － 33,330 円 = 59,750 円

Chapter 10

標準原価計算の基本

Point

　この Chapter では、2 級の復習を中心に標準原価計算の基本を学習します。

　近年の検定試験では、標準原価計算から頻出しているという状況にはありません。しかし、1 級での重要論点であることに変わりはなく、充分な試験対策によって準備をしておく必要があります。

用語集

原価標準
　製品1個あたりの標準製造原価

パーシャル・プラン
　仕掛品勘定の借方の当月投入を実際原価で記入する方法

シングル・プラン
　仕掛品勘定をすべて標準原価で記入する方法

修正パーシャル・プラン
　製造工程において管理不能な差異は各原価要素の勘定で把握し、管理可能な差異は仕掛品勘定で把握する方法

材料受入価格差異
　材料の購入時に、材料の標準単価と実際単価の差により計算される差異

価格差異
　消費した直接材料について、材料の標準単価と実際単価の差により計算される差異

数量差異（消費量差異）
　材料の標準消費量と実際消費量の差により計算される差異

賃率差異
　直接労務費について、標準賃率と実際賃率の差により計算される差異

作業時間差異
　標準作業時間と実際作業時間の差により計算される差異

予算差異
　製造間接費について、予算許容額と実際発生額の差により計算される差異

能率差異
　標準操業度と実際操業度の差により計算される差異

操業度差異
　標準操業度（または実際操業度）と基準操業度の差により計算される差異

Section
重要度

1 標準原価計算の基礎知識

> この Section では、原価計算基準にもとづいて標準原価計算の目的を学習します。
> 標準原価計算は、管理会計とも関連しますが、製品原価計算や工業簿記との関連が深い論点です。過去の検定試験でも、ほとんどが工業簿記で出題されています。

1 | 標準原価計算とは

▸ 標準原価計算は、実際原価計算では原価管理に役立つ情報を提供できないため、この欠点を克服するために工夫された原価計算方式です。

▸ 製品原価の計算を原価の目標値である標準原価によって計算し、これと実際原価を比較することにより、無駄のある箇所を突き止めて改善に役立てます。

2 | 標準原価計算の目的

▸ 標準原価計算の目的として、原価計算基準では以下の4つが挙げられています。

● 原価管理目的

原価管理を行うためには、どの程度の無駄が生じたかを測定するための能率的な尺度が必要です。

しかし、実際原価には価格や能率、操業度などについて偶然的要素が含まれるため[01]、過去の実際原価と比較してもどの程度の無駄が生じたのかを測定することはできません。

そこで、能率的な尺度(目標値)として標準原価を設定しておき、実際原価と比較を行うことにより原価管理に役立てます。

● 財務諸表作成目的

貸借対照表や損益計算書の作成にあたり、標準原価によって計算した棚卸資産や売上原価の金額を用います[02]。

● 予算管理目的

標準原価は、製造予算の策定や予算損益計算書の作成などの予算編成にも利用されます[03]。

01) このことから、実際原価は偶然的原価といわれることがあります。

02) 実際原価との差異が生じている場合には、会計期末に原価差異の会計処理が必要となります。

03) 実績との差異が生じていれば、その原因を分析し、将来の予算編成にフィードバックします。

●記帳の簡略化・迅速化

標準原価計算では、あらかじめ製品１個あたりの標準原価[04]を設定しているため、実際原価の集計を待つことなく製品原価を計算・記帳することができます。

04）原価標準といいます。

また、棚卸資産の受払の記帳に標準原価を用いれば、数量のみの記録で済むため、記帳を簡略化できます。

▸▸ 原価計算基準では次のように規定しています。

四十　標準原価計算の目的

標準原価計算の目的としては、おおむね次のものをあげることができる。

(1) 原価管理を効果的にするための原価の標準として標準原価を設定する。これは標準原価を設定する最も重要な目的である。

(2) 標準原価は、真実の原価として仕掛品、製品等のたな卸資産価額および売上原価の算定の基礎となる。

(3) 標準原価は、予算とくに見積財務諸表の作成に、信頼しうる基礎を提供する。

(4) 標準原価は、これを勘定組織の中に組み入れることによって、記帳を簡略化し、じん速化する。

Section 2 標準原価計算の計算手続

このSectionでは、標準原価計算の計算手続の流れを学習します。
会計期間の期首や期末に行うこと、原価計算期末に行うこと、これらをしっかり区別して、計算手続の流れを常に念頭に置きながら学習を進めることが大切です。

1 | 標準原価計算の計算手続

▶ 標準原価計算は次のような流れで行われます。

①期首にあらかじめ製品1個あたりの標準製造原価を決めておき、②毎月それを用いて原価を計算し記帳も行います。さらに、③実際原価を集計し、④標準原価と実際原価との差額を標準原価差異として把握し、分析を行います。⑤会計期末には標準原価差異をその発生状況に応じて適切に処理します。

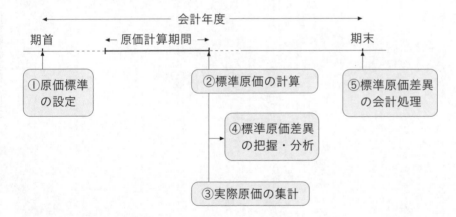

▶ 計算の流れは2級でも学習しましたが、復習もかねて次の問題で改めて見ていきましょう。

Q **2-1** | 標準原価計算の計算手続 |

当社では、標準規格品Nを製造しており、標準原価計算制度を採用している。次の資料にもとづいて、完成品原価、月末仕掛品原価および月初仕掛品原価の金額と当月の標準原価差異（不利差異の場合は金額の前に△を付すこと）を計算しなさい。

📄 資料

1. 製品N1個あたりの標準原価

製品N1個の製造に要する直接材料の標準消費量は4kg、標準単価は250円／kgであり、すべて工程の始点で投入される。製品N1個の加工に要する標準直接作業時間は2時間、標準賃率は600円／時間である。製造間接費予算は月額4,480,000円（変動費：2,720,000円、固定費：1,760,000円）、配賦基準は直接作業時間であり、月間の正常直接作業時間は3,200時間である。

2. 生産データ

月初仕掛品	300個（50%）
当月投入	1,450個
合計	1,750個
月末仕掛品	250個（80%）
完成品	1,500個

3. 実際原価データ

直接材料費	1,516,000円
直接労務費	1,823,000円
製造間接費	4,397,000円

＊（ ）内は加工進捗度を表している。

CHAPTER **10** 標準原価計算の基本

A | 2-1 | 解答 |

完成品原価	月末仕掛品原価	月初仕掛品原価
7,500,000円	1,050,000円	900,000円

標準原価差異	直接材料費差異	直接労務費差異	製造間接費差異
△86,000円	△66,000円	37,000円	△57,000円

💡 | 2-1 | 解説 |

1. 原価標準の設定

製品1個あたりの標準製造原価を原価標準といい、製品ごとにまとめたものは標準原価カードといいます。原価標準は科学的・統計的調査を行い、その結果に過去の実績を加味して設定されます[01]。

01）こうして設定された原価標準は「無駄なく生産すればこの金額で作れるはず」という原価発生の目標値となります。

```
                製品Nの標準原価カード
直接材料費   （標準価格）  ×  （標準消費量）
            250円／kg        4kg      =   1,000円
直接労務費   （標準賃率）  ×  （標準作業時間）
            600円／時間       2時間     =   1,200円
製造間接費   （標準配賦率）* ×  （標準配賦基準）
            1,400円／時間      2時間     =   2,800円
   合   計                              5,000円
```

＊標準配賦率：4,480,000円（製造間接費予算）÷3,200時間（正常直接作業時間）＝1,400円／時間

2. 標準原価の計算

　ここでは計算方法を中心に解説します。記帳処理については、次の Section 3 で詳しく見ていきます。

(1) 生産データの整理

仕　掛　品

月初　　300 個	完成
（150 個）	1,500 個
当月投入	
1,450 個	月末　　250 個
（1,550 個）	（200 個）

(2) 完成品原価

　原価標準に完成品数量を掛けて計算します。

　　@5,000 円（原価標準）× 1,500 個（完成品数量）= 7,500,000 円

(3) 月末仕掛品原価、月初仕掛品原価

　仕掛品原価も原価標準を使って計算します。ただし、加工費については総合原価計算のときと同じように加工進捗度を加味した仕掛品数量を用います。

　　月末仕掛品：@1,000 円× 250 個 +（@1,200 円 + @2,800 円）×200 個 = 1,050,000 円
　　　　　　　　　　　　　　　　　　　　　　加工費

　　月初仕掛品：@1,000 円× 300 個 +（@1,200 円 + @2,800 円）×150 個 = 900,000 円

(4) 当月投入量に対する標準原価

　標準原価計算は当月の製造活動における無駄や非能率を排除することを目的としているため、当月投入量に対する標準原価が「当月はこの金額内に収めるべきであった」という目標値となります。この目標値と実際原価（当月の実際発生額）を比較して差異分析が行われます。

　　標準直接材料費：@1,000 円× 1,450 個 ＝ 1,450,000 円

　　標準直接労務費：@1,200 円× 1,550 個 ＝ 1,860,000 円

　　標準製造間接費：@2,800 円× 1,550 個 ＝ 4,340,000 円

　　　　　　　　　　　　　　　　　　　　　　 7,650,000 円

3. 実際原価の集計

　目標値に対して、「実際にはいくらかかったのか」という原価の実際発生額を別途集計します。

　　1,516,000 円 + 1,823,000 円 + 4,397,000 円 = 7,736,000 円

4. 標準原価差異の把握・分析

当月の標準原価と実際原価を比較して標準原価差異を把握します。

標準原価差異：7,650,000 円 − 7,736,000 円 ＝△ 86,000 円

費目別の内訳を示すと次のとおりです。

直接材料費：1,450,000 円 − 1,516,000 円 ＝△ 66,000 円

直接労務費：1,860,000 円 − 1,823,000 円 ＝ ＋ 37,000 円

製造間接費：4,340,000 円 − 4,397,000 円 ＝△ 57,000 円

△ 86,000 円

当月は合計で 86,000 円だけ目標値を上回ってしまいました。その原因は標準原価差異の分析を行うことにより判明するのですが、これについては Section 4 で見ていきます。

5. 標準原価差異の会計処理

毎原価計算期間ごとに差異を把握し、標準原価差異勘定へと振り替えていきます。すると、会計期末には 12 カ月分の差異残高が残ります。

この金額は原則として売上原価に賦課することを 2 級では学習しましたが、1 級では「予定価格等が不適当なため比較的多額な差異が生じる場合」など別のケースを新たに学習します。この原価差異の処理については Chapter 11 で扱います。

参考 | 原価標準と標準原価

▶▶ 　原価標準と標準原価はどちらも製品 1 個あたりの標準製造原価という意味で使われることがありますが、厳密には次のような違いがあります。

● 原価標準

　原価標準は製品単位あたりの目標原価であり、生産前にあらかじめ設定するものなので、事前原価と呼ばれます。

● 標準原価

　標準原価は実際投入量に対する目標原価であり、生産後に計算されるため、事後原価と呼ばれます。

このSectionでは、標準原価計算での勘定記入の方法を学習します。
2級で学習したシングル・プランとパーシャル・プランに加えて、修正パーシャル・プランという方法が登場します。といっても、1級では修正パーシャル・プランしか出題されないわけではありませんので、すべての方法について特徴を整理しておくことが必要です。

1 勘定記入の方法

▶ 標準原価計算では、標準原価をどのタイミングで勘定に組み込むかにより、パーシャル・プランとシングル・プランとに大別されます。

2 パーシャル・プラン

▶ パーシャル・プラン[01]とは、仕掛品勘定の借方の当月投入は実際原価で記入し、それ以降の仕掛品勘定の貸方は標準原価で記入します。そのため、仕掛品勘定で標準原価差異が把握されます。

なお、月初仕掛品は月末仕掛品が翌月に繰り越されたものなので、標準原価で記入することになります。

01) パーシャルとは「部分的な」という意味です。仕掛品勘定に実際原価が部分的に入り込むことから、このように呼ばれます。

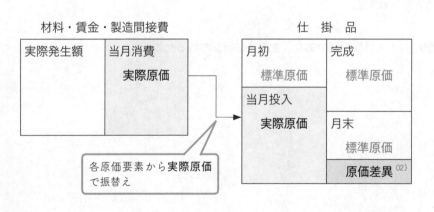

02) すべての差異（価格差異と数量差異）が仕掛品勘定で把握されます。

3 | シングル・プラン

シングル・プラン[03] とは、仕掛品勘定をすべて標準原価で記入する方法をいいます。そのため、各原価要素の勘定で標準原価差異が把握されます。

03) シングルとは「単一の」という意味です。仕掛品勘定が一つの原価（標準原価）で記入されることから、このように呼ばれます。

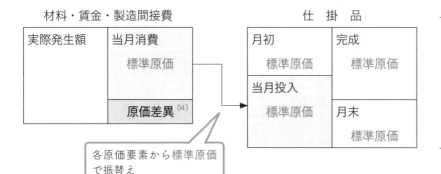

材料・賃金・製造間接費

実際発生額	当月消費
	標準原価
	原価差異[04]

仕 掛 品

月初	完成
標準原価	標準原価
当月投入	
標準原価	月末
	標準原価

各原価要素から標準原価で振替え

04) すべての差異（価格差異と数量差異）が各原価要素の勘定で把握されます。

Q | 3-1 | 標準原価計算の勘定記入①

当社では、標準規格製品Yを量産しており、標準原価計算制度を採用している。
次の資料をもとに、各問に答えなさい。

📋 資料

1. 原価標準（製品1個あたりの標準原価）

```
            標準原価カード

直接材料費 ：@100円 × 50 kg ＝ 5,000円
直接労務費 ：@500円 × 4時間 ＝ 2,000円
製造間接費 ：@750円 × 4時間 ＝ 3,000円
  合  計                     10,000円
```

（注）製造間接費は、直接作業時間を基準に配賦している。

2. 当月の生産データ

月初仕掛品	4 個（0.5）
当月投入	21 個
合 計	25 個
月末仕掛品	5 個（0.2）
完 成 品	20 個

（注1）直接材料は、工程の始点ですべて投入される。
（注2）（　）の数値は加工進捗度を示す。

3. 当月の実際製造費用

直接材料費	126,000 円
直接労務費	38,400 円
製造間接費	80,600 円

問1 パーシャル・プランにより勘定記入を行いなさい。

問2 シングル・プランにより勘定記入を行いなさい。

問1 パーシャル・プラン

材　料　（単位：円）			
買　掛　金	126,000	仕　掛　品	126,000

賃　金　（単位：円）			
諸　　　口	38,400	仕　掛　品	38,400

製造間接費　（単位：円）			
諸　　　口	80,600	仕　掛　品	80,600

仕　掛　品　（単位：円）			
月初仕掛品	30,000	製　　　品	200,000
材　　　料	126,000	月末仕掛品	30,000
賃　　　金	38,400	原　価　差　異	45,000
製造間接費	80,600		
	275,000		275,000

問2 シングル・プラン

材　料　（単位：円）			
買　掛　金	126,000	仕　掛　品	105,000
		原　価　差　異	21,000
	126,000		126,000

賃　金　（単位：円）			
諸　　　口	38,400	仕　掛　品	38,000
		原　価　差　異	400
	38,400		38,400

製造間接費　（単位：円）			
諸　　　口	80,600	仕　掛　品	57,000
		原　価　差　異	23,600
	80,600		80,600

仕　掛　品　（単位：円）			
月初仕掛品	30,000	製　　　品	200,000
材　　　料	105,000	月末仕掛品	30,000
賃　　　金	38,000		
製造間接費	57,000		
	230,000		230,000

　パーシャル・プランとシングル・プランで異なるのは、原価差異が把握されるタイミングのみです。差異の金額に違いはありませんので、まとめて見ていきます。

1. 生産データの整理

仕　掛　品			
月初	4個	完成	
	（2個）		20個
当月投入			
	21個	月末	5個
	（19個）		（1個）

2. 各金額の計算

どちらの記帳方法であっても、仕掛品勘定の月初・月末仕掛品、完成品は標準原価で記入されます。

(1) 完成品

@10,000 円 × 20 個 = 200,000 円

(2) 月初仕掛品

@5,000 円 × 4 個 + (@2,000 円 + @3,000 円) × 2 個 = 30,000 円
                    ＿＿＿＿＿＿＿＿＿＿＿＿＿＿
                           加 工 費

(3) 月末仕掛品

@5,000 円 × 5 個 + (@2,000 円 + @3,000 円) × 1 個 = 30,000 円

(4) パーシャル・プラン採用時の仕掛品勘定への振替額

各原価要素から実際原価で振り替えます。

(5) シングル・プラン採用時の仕掛品勘定への振替額 [05]

各原価要素から標準原価で振り替えます。

直接材料費：@5,000 円 × 21 個 = 105,000 円

直接労務費：@2,000 円 × 19 個 = 38,000 円

製造間接費：@3,000 円 × 19 個 = 57,000 円

05) 当月投入量に対応する標準原価を計算します。

(6) 原価差異 [06]

各勘定の貸借差額によって求めます。

06) 計算によって求めることもできますが、詳しい方法については次の Section で見ていきます。

CHAPTER 10 標準原価計算の基本

4 | 修正パーシャル・プラン

▶ 修正パーシャル・プランとは、製造工程において管理不能な差異 [07] (価格差異、賃率差異) は各原価要素で把握し、管理可能な差異 (数量差異、作業時間差異) は仕掛品勘定で把握する勘定記入の方法です。

▶ このように原価差異を把握するタイミングを分けることで、より原価管理に役立つ情報を経営者に提供することができます。

▶ なお、勘定記入上、製造間接費についてはパーシャル・プランと同様、実際発生額を仕掛品勘定へ振り替えます。

07) 材料の消費量、工員の作業時間等は製造工程で管理することができますが、材料の購入価格、工員の賃率は市価の変動等、外部要因によって生じるため、製造工程で管理することはできません。

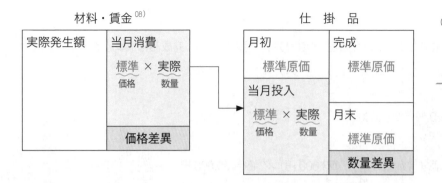

材料・賃金 (08)

実際発生額	当月消費
	標準 × 実際 価格　　数量
	価格差異

仕 掛 品

月初 　標準原価	完成 　標準原価
当月投入 　標準 × 実際 　価格　　数量	月末 　標準原価
	数量差異

08) 製造間接費については、パーシャル・プランと同様の記入方法になるため、原価差異はすべて仕掛品勘定で把握します。

● 標準原価計算における記帳の特徴

　ここまで学習した内容からわかるとおり、標準原価計算を採用している場合、仕掛品勘定の完成品と月初・月末仕掛品はどの記帳方法を採用している場合であっても標準原価で記帳されます。

Q ｜ 3-2 ｜ 標準原価計算の勘定記入② ｜

　次の資料にもとづいて、修正パーシャル・プランによる勘定記入を行いなさい。

📋 資料

1. 標準原価カード

標準原価カード（製品1単位あたり）			
直接材料費：	@300円 ×	8 kg =	2,400円
直接労務費：	@600円 ×	5 時間 =	3,000円
製造間接費：	@1,300円 ×	7 時間 =	9,100円
合　計			14,500円

2. 生産データ（当月実績）

　月初仕掛品 200 個（0.8）、当月投入 1,000 個、月末仕掛品 300 個（0.5）、完成品 900 個

　（注）材料は始点投入される。（　）の数値は加工進捗度である。

3. 原価データ（当月実績）

　(1) 直接材料費

　　当月仕入高　@310 円× 8,300 kg = 2,573,000 円

　　次月繰越高　220 kg

　　（注）当月において、棚卸減耗は生じていない。

　(2) 直接労務費

　　実際発生額　2,740,400 円（実際直接作業時間　4,420 時間）

　(3) 製造間接費

　　実際発生額　8,341,500 円（実際機械作業時間　6,350 時間）

材　　料		（単位：円）	
買　掛　金	2,573,000	仕　掛　品	2,424,000
		次　月　繰　越	68,200
		原　価　差　異	80,800
	2,573,000		2,573,000

仕　　掛　　品		（単位：円）	
月初仕掛品	2,416,000	製　　　　品	13,050,000
材　　　　料	2,424,000	月末仕掛品	2,535,000
賃　　　　金	2,652,000	原　価　差　異	248,500
製造間接費	8,341,500		
	15,833,500		15,833,500

賃　　金		（単位：円）	
諸　　　口	2,740,400	仕　掛　品	2,652,000
		原　価　差　異	88,400
	2,740,400		2,740,400

製造間接費		（単位：円）	
諸　　　口	8,341,500	仕　掛　品	8,341,500

3-2 | 解説

1. 生産データの整理

仕　掛　品

月初	200 個	完成	
	（160 個）		900 個
当月投入	1,000 個		
	（ 890 個）	月末	300 個
			（150 個）

2. 仕掛品勘定への振替額

修正パーシャル・プランでは、材料・賃金は「標準価格 × 実際数量」で振り替え、製造間接費は実際発生額で振り替えます。

材　　料：@300 円×（8,300 kg － 220 kg）= 2,424,000 円
　　　　　　標準単価　　　　　実際消費量

賃　　金：@600 円× 4,420 時間 = 2,652,000 円
　　　　　　標準賃率　実際直接作業時間

製造間接費：8,341,500 円（実際発生額）

3. 仕掛品勘定の記入

月初仕掛品、月末仕掛品、完成品は標準原価で記入されます。

月初仕掛品：@2,400 円× 200 個 +（@3,000 円 + @9,100 円）×160 個 = 2,416,000 円

月末仕掛品：@2,400 円× 300 個 +（@3,000 円 + @9,100 円）×150 個 = 2,535,000 円

製　　　品：@14,500 円× 900 個 = 13,050,000 円

なお、原価差異については各勘定の貸借差額により求めます。

CHAPTER
10
標準原価計算の基本

5 | 材料受入価格差異と勘定記入

▶ 材料の購入時から標準単価を用いて処理する場合があります。このような場合には、実際単価を用いた場合との差額を材料受入価格差異として処理します。

> **材料受入価格差異 ＝（標準単価 － 実際単価）× 実際購入量**

▶ 購入段階から標準単価で記帳するメリットとしては、次の2点があります。

● **計算の簡略化・記帳の迅速化**

購入数量さえ判明すれば、実際購入原価の計算[09]を待たずに記帳できるため、計算の簡略化と記帳の迅速化が図れます。

● **購買活動の管理に役立つ**

価格差異が生じる原因は「いくらで仕入れたか」という購買活動にあるため、消費時ではなく購入時に差異を認識することにより購買部門の責任をより明確にできます。

09）一部の材料副費は購入時には判明しないため、実際単価によると記帳が遅れるだけでなく、計算事務が煩雑になります。

Q | ∃-∃ | **材料購入時に標準価格を適用する場合**

次の資料にもとづいて、修正パーシャル・プランによる勘定記入を行いなさい。当社では仕掛品勘定を原価要素別に独立させている。

📋 **資料**

1. 原価標準

標準原価カード（製品1単位あたり）			
直接材料費：	@300円 ×	8 kg =	2,400円
直接労務費：	@600円 ×	5 時間 =	3,000円
製造間接費：	@1,300円 ×	7 時間 =	9,100円
合　計			14,500円

2. 生産データ（当月実績）

月初仕掛品　200 個（0.8）、当月投入　1,000 個、月末仕掛品　300 個（0.5）、完成品　900 個

（注）材料は始点投入される。（　）内の数値は加工進捗度である。

3. 原価データ（当月実績）

● 直接材料費

前月繰越高　なし

当月仕入高　（掛）@310 円× 8,300 kg ＝ 2,573,000 円

次月繰越高　220 kg

（注）当月において、棚卸減耗は生じていない。なお、材料の価格差異は材料購入時に把握する。

	材　　料　　（単位：円）		
買　掛　金	2,490,000	仕掛品-直接材料費	2,424,000
		次 月 繰 越	66,000
	2,490,000		2,490,000

	仕掛品－直接材料費　（単位：円）		
月初仕掛品	480,000	製　　　品	2,160,000
材　　　料	2,424,000	月末仕掛品	720,000
		原 価 差 異	24,000
	2,904,000		2,904,000

	材料受入価格差異　（単位：円）		
買　掛　金	83,000		

ㅣ 3-3 ｜ 解説 ｜

(1) 材料勘定

　材料の受入時から標準単価で記帳するため、購入高、消費高、次月繰越高はすべて標準単価で記帳されます。

① 買掛金（当月購入高）

　@300 円× 8,300 kg = 2,490,000 円

　購入時の仕訳を示すと次のとおりです。

> （借）材　　　　　料 2,490,000　（貸）買　　掛　　金 2,573,000
> 　　　材料受入価格差異　　 83,000 *

　*（@300 円 − @310 円）× 8,300 kg = △ 83,000 円（不利差異）または貸借差額

② 仕掛品－直接材料費

　標準単価×実際消費量で仕掛品勘定へ振り替えます。

　@300 円×（8,300 kg − 220 kg）= 2,424,000 円

③ 次月繰越

　@300 円× 220 kg = 66,000 円

(2) 仕掛品－直接材料費勘定

　月初・月末仕掛品と完成品は標準原価により記帳されます。

　月初仕掛品：@2,400 円× 200 個 = 480,000 円

　材　　　料：材料勘定より 2,424,000 円

　製　　　品：@2,400 円× 900 個 = 2,160,000 円

　月末仕掛品：@2,400 円× 300 個 = 720,000 円

　原 価 差 異：貸借差額

標準原価差異の分析

標準原価差異の分析は、得意不得意がはっきりと分かれる論点です。
　ボックス図による計算や、シュラッター＝シュラッター図による計算をマスターすることは重要ですが、その形式を丸暗記するだけの学習ではなかなか得意分野にすることはできません。それぞれの差異の意味をよく理解したうえで計算練習を重ねることが大切です。

1 | 標準原価差異の分析

▶　差異の発生原因を知るためには、標準原価差異分析が必要になります。標準原価差異分析は直接材料費、直接労務費、製造間接費のそれぞれについて行います。

2 | 直接材料費・直接労務費の差異分析

1. 直接材料費の差異分析

▶　標準直接材料費と実際直接材料費の差額として計算された直接材料費差異は、原因別に次のように分析することができます。

(1) 価格差異

　不利（有利）差異は、材料を高い（低い）価格で購入したことによる材料費の超過額（節約額）を表します。材料価格の相場の変動などにより発生します[01]。

(2) 数量差異[02]

　不利（有利）差異は、材料を多く使いすぎた（あまり使わなかった）ことによる材料費の超過額（節約額）を表します。工員の失敗や機械の不良などが原因です[03]。

▶　直接材料費差異の分析は、次のボックスを使って行います[04]。

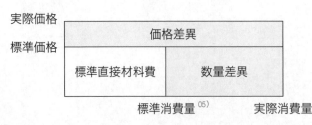

実際価格	価格差異	
標準価格	標準直接材料費	数量差異

標準消費量[05]　　　実際消費量

01) 企業外部の管理不能な原因によって発生することが多いです。

02) 数量差異は、消費量差異ともいいます。

03) 企業内部の管理可能な原因によって発生することが多いです。

04) 必ずボックスの内側を「標準」、外側を「実際」とします。

05) 計算例
【1個あたりの標準消費量が5kgの場合】

仕掛品

月初	完成
60 個	120 個
当月	月末
100 個	40 個

100 個× 5 kg ＝ 500 kg
当月投入量

価格差異 ＝（標準価格 － 実際価格）×実際消費量
数量差異 ＝ 標準価格×（標準消費量 － 実際消費量）

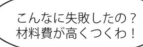

こんなに失敗したの？
材料費が高くつくわ！

2. 直接労務費の差異分析

標準直接労務費と実際直接労務費の差額として計算された直接労務費差異については、原因別に次のように分析することができます。

(1) 賃率差異

不利（有利）差異は、高い賃率になってしまった（低い賃率で済んだ）ことによる労務費の超過額（節約額）を表しています。賃金相場の変動などにより発生します[06]。

(2) 作業時間差異

不利（有利）差異は、作業時間がかかりすぎた（少なくて済んだ）ことによる労務費の超過額（節約額）を表しています。例えば工員や監督の怠慢、作業での失敗などが原因です[07]。

直接労務費差異の分析は、次のボックスを使って行います[08]。

標準作業時間[09]　　　実際作業時間

賃率差異 ＝（標準賃率 － 実際賃率）× 実際作業時間
作業時間差異 ＝ 標準賃率 ×（標準作業時間 － 実際作業時間）

06) 賃率が上がれば不利差異に、下がれば有利差異になります。

07) 工員が効率的に作業をすれば有利差異に、効率が悪ければ不利差異になります。

08) 直接材料費差異のボックスと形は同じです。

09) 計算例
【1個あたりの消費作業時間が2時間の場合】

仕掛品

月初 （30 個）	完成 120 個
当月 （110 個）	月末 （20 個）

110 個×2 時間＝220 時間
当月投入量（完成品換算量）

Q | 4-1 | **直接材料費・直接労務費の差異分析**

次の資料により、直接材料費、直接労務費について差異分析を行いなさい。なお、直接材料費
差異は価格差異と数量差異に、また直接労務費差異は賃率差異と作業時間差異とに細分しなさい。

📄 **資料**

1. 標準原価カード（一部）

直接材料費　@300 円× 8 kg　＝ 2,400 円	
直接労務費　@600 円× 6 時間 ＝ 3,600 円	

2. 実際発生額

直接材料費　@308 円× 21,220 kg ＝ 6,535,760 円
直接労務費　@ ？ 円× 15,690 時間＝ 9,727,900 円

3. 当月の生産データ

月 初 仕 掛 品	250 個（40%）
当 月 投 入	2,630 個
合　　　計	2,880 個
月 末 仕 掛 品	380 個（60%）
完 成 品 個	2,500 個

（注）カッコの数値は加工進捗度を示す。

A | 4-1 | **解答**

直接材料費差異	価格差異	数量差異
223,760 円（不利）	169,760 円（不利）	54,000 円（不利）
直接労務費差異	賃率差異	作業時間差異
267,100 円（不利）	313,900 円（不利）	46,800 円（有利）

1. 標準消費量と標準作業時間の計算

仕 掛 品

月初	250 個	完成	
	（100 個）		2,500 個
当月投入			
	2,630 個		
	（2,628 個）	月末	380 個
			（228 個）

▶ 標準消費量 10)：2,630 個 × 8 kg ＝ 21,040 kg

▶ 標準作業時間：2,628 個 × 6 時間 ＝ 15,768 時間

10) 仮に、材料が工程を通じて平均的に投入される場合には、完成品換算量を使って標準消費量を計算します。

2. 直接材料費差異の分析

実際価格 @ 308 円

標準価格 @ 300 円

価格差異 △ 169,760 円
数量差異 △ 54,000 円

標準消費量　　　実際消費量
21,040 kg　　　21,220 kg

直接材料費差異：@300 円 × 21,040 kg − 6,535,760 円 ＝ △ 223,760 円（不利差異）

価格差異：（@300 円 − @308 円）× 21,220 kg ＝ △ 169,760 円（不利差異）

数量差異：@300 円 ×（21,040 kg − 21,220 kg）＝ △ 54,000 円（不利差異）

3. 直接労務費差異の分析

本問のように、実際賃率が不明な場合の賃率差異は、標準賃率 × 実際作業時間（▯▯▯部分）と実際直接労務費の差額から計算します。

ボックス全体が実際直接労務費

実際賃率 @ ? 円

標準賃率 @ 600 円

賃率差異 △ 313,900 円
作業時間差異 ＋ 46,800 円

標準作業時間　　　実際作業時間
15,768 時間　　　15,690 時間

直接労務費差異：@600 円 × 15,768 時間 − 9,727,900 円 ＝ △ 267,100 円（不利差異）

賃率差異：@600 円 × 15,690 時間 − 9,727,900 円 ＝ △ 313,900 円（不利差異）

作業時間差異：@600 円 ×（15,768 時間 − 15,690 時間）＝ ＋ 46,800 円（有利差異）

3 | 製造間接費の差異分析

1. 製造間接費の差異分析の基本

▶ 製造間接費予算の設定方法には、公式法変動予算、固定予算、実査法変動予算があります[11]。

それぞれ違いはあるものの、どの方法を採用していても製造間接費差異は基本的に次の3つに分類されます。

(1) 予算差異

不利（有利）差異は、製造間接費を浪費（節約）したことを表します。補助材料、消耗品や電力などの浪費（節約）によって発生します。

(2) 能率差異

不利（有利）差異は、作業時間がかかりすぎた（少なくて済んだ）ことによる製造間接費の超過額（節約額）を表します。

公式法変動予算を採用している場合、能率差異はさらに変動費能率差異と固定費能率差異に分かれます。

(3) 操業度差異

不利（有利）差異は、実際操業度が基準操業度を下回った（上回った）ために生じた製造間接費の配賦不足（超過）を示します。需要が減ったことによる受注の不足や機械の故障による生産停止などが原因で発生します。

▶ ここでは、まず公式法変動予算を前提とした差異分析について見ていきます。

2. 差異分析の方法

▶ 公式法変動予算を採用している場合の差異分析は、次のシュラッター＝シュラッター図を使って行います[12]。

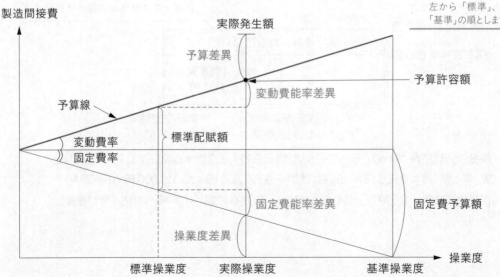

① **予算差異 ＝ 実際操業度に対する予算許容額 － 実際発生額**
　　　　　変動費率 × 実際操業度 ＋ 固定費予算額

② **変動費能率差異 ＝ 変動費率 ×（標準操業度 － 実際操業度）**

③ **固定費能率差異 ＝ 固定費率 ×（標準操業度 － 実際操業度）**

④ **操業度差異 ＝ 固定費率 ×（実際操業度 － 基準操業度）**

▶　上の例では製造間接費差異を4つの要素に分けて把握しましたが、これをどのように分類して認識するかについては、次のように様々な方法があります。

	四分法	三分法（1）	三分法（2）	二分法
①	予算差異	予算差異	予算差異	管理可能差異
②	変動費能率差異	能率差異	能率差異	
③	固定費能率差異		操業度差異	管理不能差異
④	操業度差異	操業度差異		

▶　4つのうち、どの分析方法が問われているかは、問題文や答案用紙 [13] から判断します。

13) 問題文からは判断できなくても、答案用紙に印字された差異の名称から判断できる場合があります。

▶　例えば、「操業度差異は標準操業度を基準として計算すること」という指示があれば、固定費率×（標準操業度－基準操業度）で計算する三分法（2）が問われていると判断します。

Q 4-2 **｜公式法変動予算による差異分析｜**

　次の資料にもとづいて、公式法変動予算による製造間接費差異の分析を行いなさい。なお、能率差異は変動費と固定費からなるものとする。

◻ 資料

1. 製造間接費の標準は 750 円／個（＝ 300 円／時間 ×2.5 時間／個）である。

2. 製造間接費予算額は変動費 100,000 円、固定費 200,000 円である。
　　配賦基準は機械作業時間であり、月間の正常操業時間は 1,000 時間である。

3. 生産データ
　　月初仕掛品は 180 個（5/6）、当月完成品は 400 個、月末仕掛品は 120 個（3/4）であった。
　　＊（　）内は加工進捗度を表している。

4. 当月の実際機械作業時間は 900 時間、製造間接費実際発生額は 310,000 円であった。

A 4-2 **｜解答｜**

製造間接費差異	予算差異	能率差異	操業度差異
55,000 円（不利）	20,000 円（不利）	15,000 円（不利）	20,000 円（不利）

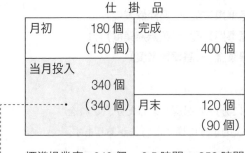 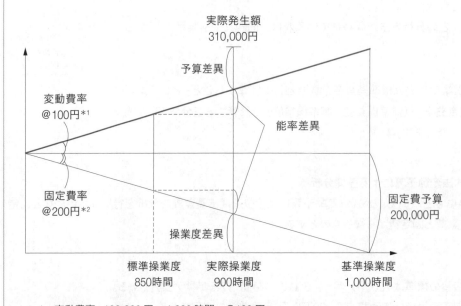

1. 標準操業度の計算

仕　掛　品

月初	180 個	完成	
	（150 個）		400 個
当月投入			
	340 個		
	（340 個）	月末	120 個
			（90 個）

▶ 標準操業度：340 個× 2.5 時間 = 850 時間

2. 製造間接費差異の分析

　本問では、問題文に「能率差異は変動費と固定費からなるものとする」とあるため、三分法(I)により差異分析を行います。

実際発生額
310,000円

予算差異

変動費率
@100円*1

能率差異

固定費率
@200円*2

固定費予算
200,000円

操業度差異

標準操業度	実際操業度	基準操業度
850時間	900時間	1,000時間

＊1　変動費率：100,000 円÷ 1,000 時間＝@100 円

＊2　固定費率：200,000 円÷ 1,000 時間＝@200 円

製造間接費差異：@300 円× 850 時間− 310,000 円＝△ 55,000 円

予　算　差　異：（@100 円× 900 時間＋ 200,000 円）− 310,000 円＝△ 20,000 円

能　率　差　異：@300 円×（850 時間− 900 時間）＝△ 15,000 円

操業度差異：@200 円×（900 時間− 1,000 時間）＝△ 20,000 円

4 | 固定予算と差異分析

▶▶ 固定予算は、実際操業度と基準操業度が異なる場合においても、常に基準操業度に対する予算額を達成目標（予算許容額）とする方法です[14]。

変動予算では、実際操業度に応じて予算許容額も変化しますが、固定予算では、予算許容額が基準操業度に対する予算額に固定されます。

[14] 製造間接費の大部分が固定費である場合や実際操業度と基準操業度が常に近い値である場合にのみ、原価管理に有効な方法です。

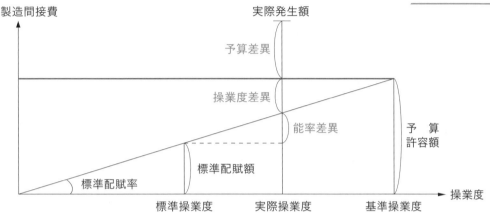

製造間接費差異 ＝ 標準配賦額 － 実際発生額
予 算 差 異 ＝ 予算許容額 － 実際発生額
能 率 差 異 ＝ 標準配賦率 ×（標準操業度 － 実際操業度）
操 業 度 差 異 ＝ 標準配賦率 × 実際操業度 － 予算許容額
　　　　　　　または、標準配賦率 ×（実際操業度 － 基準操業度）

CHAPTER 10 標準原価計算の基本

Q | 4-3 | 固定予算による差異分析 |

次の資料をもとに固定予算による製造間接費の差異分析を行いなさい。

🗒 資料

1. 製造間接費月間予算

　製造間接費予算　300,000円

　月間の基準操業度は1,000時間であり、製品単位あたりの標準直接作業時間は0.5時間である。

2. 当月の実績データ

　当月完成品　1,520個（月初および月末に仕掛品はなかった）

　製造間接費実際発生額　282,000円（実際直接作業時間800時間）

A | 4-3 | 解答 |

製造間接費差異	予算差異	能率差異	操業度差異
54,000円（不利）	18,000円（有利）	12,000円（不利）	60,000円（不利）

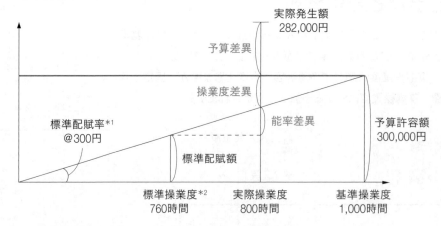

* 1　標準配賦率：300,000 円 ÷ 1,000 時間 = @300 円

* 2　標準操業度：1,520 個 × 0.5 時間 = 760 時間

製造間接費差異：@300 円 × 760 時間 − 282,000 円 = △ 54,000 円（不利差異）

予　算　差　異：300,000 円 − 282,000 円 = 18,000 円（有利差異）

能　率　差　異：@300 円 ×（760 時間 − 800 時間）= △ 12,000 円（不利差異）

操　業　度　差　異：@300 円 × 800 時間 − 300,000 円 = △ 60,000 円（不利差異）

　　　　　　　　　または、@300 円 ×（800 時間 − 1,000 時間）= △ 60,000 円（不利差異）

参考 | 実査法変動予算（多桁式変動予算）[15]
（たけたしき）

実査法変動予算とは、予期される範囲内でいくつかの操業度を一定間隔で設け、各操業度における予算額を個別的に実査して算定する方法です[16]。

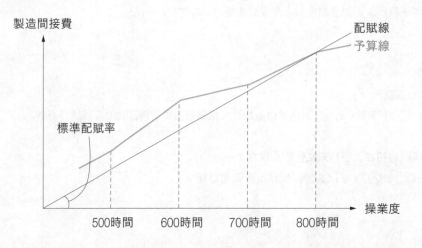

実査法変動予算では、実際操業度があらかじめ設けた操業度にない場合には、補間法により予算許容額を計算します[17]。

15) 実際原価計算における差異分析でも学習しました（3-21 ページ参照）。標準原価計算では新たに能率差異の分析が加わります。

16) 各操業度における間接費を費目別に実査し、それらの合計額を予算額とします。

17) 上図を例にすると、実際操業度が 580 時間の場合、500 時間と 600 時間の間における予算額の変化は直線的であるとみなして予算許容額を計算します。

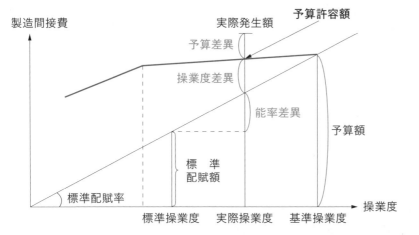

製造間接費差異 ＝ 標準配賦額 － 実際発生額
予 算 差 異 ＝ 実際操業度における予算許容額 － 実際発生額
能 率 差 異 ＝ 標準配賦率 × （標準操業度 － 実際操業度）
操 業 度 差 異 ＝ 標準配賦率 × 実際操業度 － 実際操業度における予算許容額

▶▶ 具体的な計算方法は次の問題で見ていきます。

Q | 4-4 | **実査法変動予算による差異分析** |

次の資料をもとに実査法変動予算による製造間接費の差異分析を行いなさい。

📋 **資料**

1. 製造間接費月間予算

操 業 度	80%	90%	100%
製造間接費予算額	230,000 円	280,000 円	300,000 円

月間の基準操業度は 1,000 時間であり、製品単位あたりの標準直接作業時間は 0.5 時間である。

2. 当月の実績データ

当月完成品　1,820 個（月初および月末に仕掛品はなかった）
製造間接費実際発生額　285,000 円（実際直接作業時間 920 時間）

A | 4-4 | **解答** |

製造間接費差異	予算差異	能率差異	操業度差異
12,000 円（不利）	1,000 円（不利）	3,000 円（不利）	8,000 円（不利）

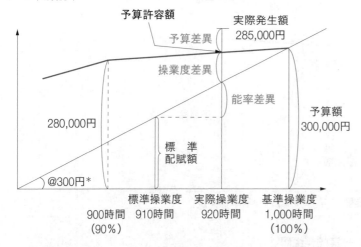

＊標準配賦率：300,000 円÷ 1,000 時間＝＠300 円

1. 予算許容額の計算

実際操業度 920 時間における予算許容額を補間法により計算します。

操業度 900 時間（90％）から 1,000 時間（100％）の間における 1 時間あたりの予算増加額は一定であるとみなして、次のように計算します。

$$280,000 円 + \frac{300,000 円 - 280,000 円}{1,000 時間 - 900 時間} \times (920 時間 - 900 時間) = 284,000 円$$

1 時間あたりの予算増加額 ＠200 円

2. 各差異の計算

製造間接費差異：＠300 円× 910 時間 − 285,000 円＝△ 12,000 円（不利差異）

予　算　差　異：284,000 円（予算許容額）− 285,000 円（実際発生額）＝△ 1,000 円（不利差異）

能　率　差　異：＠300 円×（910 時間 − 920 時間）＝△ 3,000 円（不利差異）

操　業　度　差　異：＠300 円× 920 時間 − 284,000 円（予算許容額）＝△ 8,000 円（不利差異）

Chapter 11

標準原価計算の応用

> **Point**
>
> このChapterでは、1級ならではの少し難易度の高い標準原価計算の応用論点を学習します。
>
> 必ずしも、各Section間のつながりが強いわけではないため、決して途中であきらめずに根気よく学習を続けましょう！

用語集

（本書における）第1法
正常仕損費を原価標準に組み入れるにあたって、原価要素別の標準消費量を正常仕損率の分だけ増やす方法

（本書における）第2法
正常仕損費を原価標準に組み入れるにあたって、正常仕損を含まない原価標準の合計額に正常仕損費を特別費として加える方法

歩留差異
標準歩留率と実際歩留率の差により生じる差異

配合差異
材料の標準配合割合と実際配合割合の差により生じる差異

設備総合効率
工場の設備をどれほど効率的に利用したかを判断するための指標

標準原価差異の会計処理
財務諸表を作成するために、標準原価で計算された売上原価や期末棚卸資産に対して、標準原価差異残高を加算または減算する手続

1 仕損・減損の処理

> このSectionでは、標準原価計算における仕損・減損を学習します。
> 無駄のない生産を目指すとしても、必ずしも仕損や減損をまったく生じさせないということではありません。特に品質管理の厳しい日本企業では、ある程度の仕損はやむを得ずどうしても発生してしまうものです。このような場合、原価標準はどのように設定したらよいでしょうか。

1 | 標準原価総合原価計算における仕損・減損

実際総合原価計算における仕損の処理[01]と考え方は基本的に同じですが、次のような違いがあります。

> 01）「正常仕損（減損）費は良品に負担させる」、「異常仕損（減損）費は非原価とする」という処理のことです。

1. 正常仕損の処理[02]

標準原価計算では製品の原価を原価標準にもとづいて計算するため、仕損が生じる場合にはあらかじめ正常仕損費を原価標準に組み入れておく必要があります。

> 02）仕損と減損は、仕損の評価額の取扱いを除いて同じなので、以下では仕損の処理を中心に見ていきます。

2. 異常仕損の処理

標準原価計算では、正常仕損率を超えて発生した仕損を異常仕損として処理します。なお、異常仕損量は次の算式により把握します。

> **異常仕損量 ＝ 実際仕損量 － 正常仕損量***
> *仕損の発生点を通過した良品の数量 × 正常仕損率

2 | 正常仕損費の原価標準への組入れ

正常仕損費を原価標準に組み入れる方法には、次の2つがあります[03]。

> 03）本書では以下、①を第1法、②を第2法とします。

> ① 原価要素別の標準消費量を正常仕損率の分だけ増やす方法
> ② 正常仕損を含まない原価標準の合計額に正常仕損費を特別費として加える方法

正常仕損率3%の仕損が終点で発生している場合の標準原価カードを例として示すと、次のとおりです。

●仕損費を原価標準に組み入れていない場合

標準原価カード		
直接材料費	1,000円/kg × 5 kg =	5,000円
直接労務費	1,500円/時間 × 2時間 =	3,000円
製造間接費	2,000円/時間 × 2時間 =	4,000円
製品1個あたりの正味標準製造原価		12,000円

●第1法により原価標準に組み入れた場合 [04]

標準原価カード		
直接材料費	1,000円/kg × 5.15 kg =	5,150円
直接労務費	1,500円/時間 × 2.06時間 =	3,090円
製造間接費	2,000円/時間 × 2.06時間 =	4,120円
製品1個あたりの総標準製造原価		12,360円

04) 正常仕損率3%だけ標準消費量を増加させます。
$5 + 5 × 3\% = 5.15$
$2 + 2 × 3\% = 2.06$
または
$5 × 1.03 = 5.15$
$2 × 1.03 = 2.06$

●第2法により原価標準に組み入れた場合 [05]

標準原価カード		
直接材料費	1,000円/kg × 5 kg =	5,000円
直接労務費	1,500円/時間 × 2時間 =	3,000円
製造間接費	2,000円/時間 × 2時間 =	4,000円
製品1個あたりの正味標準製造原価		12,000円
正常仕損費		360円
製品1個あたりの総標準製造原価		12,360円

05) 正常仕損費を特別費として加算します。
$12,000円 × 3\% = 360円$

まずは第1法から見ていきましょう。

Q 1-1 | **標準原価計算における仕損の処理(第1法)**

当社では、製品Xを連続生産しており、パーシャル・プランによる標準原価計算を実施している。原価標準の設定においては、原価要素別の標準消費量に正常仕損分を含めている。以下の資料にもとづいて仕掛品勘定を作成しなさい。

📄 資料

1. 製品Xの正味標準製造原価 (正常仕損を含まない原価)

直接材料費	@500円 × 2 kg =	1,000円
直接労務費	@800円 × 3時間 =	2,400円
製造間接費	@1,200円 × 3時間 =	3,600円
合 計		7,000円

2. 仕損について

工程の終点で仕損が発生する。正常仕損率は良品に対して5%であり、それを超えて発生した仕損を異常仕損として処理する。また、異常仕損に正常仕損費は負担させないものとする。なお、仕損品の評価額はゼロである。

3. 当月の生産データ

完成品800個、月末仕掛品120個（加工進捗度50%）、仕損60個であった。なお、月初仕掛品はなかった。

4. 当月原価発生額

直接材料費　1,032,720円　　直接労務費　2,219,900円　　製造間接費　3,437,900円

A 1-1 | 解答 |

仕　　掛　　品			（単位：円）
直 接 材 料 費	1,032,720	製　　　　　品	5,880,000
直 接 労 務 費	2,219,900	月 末 仕 掛 品	504,000
製 造 間 接 費	3,437,900	標 準 原 価 差 異	306,520
	6,690,520		6,690,520

1-1 | 解説 |

1. 標準原価カードの作成

第1法では、標準消費量を正常仕損率の分だけ増加させます。

標準原価カード			
直接材料費	@500円 × 2.1kg[*1]	=	1,050円
直接労務費	@800円 × 3.15時間[*2]	=	2,520円
製造間接費	@1,200円 × 3.15時間[*2]	=	3,780円
製品1個あたりの総標準製造原価			7,350円

* 1　2kg × 1.05 = 2.1kg
* 2　3時間× 1.05 = 3.15時間

2. 生産データの作成

（1）正常仕損量の扱い

第1法では正常仕損量が標準消費量に組み込まれているため、生産データから除外します。

（2）異常仕損量の扱い

第1法では正常仕損量が組み込まれているため、正常仕損費を負担しない異常仕損費を個別に計算することはできません。そのため、異常仕損量についても生産データから除外します。

その結果、異常仕損費は標準原価差異に混入することになります。これは、異常仕損量が除かれた分だけ、標準消費量が少なく計算されるためです。

(3) 生産データ

仕　掛　品

月初	0 個	完成	
	（ 0 個）		800 個
当月投入			
	920 個		
	（ 860 個）	月末	120 個
			（ 60 個）

> 度外視法に似ていますが、異常仕損量も生産データから除く点が異なります。

3. 仕掛品勘定の記入

パーシャル・プランによるため、借方は実際発生額、貸方は標準原価で記入します。

完成品原価と月末仕掛品原価は、上記 1. の原価標準を使って計算します。

完成品原価：@7,350 円× 800 個 = 5,880,000 円

月末仕掛品：@1,050 円× 120 個 +（@2,520 円＋@3,780 円）× 60 個 = 504,000 円
　　　　　　　　　　　　　　　　　　　　　　　　　正常仕損費を含む

標準原価差異：貸借差額

本問では、正常仕損が終点発生のため、本来であれば月末仕掛品には負担させるべきではありません。しかし、この方法によると正常仕損費を分離できないため、負担義務のない場合でも自動的に負担させてしまいます。

つまり、第 1 法によった場合、実際の仕損の発生状況を無視（度外視）するため、正常仕損費の正確な負担計算ができないことになります。

▶ 続いて、第 2 法について見ていきます。

Q | 1-2 | 標準原価計算における仕損の処理（第2法）|

当社では、製品 X を連続生産しており、パーシャル・プランによる標準原価計算を実施している。原価標準の設定においては、正味の標準製造原価に正常仕損費を特別費として加算している。以下の資料にもとづいて仕掛品勘定を作成しなさい。

📄 資料

1. 製品 X の正味標準製造原価 （正常仕損を含まない原価）

直接材料費	@500 円	×	2 kg	=	1,000 円
直接労務費	@800 円	×	3 時間	=	2,400 円
製造間接費	@1,200 円	×	3 時間	=	3,600 円
合　計					7,000 円

2. 仕損について

工程の終点で仕損が発生する。正常仕損率は良品に対して 5 % であり、それを超えて発生した仕損を異常仕損として処理する。また、異常仕損に正常仕損費は負担させないものとする。なお、仕損品の評価額はゼロである。

3. 当月の生産データ

　完成品 800 個、月末仕掛品 120 個（加工進捗度 50％）、仕損 60 個であった。なお、月初仕掛品はなかった。

4. 当月原価発生額

　直接材料費　1,032,720 円　　直接労務費　2,219,900 円　　製造間接費　3,437,900 円

A　1-2 │ 解答 │

	仕　掛　品		（単位：円）
直 接 材 料 費	1,032,720	製　　　　　品	5,880,000
直 接 労 務 費	2,219,900	異 常 仕 損 費	140,000
製 造 間 接 費	3,437,900	月 末 仕 掛 品	480,000
		標 準 原 価 差 異	190,520
	6,690,520		6,690,520

♀ 1-2 │ 解説 │

1. 標準原価カードの作成

第 2 法では正常仕損費を特別費として加算することにより、原価標準に組み入れます。

標準原価カード				
直接材料費	@500 円	×	2 kg	＝	1,000 円
直接労務費	@800 円	×	3 時間	＝	2,400 円
製造間接費	@1,200 円	×	3 時間	＝	3,600 円
製品 1 個あたりの正味標準製造原価				7,000 円
正常仕損費				350 円*
製品 1 個あたりの総標準製造原価				7,350 円

＊ 7,000 円 × 5％ ＝ 350 円

2. 生産データの作成

（1）正常仕損量の扱い

　第 2 法では、正常仕損費を含まない正味の標準原価と正常仕損費が区別されているため、仕損が生じている良品に対して適切に正常仕損費を負担させることができます。そのため、正常仕損量を考慮した生産データを作成します。

　なお、本問では終点発生のため、完成品のみ正常仕損費を負担します。

　　正常仕損量：800 個（完成品数量）× 5％ ＝ 40 個

⑵ 異常仕損量の扱い

異常仕損費は正味の標準原価を使って別途計算することができます。そのため、異常仕損量も考慮して生産データを作成します。

なお、異常仕損費は実際総合原価計算と同様に非原価処理とします。

異常仕損量：60個（実際仕損量）− 40個（正常仕損量）= 20個

⑶ 生産データ

上記⑴〜⑵をもとに生産データを整理すると、以下のとおりです。

仕 掛 品

月初 0個	完成	完成品原価（正味）	総標準原価で計算
（0個）	800個		@7,350×800個
当月投入	正常仕損 40個	正常仕損費	
980個	（40個）		
（920個）	異常仕損 20個	異常仕損費（正味）	正味標準原価で計算
	（20個）		@7,000×20個
	月末 120個	月末仕掛品原価（正味）	正味標準原価で計算
	（60個）		

3. 仕掛品勘定の記入

パーシャル・プランによるため、借方は実際発生額、貸方は標準原価で記入します。

完 成 品 原 価：@7,350円× 800個 = 5,880,000円

異 常 仕 損 費：@7,000円× 20個 = 140,000円

月末仕掛品原価：@1,000円× 120個 +（@2,400円 + @3,600円）×60個 = 480,000円

標 準 原 価 差 異：貸借差額

3 | 仕損品に評価額がある場合 [06]

▶ 製品を製造する上で正常仕損が発生し、その仕損品に評価額がある場合は、仕損品原価から評価額を控除した金額 [07] を原価標準に組み込みます。

06）第2法を前提として見ていきます。

07）仕損費
＝仕損品原価−仕損評価額

> **1 単位あたりの正常仕損費**
> **＝（仕損品原価 − 仕損品評価額）× 正常仕損率**

Q | 1-3 | 仕損品に評価額がある場合（第2法）

【Q1-2】について、資料2. の「仕損品の評価額はゼロである」という指示を「仕損品には1個あたり800円の売却価値がある」とした場合における、標準原価カードを作成しなさい。

標準原価カード

直接材料費	@500 円	×	2 kg	=	1,000 円
直接労務費	@800 円	×	3 時間	=	2,400 円
製造間接費	@1,200 円	×	3 時間	=	3,600 円
製品 1 個あたりの正味標準製造原価				7,000 円
正常仕損費				310 円
製品 1 個あたりの総標準製造原価				7,310 円

1-3 | 解説

正常仕損率が 5 % であり、仕損品 1 個あたりの評価額が 800 円なので、原価標準に組み込む正常仕損費は次のように計算します。

正常仕損費：(@7,000 円 − @800 円) × 5 % = 310 円
　　　　　　　 仕損品原価　　評価額　　正常仕損率

4 | 標準原価差異の分析

正常減損費を原価標準へ組み込む方法について、基本的な内容はひととおり学習しましたので、次の問題で差異分析の方法について見ていきましょう。

Q | 1-4 | 仕損が生じる場合における標準原価差異の分析

当社では、製品Nを連続生産しており、パーシャル・プランによる標準原価計算を実施している。原価標準の設定を下記 (1)、(2) の方法による場合における標準原価差異の分析を行いなさい。なお、能率差異は標準配賦率を用いて計算すること。

(1) 原価要素別の標準消費量に正常仕損分を含める方法 (第 1 法)

(2) 正味の標準製造原価に正常仕損費を特別費として加算する方法 (第 2 法)

資料

1. 製品Nの正味標準製造原価 (正常仕損を含まない原価)

直接材料費	@ 780 円	×	5 kg	=	3,900 円
直接労務費	@ 1,300 円	×	2 時間	=	2,600 円
製造間接費	@ 1,500 円	×	3 時間	=	4,500 円
合　計					11,000 円

製造間接費は公式法変動予算にもとづいて標準配賦率を算定し、機械稼働時間を基準として製品に配賦している。なお、基準操業度は 6,000 時間であり、そのときの変動製造間接費予算は 5,400,000 円、固定製造間接費予算は 3,600,000 円である。

2. 仕損について

工程の終点で仕損が発生する。正常仕損率は良品に対して 20％であり、それを超えて発生した仕損を異常仕損として処理する。また、異常仕損に正常仕損費は負担させないものとする。なお、仕損品の評価額はゼロである。

3. 当月の生産データ

月初仕掛品 300 個（加工進捗度 40％）、完成品 1,600 個、月末仕掛品 250 個（加工進捗度 50％）、仕損 350 個であった。

4. 当月の実績データ

直接材料費　@810 円× 9,652 kg ＝ 7,818,120 円

直接労務費　@1,280 円× 4,031 時間＝ 5,159,680 円

製造間接費　8,936,400 円（実際機械稼働時間 5,836 時間）

A 1-4 | 解答 |

(1) 第 1 法による場合

直接材料費差異

価格差異	289,560 円（不利）
数量差異	274,560 円（不利）

直接労務費差異

賃率差異	80,620 円（有利）
作業時間差異	232,700 円（不利）

製造間接費差異

予算差異	84,000 円（不利）
能率差異	87,000 円（不利）
操業度差異	98,400 円（不利）

(2) 第 2 法による場合

直接材料費差異

価格差異	289,560 円（不利）
数量差異	118,560 円（不利）

直接労務費差異

賃率差異	80,620 円（有利）
作業時間差異	157,300 円（不利）

製造間接費差異

予算差異	84,000 円（不利）
能率差異	43,500 円（有利）
操業度差異	98,400 円（不利）

💡 1-4 | 解説 |

1. 第 1 法による場合

(1) 標準原価カードの作成

直接材料費	@780 円 × 6 kg[08]	＝	4,680 円
直接労務費	@1,300 円 × 2.4 時間[08]	＝	3,120 円
製造間接費	@1,500 円 × 3.6 時間[08]	＝	5,400 円
製品 1 個あたりの総標準製造原価			13,200 円

08）消費量の計算
5 kg × 1.2 ＝ 6 kg
2 時間× 1.2 ＝ 2.4 時間
3 時間× 1.2 ＝ 3.6 時間

(2) 生産データの整理

第1法によるため、仕損量を除いたボックスを作成します。

仕 掛 品

月初 300 個	完成
(120 個)	1,600 個
当月投入 1,550 個	
(1,605 個)	月末 250 個
	(125 個)

①標準消費量
 1,550 個 × 6 kg = 9,300 kg
②標準直接作業時間
 1,605 個 × 2.4 時間 = 3,852 時間
②標準機械稼働時間
 1,605 個 × 3.6 時間 = 5,778 時間

(3) 標準原価差異の分析

① 直接材料費差異

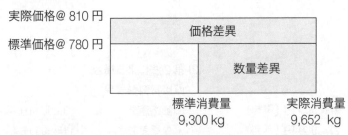

価格差異：(@780 円 − @810 円) × 9,652 kg = △ 289,560 円 (不利差異)

数量差異：@780 円 × (9,300 kg − 9,652 kg) = △ 274,560 円 (不利差異)

② 直接労務費差異の分析

賃 率 差 異：(@1,300 円 − @1,280 円) × 4,031 時間 = + 80,620 円 (有利差異)

作業時間差異：@1,300 円 × (3,852 時間 − 4,031 時間) = △ 232,700 円 (不利差異)

③ 製造間接費差異の分析

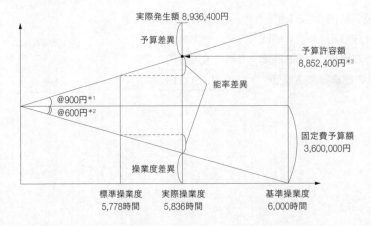

*1　5,400,000 円÷ 6,000 時間＝@900 円

*2　3,600,000 円÷ 6,000 時間＝@600 円

*3　@900 円× 5,836 時間＋ 3,600,000 円＝ 8,852,400 円

予 算 差 異：8,852,400 円－ 8,936,400 円＝△ 84,000 円（不利差異）

能 率 差 異：@1,500 円×（5,778 時間－ 5,836 時間）＝△ 87,000 円（不利差異）

操業度差異：@600 円×（5,836 時間－ 6,000 時間）＝△ 98,400 円（不利差異）

2. 第 2 法による場合

(1) 標準原価カードの作成

直接材料費	@780 円	×	5 kg	＝	3,900 円
直接労務費	@1,300 円	×	2 時間	＝	2,600 円
製造間接費	@1,500 円	×	3 時間	＝	4,500 円
製品 1 個あたりの正味標準製造原価					11,000 円
正常仕損費					2,200 円
製品 1 個あたりの総標準製造原価					13,200 円

×正常仕損率20％

(2) 生産データの整理

第 2 法によるため、仕損量を含めたボックスを作成します。

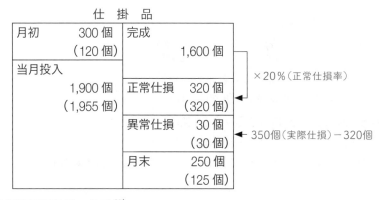

仕 掛 品

月初	300 個	完成	
	(120 個)		1,600 個
当月投入			
	1,900 個	正常仕損	320 個
	(1,955 個)		(320 個)
		異常仕損	30 個
			(30 個)
		月末	250 個
			(125 個)

×20％（正常仕損率）

350個（実際仕損）－320個

(3) 標準原価差異の分析[09]

09）第 1 法と異なるのは標準の消費量だけですので、価格差異、賃率差異、予算差異、操業度差異は同じ金額になります。

① 直接材料費差異

実際価格@ 810 円

標準価格@ 780 円

| 価格差異 |
| 数量差異 |

標準消費量　　　　実際消費量
9,500 kg[10]　　　9,652 kg

10）1,900 個× 5 kg ＝ 9,500 kg

価格差異：(@ 780 円－@ 810 円)× 9,652 kg ＝△ 289,560 円（不利差異）

数量差異：@ 780 円×（9,500 kg － 9,652 kg）＝△ 118,560 円（不利差異）

② 直接労務費差異の分析

実際賃率@1,280円

標準賃率@1,300円

	賃率差異	
		作業時間差異

標準作業時間　　　　　実際作業時間　　11) 1,955 個× 2 時間
3,910 時間 [11]　　　　4,031 時間　　　　= 3,910 時間

賃　率　差　異：(@1,300 円 － @1,280 円)× 4,031 時間 = + 80,620 円(有利差異)

作業時間差異：@1,300 円 ×(3,910 時間 － 4,031 時間)= △ 157,300 円(不利差異)

③ 製造間接費差異の分析

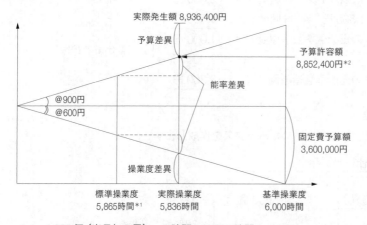

＊1　1,955 個(当月加工量)× 3 時間 = 5,865 時間

＊2　@900 円 × 5,836 時間 + 3,600,000 円 = 8,852,400 円

予　算　差　異：8,852,400 円 － 8,936,400 円 = △ 84,000 円(不利差異)

能　率　差　異：@1,500 円 ×(5,865 時間 － 5,836 時間)= + 43,500 円(有利差異)

操業度差異：@600 円 ×(5,836 時間 － 6,000 時間)= △ 98,400 円(不利差異)

5 | 正常仕損が工程の途中点で発生している場合

▶ 　ここまでは工程の終点で正常仕損が発生する場合の処理について見てきました。が、工程の途中点で発生することもあります。

　途中点発生の場合は、終点発生の場合よりも正常仕損費の計算方法などが少し複雑になります。どのような違いがあるかについて次の問題で見ていきましょう [12]。

12) 本書では第 2 法を中心に見ていきます。

Q │ 1-5 │ **正常仕損が工程の途中点で発生している場合** │

当社では、製品Yを連続生産しており、パーシャル・プランによる標準原価計算を実施している。原価標準の設定を「正味の標準製造原価に正常仕損費を特別費として加算する方法（第2法）」による場合における仕掛品勘定を作成しなさい。

📑 **資料**

1. 製品Yの正味標準製造原価（正常仕損を含まない原価）

   直接材料費 @1,500円 × 2kg = 3,000円

   直接労務費 @900円 × 5時間 = 4,500円

   製造間接費 @1,100円 × 5時間 = 5,500円

   　合　計 13,000円

2. 仕損について

   工程の途中点（加工進捗度40％）で仕損が発生する。正常仕損率は良品に対して4％であり、それを超えて発生した仕損を異常仕損として処理する。また、異常仕損に正常仕損費は負担させないものとする。なお、仕損品の評価額はゼロである。

3. 当月の生産データ

   月初仕掛品300個（加工進捗度30％）、完成品1,600個、月末仕掛品250個（加工進捗度50％）、仕損100個であった。

4. 当月の実績データ

   直接材料費 5,116,320円　　直接労務費 7,455,350円　　製造間接費 9,418,260円

A │ 1-5 │ **解答** │

仕　掛　品			（単位：円）
月初仕掛品	1,800,000	製　　　品	21,248,000
直接材料費	5,116,320	異常仕損費	182,000
直接労務費	7,455,350	月末仕掛品	2,070,000
製造間接費	9,418,260	標準原価差異	289,930
	23,789,930		23,789,930

💡 │ 1-5 │ **解説** │

正常仕損の発生点が工程の途中点のケースでは、(1) 原価標準の設定（正常仕損費の計算）、(2) 正常仕損量の計算、(3) 仕掛品原価の計算 が終点発生のケースよりも複雑になります。

正常仕損費の負担関係を明確にするため、まずは仕損の発生状況を整理します。上記 (1)～(3) の計算にも影響してきますので、問題を解くさいには、はじめの段階で確認しておきましょう。

1. 仕損の発生状況

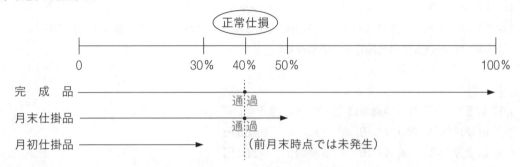

本問においては、月末仕掛品が仕損の発生点を通過しているため、正常仕損費を負担させることになります。

2. 標準原価カードの作成

					標準原価カード
直接材料費	@1,500 円	×	2 kg	=	3,000 円
直接労務費	@ 900 円	×	5 時間	=	4,500 円
製造間接費	@1,100 円	×	5 時間	=	5,500 円
製品 1 個あたりの正味標準製造原価					13,000 円
正常仕損費					280 円
製品 1 個あたりの総標準製造原価					13,280 円

● 原価標準に組み入れる正常仕損費の計算

> **1 単位あたりの正常仕損費**
> **＝（仕損品原価 － 仕損品評価額）× 正常仕損率**
> 　　　　　　　　仕 損 費

　途中点発生の場合、加工費（直接労務費と製造間接費）については加工進捗度を考慮して、仕損品費を計算します。なお、本問では、評価額がゼロのため仕損品原価がそのまま仕損費となります。

① 製品 1 個あたりの仕損費：@3,000 円＋（@4,500 円＋@5,500 円）×40% = 7,000 円
　　　　　　　　　　　　　　　　　　　　　　　　　　　　　　　　　　仕損の発生点

② 原価標準に組み入れる正常仕損費：7,000 円 ×4%（正常仕損率）= 280 円

3. 生産データの整理

(1) 正常仕損量と異常仕損量の把握

　上記 **1.** より、完成品と月末仕掛品が仕損の発生点を通過しています。

正常仕損量：(1,600 個 + 250 個) × 4% = 74 個
　　　　　　　　完成品　　月末

異常仕損量：100 個 - 74 個 = 26 個

(2) 生産データ

仕　掛　品

月初	300 個	完成	
	（ 90 個）		1,600 個
当月投入	1,650 個	正常仕損	74 個
	（1,675 個）		（29.6 個）
		異常仕損	26 個
			（10.4 個）
		月末	250 個
			（125 個）

> このうち64個分は完成品、10個分は月末仕掛品が負担します。
> 　完成品：1,600個×4％＝64個
> 　月　末：　250個×4％＝10個

4. 勘定記入

パーシャル・プランのため、当月投入は実際発生額、それ以外は標準原価により記入します。なお、原価差異は貸借差額により計算します。

(1) 月初仕掛品原価

月初仕掛品は前月末時点で仕損の発生点を通過していないため、正味の標準原価により計算します。

@3,000 円× 300 個 +（@4,500 円＋@5,500 円）×90 個＝ 1,800,000 円

(2) 完成品原価

@13,280 円× 1,600 個＝ 21,248,000 円

(3) 異常仕損費

上記 2. ①で算定した 1 個あたりの仕損費 7,000 円を使って計算します。

@7,000 円× 26 個＝ 182,000 円

(4) 月末仕掛品原価の計算

正常仕損費を負担させるため、次のように計算します。

@3,000 円× 250 個 +（@4,500 円＋@5,500 円）×125 個 + @280 円 ×250 個＝ 2,070,000 円
　　　　　　　　　　　　　　　　　　　　　　　　　　　　　正常仕損費

▶ 【Q1-5】で、仮に第 1 法を採用していた場合の標準原価カードの標準消費量は次のように計算します[13]。

> 材料費：2 kg + 2 kg × 4％ = 2.08 kg
> 労務費：5 時間＋ 5 時間× 40％× 4％ = 5.08 時間
> 間接費：労務費と同様

13) 材料はすべて始点で投入されるため、途中点発生でも加工進捗度を考慮する必要はありません。
加工費については、40％地点までに要した時間を原価標準に組み込みます。

参考 | 仕損関連差異と仕損無関連差異

▶▶ 製品の製造工程で仕損が生じている場合、第1法または第2法により原価標準に仕損費を含めるのが基本です。

仮に、含めなかった場合、仕損費は標準原価差異（数量差異、作業時間差異、能率差異）に混入することになります[14]。

14) 第1法では異常仕損を分離把握できないため、異常仕損費が標準原価差異に混入してしまうという話と関係しています。

▶▶ そこで、数量差異や作業時間差異などに対する仕損の影響を把握するため、これらの差異を仕損関連差異と仕損無関連差異とに分析することがあります。

次の問題に入る前に、材料の数量差異についての簡単な例を見ておきましょう。

例 | 1個あたりの標準消費量は2kg、良品に対する正常仕損率は4%であり、それを超える仕損は異常仕損として扱う。月初仕掛品100個、完成品500個、月末仕掛品200個、仕損量は30個であった。また、当月の実際消費量は1,310kgであったものとする。

(1) 生産データの作成

次のように、仕損の影響を考慮しない場合と考慮した場合の生産データ（単位：個）を作成し、各ケースにおける標準消費量を計算します。

仕損量を考慮しない

月初	100	完成	500
当月	600		
		月末	200

▶ 標準消費量①
600個 × 2kg = 1,200kg

＊仕損量の計算
正常：500個 × 4% = 20個
異常：30個 − 20個 = 10個

正常仕損量のみ考慮

月初	100	完成	500
当月	620		
		正常	20
		月末	200

▶ 標準消費量②
620個 × 2kg = 1,240kg

実際の仕損量を考慮

月初	100	完成	500
当月	630		
		正常	20
		異常	10
		月末	200

▶ 標準消費量③
630個 × 2kg = 1,260kg

(2) 差異分析

上記(1)で計算した標準消費量をもとに差異分析を行います。

仕損関連差異は、仕損を考慮しなかった場合の標準消費量（標準消費量①）と、実際の仕損量を考慮した標準消費量（標準消費量③）の差から計算します。

@実際価格	価 格 差 異		
@標準価格		仕損関連差異	仕損無関連差異

標準消費量①	標準消費量③	実際消費量
1,200 kg	1,260 kg	1,310 kg

　この仕損関連差異は、正常仕損量と異常仕損量を区別することにより、さらに正常仕損に関連する差異と異常仕損に関連する差異に分析することができます。

@実際価格	価 格 差 異			
@標準価格		正常仕損に関連する差異	異常仕損に関連する差異	仕損無関連差異

標準消費量①	標準消費量②	標準消費量③	実際消費量
1,200 kg [*1]	1,240 kg [*2]	1,260 kg [*3]	1,310 kg

- ＊1　第1法を採用した場合の標準消費量でもあります。
- ＊2　第2法で正常仕損のみを把握する場合の標準消費量でもあります。
- ＊3　第2法で異常仕損を把握する場合の標準消費量でもあります。

（注1）　差異の名称は、明確に定められているわけではありませんので問題の指示に従ってください。各差異は、「正常仕損費に相当する差異」、「異常仕損費に相当する差異」、仕損無関連差異については「純粋な数量差異」などの名称も考えられます。

（注2）　仕損関連差異と無関連差異に分析するのみで、正常仕損に関連する差異と異常仕損に関連する差異に細分しない出題も考えられます。

CHAPTER
11
標準原価計算の応用

Q | 1-6 | **仕損関連差異・仕損無関連差異**

　当社では、製品Zを連続生産しており、パーシャル・プランによる標準原価計算を実施している。製品Zの製造工程で仕損が生じているものの、原価標準に仕損費は含めていない。以下の資料にもとづいて各問に答えなさい。

資料

1. 製品Zの正味標準製造原価（正常仕損を含まない原価）

直接材料費	@ 400 円 × 5 kg	= 2,000 円
直接労務費	@ 750 円 × 2 時間	= 1,500 円
製造間接費	@ 1,200 円 × 2 時間	= 2,400 円
合　計		5,900 円

　製造間接費は公式法変動予算にもとづいて標準配賦率を算定し、直接作業時間を基準として製品に配賦している。なお、基準操業度は5,400時間であり、そのときの固定製造間接費予算は2,160,000円である。

2. 当月の生産データ

月初仕掛品300個（加工進捗度50％）、完成品2,500個、月末仕掛品400個（加工進捗度60％）であった。

3. 当月の実績データ

直接材料費　＠396円× 13,520 kg ＝ 5,353,920円

直接労務費　＠755円× 5,310時間＝ 4,009,050円

製造間接費　6,490,760円

問1　上記資料にもとづいて、当月における標準原価差異の分析を行いなさい。なお、能率差異は標準配賦率を使って計算すること（**問2**以降も同様とする）。

問2　**問1**の標準原価差異が多額であったため、原価計算担当者が原因を調査したところ仕損費に相当する金額が多く含まれていることが判明した。そこで、当社では仕損による影響を原価差異から排除するため、正味標準製造原価に正常仕損費を加える方法によって原価標準を設定することとした。

正常な状態で作業が行われた場合、工程の終点で良品の2％が仕損になるものと想定され、それ以上に生じた仕損は異常仕損として扱うものとする。当月の実際仕損量を調べたところ80個であった。以上を前提として、当月における標準原価差異の分析を行いなさい。

問3　**問1**で計算した数量差異、作業時間差異、能率差異をそれぞれ仕損関連差異と仕損無関連差異に細分しなさい。なお、仕損関連差異とは仕損が原因で生じている差異をいう。

問4　**問3**で計算した仕損関連差異について、正常仕損に関連する差異と異常仕損に関連する差異とに細分しなさい。

A 1-6 │ **解答** │

問1

直接材料費差異

価格差異	54,080 円	（有利）
数量差異	208,000 円	（不利）

直接労務費差異

賃率差異	26,550 円	（不利）
作業時間差異	97,500 円	（不利）

製造間接費差異

予算差異	82,760 円	（不利）
能率差異	156,000 円	（不利）
操業度差異	36,000 円	（不利）

問2

直接材料費差異

価格差異	54,080 円	（有利）
数量差異	48,000 円	（不利）

直接労務費差異

賃率差異	26,550 円	（不利）
作業時間差異	22,500 円	（有利）

製造間接費差異

予算差異	82,760 円	（不利）
能率差異	36,000 円	（有利）
操業度差異	36,000 円	（不利）

問3

	仕損関連差異	仕損無関連差異
数 量 差 異	160,000 円 （不利）	48,000 円 （不利）
作 業 時 間 差 異	120,000 円 （不利）	22,500 円 （有利）
能 率 差 異	192,000 円 （不利）	36,000 円 （有利）

問4

	正常仕損に関連する差異	異常仕損に関連する差異
数 量 差 異	100,000 円（不利）	60,000 円（不利）
作業時間差異	75,000 円（不利）	45,000 円（不利）
能 率 差 異	120,000 円（不利）	72,000 円（不利）

💡 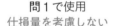 **解説**

各設問では次の内容が問われています。

問1 仕損を考慮しない原価標準による差異分析 ➡ 差異には仕損の影響が含まれる

問2 実際仕損を考慮した原価標準による差異分析 ➡ 差異には仕損の影響が含まれない

問3 問1のうち、数量に関する差異を仕損関連差異と無関連差異に分析

問4 問3の仕損関連差異を正常仕損に関連する差異と異常仕損に関連する差異に分析

1. 生産データ（単位：個）

各問で使用する標準消費量を整理すると、次のようになります。

問1で使用
仕損量を考慮しない

月初 300 (150)	完成 2,500
当月 2,600 (2,590)	月末 400 (240)

▶ 標準①
2,600 個× 5 kg = 13,000 kg
2,590 個× 2 時間 = 5,180 時間

＊仕損量の計算
正常：2,500 個× 2% = 50 個
異常：80 個− 50 個= 30 個

問4で使用
正常仕損量のみ考慮

月初 300 (150)	完成 2,500
当月 2,650 (2,640)	正常 50
	月末 400 (240)

▶ 標準②
2,650 個× 5 kg = 13,250 kg
2,640 個× 2 時間 = 5,280 時間

問2〜問4で使用
実際の仕損量を考慮

月初 300 (150)	完成 2,500
当月 2,680 (2,670)	正常 50
	異常 30
	月末 400 (240)

▶ 標準③
2,680 個× 5 kg = 13,400 kg
2,670 個× 2 時間 = 5,340 時間

2. 直接材料費差異の分析

（1）仕損を考慮しない場合の差異分析（問1）

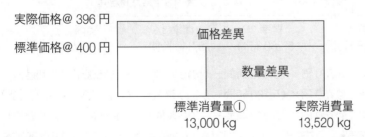

実際価格@ 396 円
標準価格@ 400 円

価格差異	
	数量差異

標準消費量①　　　実際消費量
13,000 kg　　　　13,520 kg

価格差異：（@ 400 円−@ 396 円）× 13,520 kg = + 54,080 円（有利差異）

数量差異：@ 400 円×（13,000 kg − 13,520 kg）=△ 208,000 円（不利差異）

(2) 仕損を考慮した場合の差異分析 (問2〜問4)

　仕損を考慮した場合に変化があるのは標準消費量のみであるため、価格に関する差異への影響はありません (直接労務費も同様)。よって、ここからは数量に関する差異に着目した差異分析を行います。なお、下記のボックスの差異全体が問1で計算した数量差異を示しています。

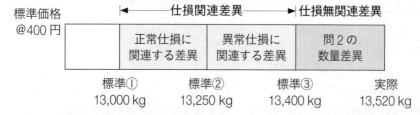

(問2) 数　量　差　異：@400円 × (13,400 kg − 13,520 kg) = △48,000円 (不利差異)

(問3) 仕損関連差異：@400円 × (13,000 kg − 13,400 kg) = △160,000円 (不利差異)

　　　仕損無関連差異：@400円 × (13,400 kg − 13,520 kg) = △48,000円 (不利差異)

(問4) 正常仕損に関連する差異：@400円 × (13,000 kg − 13,250 kg) = △100,000円 (不利差異)

　　　異常仕損に関連する差異：@400円 × (13,250 kg − 13,400 kg) = △60,000円 (不利差異)

3. 直接労務費差異

(1) 仕損を考慮しない場合の差異分析 (問1)

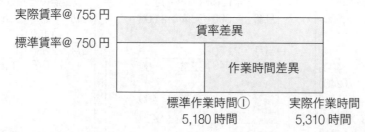

　賃　率　差　異：(@750円 − @755円) × 5,310時間 = △26,550円 (不利差異)

　作業時間差異：@750円 × (5,180時間 − 5,310時間) = △97,500円 (不利差異)

(2) 仕損を考慮した場合の差異分析 (問2〜問4)

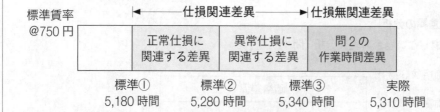

(問2) 作業時間差異：@750円 × (5,340時間 − 5,310時間) = +22,500円 (有利差異)

(問3) 仕損関連差異：@750円 × (5,180時間 − 5,340時間) = △120,000円 (不利差異)

　　　仕損無関連差異：@750円 × (5,340時間 − 5,310時間) = +22,500円 (有利差異)

(問4) 正常仕損に関連する差異：@750円 × (5,180時間 − 5,280時間) = △75,000円 (不利差異)

　　　異常仕損に関連する差異：@750円 × (5,280時間 − 5,340時間) = △45,000円 (不利差異)

4. 製造間接費差異

(1) 仕損を考慮しない場合の差異分析 (問1)

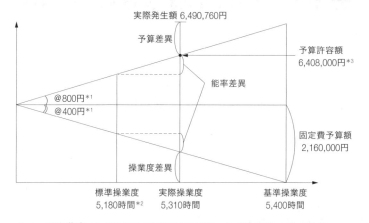

* 1 固定費率：2,160,000 円 (固定費予算) ÷ 5,400 時間 = @ 400 円
  変動費率：@ 1,200 円 − @ 400 円 = @ 800 円
* 2 標準作業時間①より
* 3 @ 800 円 × 5,310 時間 + 2,160,000 円 = 6,408,000 円

予 算 差 異：6,408,000 円 − 6,490,760 円 = △ 82,760 円 (不利差異)

能 率 差 異：@1,200 円 × (5,180 時間 − 5,310 時間) = △ 156,000 円 (不利差異)

操業度差異：@400 円 × (5,310 時間 − 5,400 時間) = △ 36,000 円 (不利差異)

(2) 仕損を考慮した場合の差異分析 (問2〜問4)

能率差異についても、同様に計算することができます。なお、差異の計算式に標準操業度が含まれない予算差異、操業度差異については問1と同じ金額になります。

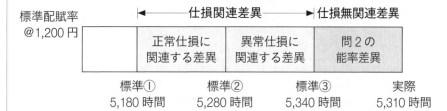

(問2) 能 率 差 異：@1,200 円 × (5,340 時間 − 5,310 時間) = + 36,000 円 (有利差異)

(問3) 仕損関連差異：@1,200 円 × (5,180 時間 − 5,340 時間) = △ 192,000 円 (不利差異)

仕損無関連差異：@1,200 円 × (5,340 時間 − 5,310 時間) = + 36,000 円 (有利差異)

(問4) 正常仕損に関連する差異：@1,200 円 × (5,180 時間 − 5,280 時間) = △ 120,000 円 (不利差異)

異常仕損に関連する差異：@1,200 円 × (5,280 時間 − 5,340 時間) = △ 72,000 円 (不利差異)

2 歩留差異・配合差異の分析

この Section では、歩留差異や配合差異などの計算を学習します。
歩留差異と配合差異は、いずれも材料の数量差異をさらに細分化したものです。各差異の具体的な金額を計算することに執着しすぎると、そのような全体像を見失いがちになります。「木を見て森を見ず」とならないように、これは工業簿記・原価計算全般についていえることです。

1 | 歩留差異（ぶどまり）と配合差異（はいごう）

▶▶ 製品の製造のために複数の原材料を配合投入し、1つの製品を産出している場合、数量差異は歩留差異、配合差異に分けて分析されます[01]。

01) 農薬のように厳格に定められた配合割合にする必要のある製品には適用されません。ブレンド米などのように、品質に影響を与えずに原材料間で代替が可能な場合が該当します。

● 歩留差異

仕損や減損が生じる場合に、投入量に対して製品が産出された割合を歩留率[02]といいます。歩留差異とは、あらかじめ想定していた歩留率（標準歩留率）と実際歩留率との差から生じる差異をいいます[03]。

● 配合差異

製品製造のために複数の原材料を投入する場合は、事前に原材料の標準配合割合を定めておきます。配合差異とは、この標準配合割合と実際配合割合の差から生じる差異をいいます。

02) 歩留率と歩減率

$$歩留率 = \frac{完成品量}{投入量}$$

$$歩減率 = \frac{仕損・減損量}{投入量}$$

03) 歩留の良否を示します。

Q │ ⼊-⼁ │ 歩留差異と配合差異の分析 │

　当社では、原料AおよびBを配合して製品Yを製造しており、標準原価計算を採用している。次の資料にもとづいて各問に答えなさい。

問1　製品Y1kgあたりの正常減損費（原料費のみ）を答えなさい。
問2　原料の歩留差異と配合差異を計算しなさい。なお、有利差異の場合には＋、不利差異の場合には△を（　）内に記入しなさい。

📋 資料

1. 製品Yを8kg製造するための標準直接材料費

原料A	@120円	×	7 kg	=	840円
原料B	@200円	×	3 kg	=	600円
			10 kg		1,440円

　原料A、Bは工程の始点で配合投入され、工程の終点で減損が生じる。なお、各原料間には代替性がある。

2. 当月の実績データ

　当月の直接材料実際投入量は、原料Aが80kg（実際単価125円）、原料Bが30kg（実際単価195円）であった。

3. 当月の完成品数量は80kgであった。なお、仕掛品は月初、月末ともに存在しない。

4. 当社は原価標準の設定について、正味標準製造原価に正常減損費を別建てして計上する方法によっている。

A │ ⼊-⼁ │ 解答 │

問1　＿＿36＿＿円

問2

	歩留差異		配合差異	
原料A	（△）	840円	（△）	360円
原料B	（△）	600円	（＋）	600円

💡 │ ⼊-⼁ │ 解説 │

1. データの読取り

　標準原価カードの作成や差異分析で必要なデータを資料から読み取ります。

原　料　A		7 kg
原　料　B		3 kg
投入量合計		10 kg
正常減損量	減損率	2 kg
完 成 品 量	25%*	8 kg

原料の標準配合割合

原料A：$\dfrac{7\ kg}{10\ kg}=70\%$

原料B：$\dfrac{3\ kg}{10\ kg}=30\%$

＊　減損率 ＝ $\dfrac{減損量}{完成品量}$　　∴　$\dfrac{2\ kg}{8\ kg}=25\%$

　なお、歩減率と減損率を混同しないように注意してください。歩減率は投入量に対する減損の割合で、減損率は完成品量に対する減損の割合を表します。

2. 製品Y1kgあたりの原価標準

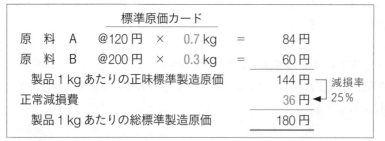

標準原価カード

原 料 A	@120円	×	0.7 kg	= 84 円
原 料 B	@200円	×	0.3 kg	= 60 円
製品1kgあたりの正味標準製造原価				144 円
正常減損費				36 円
製品1kgあたりの総標準製造原価				180 円

減損率 25%

(1) 標準消費量

上記 **1.** の原料A・Bの数量は 10 kg に対するものなので、1 kg あたりの数量は次のように計算することができます。

原料A：7 kg ÷ 10 kg = 0.7 kg 　　原料B：3 kg ÷ 10 kg = 0.3 kg

(2) 正常減損費

Section 1 で学習した正常仕損費と同じように、正味の原価に減損率を掛けて計算します。

3. 生産データの整理

標準歩留と実際歩留におけるボックスを次の手順で作成します。

(1) 実際歩留のボックスを先に作成

(2) 実際歩留のボックスから異常減損を除いたものを標準歩留のボックスとする

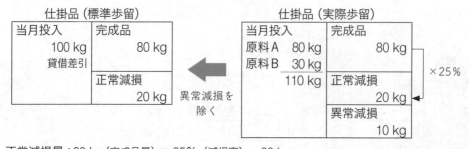

正常減損量：80 kg（完成品量）× 25 %（減損率）= 20 kg
異常減損量：貸借差引

4. 差異分析に用いる消費量の整理

上記の生産データをもとに、分析に用いる消費量を整理します。

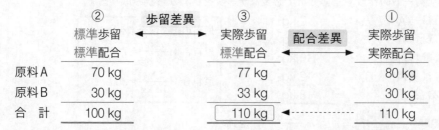

	② 標準歩留 標準配合	歩留差異	③ 実際歩留 標準配合	配合差異	① 実際歩留 実際配合
原料A	70 kg		77 kg		80 kg
原料B	30 kg		33 kg		30 kg
合　計	100 kg		110 kg	◀------	110 kg

次の手順で記入していきます。

① **実際歩留・実際配合**（実際消費量）

実際歩留の生産データからそのまま書き写します。

② **標準歩留・標準配合**（標準歩留にもとづく標準消費量）

標準歩留の生産データから当月投入量 100 kg（原料 A と原料 B の合計）を書き写します。

合計量 100 kg に標準配合割合を掛けて、原料 A と原料 B の数量を計算します。

原料 A：100 kg × 70% = 70 kg　　原料 B：100 kg×30% = 30 kg

③ **実際歩留・標準配合**（実際歩留にもとづく標準消費量）

実際歩留を前提とするので、①の合計数量 110 kg を書き写します。

合計量 110 kg に標準配合割合を掛けて、原料 A と原料 B の数量を計算します。

原料 A：110 kg × 70% = 77 kg　　原料 B：110 kg×30% = 33 kg

5. 差異分析

次のようなボックス図を作成して、差異分析を行います。

(1) 原料 A

歩留差異：（70 kg − 77 kg）×@120 円＝△ 840 円（不利差異）

配合差異：（77 kg − 80 kg）×@120 円＝△ 360 円（不利差異）

(2) 原料 B

実際価格@195 円

	価　格　差　異	
標準価格@200 円	歩留差異 △ 600 円	配合差異 ＋ 600 円

30 kg　　　　　33 kg　　　　　30 kg
標準歩留　　　実際歩留　　　実際歩留
標準配合　　　標準配合　　　実際配合

歩留差異：（30 kg − 33 kg）×@200 円＝△ 600 円（不利差異）

配合差異：（33 kg − 30 kg）×@200 円＝＋ 600 円（有利差異）

(3) 各差異の意味

原料 A を例にすると、次のように考えられます。

● **歩留差異**

70 kg の原料があれば完成するはずだったが、実際の歩減が多く 7 kg 余分に原料を消費してしまった。➡ 当月の歩留率は目標（標準の歩留率）を下回った

● 配合差異

110 kg の原料を投入するのであれば、原料 A はそのうち 70% の 77 kg を投入すべきところ、実際には 80 kg を投入した。➡当月は予定（標準の配合割合）よりも原料 A の分量が多かった

配合差異は不利差異となっていますが、この差異は必ずしもマイナスの影響を示すものではありません。差異が生じた原因を価格面から考えると意味合いが変わってきます。

➡単価の安い原料 A を予定より多く使用したことによる差異（＝結果的には予定よりも原価発生額が抑えられた）

次は、この点に着目した差異分析の方法について見ていきます。

2 | 歩留差異と配合差異（別法）

これまでの分析では、歩留差異・配合差異を主に数量要因から分析しました。

つまり歩留率の差にもとづく数量差異が「歩留差異」で、配合率の差にもとづく数量差異が「配合差異」です。

これに対して主に価格要因から歩留差異と配合差異を計算する方法があります。

Q | 2-2 | 歩留差異と配合差異の分析（別法）

【Q2-1】の資料をもとに、加重平均標準単価を用いて各原料の歩留差異と配合差異を計算しなさい。なお、有利差異の場合には＋、不利差異の場合には△を（　）内に記入しなさい。

A | 2-2 | 解答

	歩留差異		配合差異	
原料A	（△）	1,440 円	（＋）	240 円
原料B	（　）	0 円	（　）	0 円

2-2 | 解説

別法では加重平均標準単価を使って数量差異を歩留差異と配合差異に分析します。この方法では、配合差異の持つ意味合いが【Q2-1】と変わります。

1. 生産データの整理

標準歩留による生産データのみを作成します（【Q2-1】と同様になります）。

2. 加重平均標準単価

原料 10 kg に対する標準直接材料費が 1,440 円であるため、次のように求められます。

1,440 円（原料 A・B の標準原価合計）÷ 10 kg（原料 A・B の標準投入量合計）＝ @144 円

3. 差異分析

(1) 原料 A

歩留差異と配合差異は、次のように計算します。

> **歩留差異：加重平均標準単価 ×（標準歩留にもとづく標準消費量 － 実際消費量）**
> **配合差異：（標準価格 － 加重平均標準単価）×（標準歩留にもとづく標準消費量 － 実際消費量）**

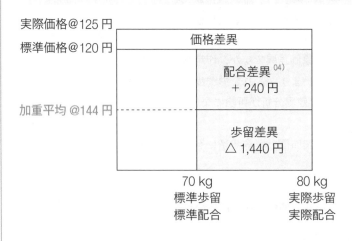

04)「安価（高価）な原材料の消費量が、標準よりも多かったのかあるいは少なかったのか」という視点で考えると、差異の有利不利を間違えにくくなります。

歩留差異：@144 円 ×（70 kg － 80 kg）＝ △ 1,440 円（不利差異）

配合差異：（@120 円 － @144 円）×（70 kg － 80 kg）＝ ＋ 240 円（有利差異）
　　　　　加重平均標準価格よりも安価な原料 A を標準消費量よりも多く消費しているため、
　　　　　これを有利差異として計算します。

なお、数量差異という同じ対象について、数量要因で分けるか価格要因で分けるのかの違いですから、数量差異合計は【Q2-1】の分析方法と一致します。

【例】原料 A の数量差異

数量要因で見た場合：		価格要因で見た場合：	
配合差異	△ 360円	配合差異	＋ 240円
歩留差異	△ 840円	歩留差異	△1,440円
合計	△1,200円	合計	△1,200円

△1,200円 ◀─ 一致 ─▶ △1,200円

(2) 原料 B

標準歩留にもとづく標準消費量と実際消費量が同じなので、数量差異は生じません。

3 | 労働歩留差異・労働能率差異の分析

⟫　直接材料費の数量差異をさらに歩留差異・配合差異に細分したように、直接労務費の作業時間差異および製造間接費の能率差異は、それぞれ歩留差異と能率差異に細分できます。

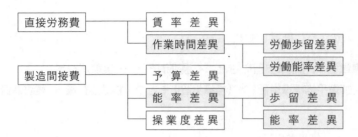

⟫　作業時間差異は作業能率の良否を表す原価差異ですが、作業時間の中には元々歩減分に対する作業時間も含まれています。これを労働歩留差異と労働能率差異に分けることによってより正確な差異分析が可能になります。

●労働歩留差異 [05]

　標準歩留にもとづいて設定した標準作業時間と実際歩留にもとづく標準作業時間との差から生じる差異です。

●労働能率差異 [05]

　作業時間差異から労働歩留差異を除いた、純粋な作業能率の良否を表す原価差異です。

05）製造間接費の歩留差異と能率差異もほぼ同じ意味です。能率差異のうち、歩留の影響を表すのが製造間接費歩留差異、純粋な能率差異を表すのが製造間接費能率差異です。

Q | 2-3 | 歩留差異と能率差異の分析

　次の資料をもとに直接労務費、製造間接費の差異分析を行いなさい。なお、直接労務費差異は労働歩留差異と労働能率差異に、製造間接費差異は製造間接費歩留差異、製造間接費能率差異および操業度差異に細分し、差異の不利・有利を（　）内に記入しなさい。

📄 資料

1. 8 kg の製品 Y の製造のために 10 kg の原料が必要である。
　 このときの原価標準は次のとおりである。
　 直接労務費　@200 円×5 直接作業時間＝ 1,000 円
　 製造間接費　@240 円×5 直接作業時間＝ 1,200 円
　　　　　　　（うち変動費率@100 円、固定費率@140 円）
2. 当月の原料投入量は 110 kg、製品生産量は 80 kg である。減損は工程の終点で発生する。なお月初、月末に仕掛品はなかった。
3. 当月の直接作業時間は 58 時間である。
4. 製造間接費は公式法変動予算を採用している。基準操業度は 70 時間。能率差異は変動費と固定費の両方から把握する。
5. 当社では原価標準は正味原価に正常減損費を別建てして計上する方法による。

A 2-3 │解答│

労 働 歩 留 差 異	1,000円（不利）	製造間接費歩留差異	1,200円（不利）
労 働 能 率 差 異	600円（不利）	製造間接費能率差異	720円（不利）
		操 業 度 差 異	1,680円（不利）

2-3 │解説│

1. 製品Y1kgあたりの原価標準

まず、資料から標準減損率を求めます。

投 入 量 合 計　　　　10 kg
正 常 減 損 量 ┌─→　2 kg
完 成 品 量 └──　8 kg　　標準減損率：2 kg ÷ 8 kg = 25%

第2法によるため、標準原価カードは次のようになります。

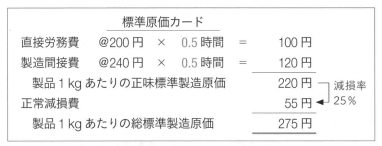

標準原価カード				
直接労務費	@200円	×	0.5時間 =	100円
製造間接費	@240円	×	0.5時間 =	120円
製品1kgあたりの正味標準製造原価				220円
正常減損費				55円
製品1kgあたりの総標準製造原価				275円

減損率 25%

資料1.の作業時間5時間は10 kgに対するものなので、1 kgあたりの作業時間は次のように計算することができます。5時間 ÷ 10 kg = 0.5時間 / kg

2. 生産データの整理

直接材料費差異のときと同様に、標準歩留と実際歩留におけるボックスを作成します。

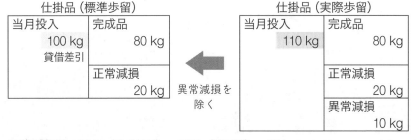

仕掛品（標準歩留）

当月投入	完成品
100 kg	80 kg
貸借差引	
	正常減損
	20 kg

仕掛品（実際歩留）

当月投入	完成品
110 kg	80 kg
	正常減損
	20 kg
	異常減損
	10 kg

異常減損を除く

正常減損量：80 kg（完成品量）× 25%（減損率） = 20 kg
異常減損量：貸借差引

3. 差異分析に用いる作業時間の整理

前記 **1.** 〜 **2.** をもとに、分析に用いる作業時間を整理します。

① 標準歩留・標準能率にもとづく作業時間：100 kg ×0.5 時間 / kg（標準能率）＝ 50 時間
② 実際歩留・標準能率にもとづく作業時間：110 kg ×0.5 時間 / kg（標準能率）＝ 55 時間

4. 直接労務費の差異分析

3. の作業時間をもとに差異分析を行います。

労働歩留差異：@200 円×（50 時間 − 55 時間）＝△ 1,000 円（不利差異）
労働能率差異：@200 円×（55 時間 − 58 時間）＝△ 600 円（不利差異）

5. 製造間接費の差異分析

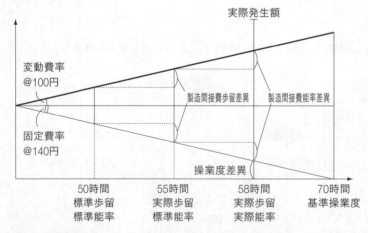

製造間接費歩留差異：@240 円×（50 時間 − 55 時間）＝△ 1,200 円（不利差異）
製造間接費能率差異：@240 円×（55 時間 − 58 時間）＝△　720 円（不利差異）
操　業　度　差　異：@140 円×（58 時間 − 70 時間）＝△ 1,680 円（不利差異）

標準原価計算のその他の計算形態

重要度

　このSectionでは、検定試験対策として可能な限りおさえておきたい、その他の標準原価計算の論点を学習します。
　重要性が高いとはいえない論点でも、もしも出題された場合に、軽くでも学習したことがあるか否かで大きな得点差を生むのでがんばりましょう。

1 | 工程別標準総合原価計算 [01]

1. 工程別標準総合原価計算

▶▶　工程別標準総合原価計算とは、工程別総合原価計算に標準原価を組み込んだ原価計算の方法です。標準原価計算は、単一工程総合原価計算のみならず、他の総合原価計算の形態や個別原価計算など、実際原価計算制度のもとで学習した計算形態のすべてに対して適用が可能です。

▶▶　原価を工程別に計算する目的は、正確な製品原価の計算と原価管理にあります。原価管理に重点を置き、かつ正確な製品原価の計算を行うためには、標準原価計算を併せて適用すると有効になります。

2. 製造工程の細分化

▶▶　工程別標準総合原価計算を採用している場合、作業の性質に合わせて原価を集計するため、製造工程を細分化することがあります [02]。この細分化された工程は [03]、原価標準にも組み込まれます。そのさい、原価の集計は作業区分ごとに行いますが、勘定記入は工程別に行うのが一般的です。

3. 原価標準の設定

▶▶　工程別標準総合原価計算を適用する場合、原価標準は工程別に集計され、その原価標準を用いて、各工程の仕掛品勘定における完成品原価および仕掛品原価を計算します。

▶▶　原価標準があらかじめ定められているので、累加法による場合でも、前工程の計算を待たずに次工程の計算ができます。

01) 工程別標準総合原価計算は、いわば実際工程別総合原価計算と標準原価計算をあわせた形になります。

02) より正確な原価計算とより効果的な原価管理を行うことができます。

03) 作業区分、作業単位や小工程などといわれます。

CHAPTER
11
標準原価計算の応用

▸ 原価標準に作業区分を組み込んだ場合の標準原価カードは、以下のようになります。

● 工程別の標準原価カード（製品X1個あたり）

第1工程

直接材料費		
1,250円/kg × 5kg =		6,250円
直接労務費		
1,100円/時 × 3時間 =		3,300円
製造間接費		
1,200円/時 × 2時間 =		2,400円
合計（第1工程完成品）		11,950円

第2工程

前工程費			
11,950円/個 ×	1個 =		11,950円
直接労務費			
第1作業	800円/時 × 1.5時間 =		1,200円
第2作業	900円/時 × 2時間 =		1,800円
製造間接費			
第1作業	1,000円/時 × 1時間 =		1,000円
第2作業	1,000円/時 × 1.5時間 =		1,500円
合計（製品X）			17,450円

Q | 3-1 | **工程別標準総合原価計算** |

　当社では、単一製品Xを連続的に生産しており、パーシャル・プランによる工程別標準総合原価計算（累加法）を採用している。この製品は2つの工程によって生産されるが、原価管理を徹底するため、第2工程については第1作業および第2作業に区分している。以下の資料をもとに、各問に答えなさい。

問1　仕掛品−第2工程勘定を完成させなさい。

問2　問1で計算した標準原価差異について、原因別に分析しなさい。なお、能率差異については変動費と固定費の両方から把握すること。

📖 **資料**

1. 製品Xの原価標準（製品X1個あたりの標準原価）

直接材料費	@1,250円	×	5kg	=	6,250円
直接労務費					
第1工程	@1,100円	×	3時間	=	3,300円
第2工程					
第1作業	@ 800円	×	1.5時間	=	1,200円
第2作業	@ 900円	×	2時間	=	1,800円
製造間接費					
第1工程	@1,200円	×	2時間	=	2,400円
第2工程					
第1作業	@1,000円	×	1時間	=	1,000円
第2作業	@1,000円	×	1.5時間	=	1,500円
合計					17,450円

　（注）直接材料はすべて第1工程の始点で投入される。

2. 製造間接費予算（公式法変動予算による）

　第2工程における変動費率は@400円、固定製造間接費予算額は960,000円、基準操業度は1,600時間である。なお、機械作業時間を配賦基準としている。

3. 生産データ

	第1工程	第2工程
月初仕掛品	120個（1/2）	80個（①）
当月投入	640	600
合計	760個	680個
月末仕掛品	160 （2/5）	120 （②）
完成品	600個	560個

（注1）カッコの中の数値は加工進捗度を示す。

（注2）① 第2工程月初仕掛品は前月中に第1作業の1/5まで終了している。

② 第2工程月末仕掛品は当月末時点で第2作業の1/4まで終了している。

4. 当月の実際発生額（第2工程のみ）

（1）直接労務費

第1作業：@805円 × 980時間 = 788,900円

第2作業：@910円 × 1,173時間 = 1,067,430円

（2）製造間接費

1,569,000円（実際機械作業時間 1,540時間）

A ｜ ３-１ ｜ 解答 ｜

問1

仕掛品－第2工程

月初仕掛品	991,200	製品	9,772,000
仕掛品－第1工程	7,170,000	月末仕掛品	1,797,000
直接労務費	1,856,330	標準原価差異	17,530
製造間接費	1,569,000		
	11,586,530		11,586,530

問2

（第2工程）

第1作業		第2作業	
賃率差異	時間差異	賃率差異	時間差異
△ 4,900円	+ 12,800円	△ 11,730円	+ 6,300円

予算差異	能率差異	操業度差異
+ 7,000円	+ 9,000円	△ 36,000円

３-１ ｜ 解説 ｜

1. 生産データの整理

ポイントは第2工程の生産データの整理にあります。第2工程は第1作業と第2作業に細分されていますが、資料では第2工程全体の生産データしか与えられていないため、このデータを第1作業と第2作業の生産データに分割する必要があります。生産データを分割するときの「カギ」は月初、月末の仕掛品になります。

(1) まず月初仕掛品と月末仕掛品が第2工程の第1作業、第2作業のいずれにあるのかを確認します。

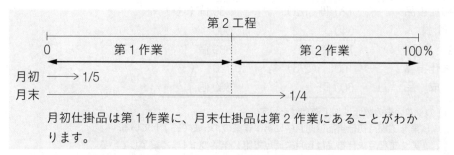

月初仕掛品は第1作業に、月末仕掛品は第2作業にあることがわかります。

(2) ボックスへの記入

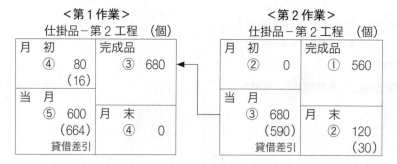

● 記入の手順

第2作業から第1作業へさかのぼる形で記入していきます。

① 第2作業の完成品量を記入
② 第2作業にある月末仕掛品量を記入（月初仕掛品は第1作業にあるためゼロを記入）
③ 第2作業のボックスの貸借差引きで当月投入量を計算し、第1作業へ転記
④ 第1作業にある月初仕掛品量を記入（月末仕掛品は第2作業にあるためゼロを記入）
⑤ 第1作業のボックスの借差引きで当月投入量を計算

2. 仕掛品勘定の記入

工程および作業区分ごとに原価標準を整理します。

(1) 原価標準の整理

<u>第1工程</u>

直接材料費	@1,250円	×	5 kg	=	6,250円
直接労務費	@1,100円	×	3時間	=	3,300円
製造間接費	@1,200円	×	2時間	=	2,400円
合　計					11,950円 Ⓐ

<u>第2工程（第1作業）</u>

直接労務費	@ 800円	×	1.5時間	=	1,200円
製造間接費	@1,000円	×	1時間	=	1,000円
合　計					2,200円 Ⓑ

第 2 工程（第 2 作業）

直接労務費	@ 900 円	×	2 時間	=	1,800 円
製造間接費	@1,000 円	×	1.5 時間	=	1,500 円
合　計					3,300 円 ⓒ

(2) 勘定記入

パーシャル・プランによるため、当月製造費用は実際発生額、完成品原価、月初・月末仕掛品原価は標準原価で記入されます。

月 初 仕 掛 品：第 1 作業にある … Ⓐ と Ⓑ により計算

@11,950 円 × 80 個 ＋ @2,200 円 × 16 個 ＝ 991,200 円

仕掛品 - 第 1 工程：第 1 工程完成品が振り替えられたもの … Ⓐ により計算

@11,950 円 × 600 個 ＝ 7,170,000 円

製 　　　　　品：最終完成品 … 製品 X（最終完成品）の原価標準により計算

@17,450 円 × 560 個 ＝ 9,772,000 円

月 末 仕 掛 品：第 2 作業にある … Ⓐ ～ ⓒ により計算

第 2 作業にあるということは、第 1 作業はすでに完了しているため、Ⓑ の加工進捗度を 100%として計算します。

(@11,950 円 ＋ @2,200 円) × 120 個 ＋ @3,300 円 × 30 個 ＝ 1,797,000 円

標 準 原 価 差 異：貸借差額

3. 標準原価差異の分析

標準の消費量は 1. (2) の生産データ（当月加工量）をもとに計算します。

(1) 直接労務費（第 2 工程の差異分析）

直接労務費については、作業区分ごとに差異分析を行います。

【第 1 作業】

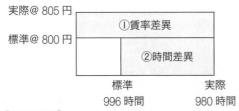

標準直接作業時間：664 個 × 1.5 時間 ＝ 996 時間
① (@800 円 − @805 円) × 980 時間 ＝ △ 4,900 円
② @800 円 × (996 時間 − 980 時間) ＝ ＋ 12,800 円

【第 2 作業】

標準直接作業時間：590 個 × 2 時間 ＝ 1,180 時間
③ (@900 円 − @910 円) × 1,173 時間 ＝ △ 11,730 円
④ @900 円 × (1,180 時間 − 1,173 時間) ＝ ＋ 6,300 円

(2) 製造間接費（第2工程の差異分析）

　原価の集計は作業区分ごとに行いますが、製造間接費予算は工程全体に対して設定されるため、差異分析も工程別に行います。

標準機械作業時間：664 個 × 1 時間 ＋ 590 個 × 1.5 時間 ＝ 1,549 時間（第2工程全体の時間）
　　　　　　　　　　　第1作業　　　　　　第2作業

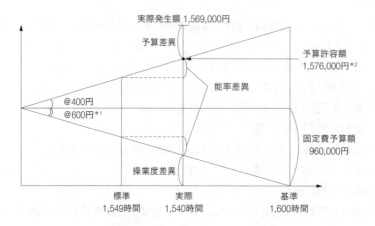

　　＊1　960,000 円 ÷ 1,600 時間 ＝ @600 円
　　＊2　@400 円 × 1,540 時間 ＋ 960,000 円 ＝ 1,576,000 円

予 算 差 異：1,576,000 円 － 1,569,000 円 ＝ ＋ 7,000 円
能 率 差 異：@1,000 円 × （1,549 時間 － 1,540 時間）＝ ＋ 9,000 円
操業度差異：@600 円 × （1,540 時間 － 1,600 時間）＝ △ 36,000 円

2 | 標準個別原価計算

▶▶ 標準個別原価計算とは、個別原価計算において標準原価を用いる計算形態
です。個別原価計算では、製造指図書別に原価を計算するので、原価標準も
指図書別に設定します。

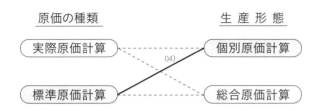

04) これまで学習してきたのは、標準総合原価計算です。通常は標準原価計算といった場合、標準総合原価計算を指します。

▶▶ 標準個別原価計算を採用している場合の計算方法については、次の問題で
見ていきましょう。

Q | ３-２ | 標準個別原価計算 |

次の資料にもとづき、指図書別原価計算表およびシングル・プランにより仕掛品勘定の記入を
行いなさい。

📄 **資料**

1. 指図書別標準原価カード

	#101	#201	#301
直接材料費	@ 500円×55 kg ＝ 27,500円	@ 500円×50 kg ＝ 25,000円	@ 500円×75 kg ＝ 37,500円
直接労務費	@ 600円×50時間＝ 30,000円	@ 600円×90時間＝ 54,000円	@ 600円×60時間＝ 36,000円
製造間接費	@ 900円×50時間＝ 45,000円	@ 900円×90時間＝ 81,000円	@ 900円×60時間＝ 54,000円
合 計	102,500円	160,000円	127,500円

2. 作業進捗状況

　＃101 …… 前月に作業を着手し、前月末までに加工作業の20%が終了した。なお、当月中に
　　　　　　作業のすべてが完了した。

　＃201 …… 当月に作業を着手し、当月中に完成した。

　＃301 …… 当月に作業を着手し、当月末までに作業の70%が終了した。

　　　　　　(注) 直接材料は、各指図書共に作業着手時にすべて投入されている。

CHAPTER **11**

標準原価計算の応用

指図書別原価計算表　　　　（単位：円）

摘　要	#101	#201	#301	合　計
前 月 繰 越	42,500	－	－	42,500
直接材料費	－	25,000	37,500	62,500
直接労務費	24,000	54,000	25,200	103,200
製造間接費	36,000	81,000	37,800	154,800
合　計	102,500	160,000	100,500	363,000
備　　考	完　成	完　成	仕掛中	

仕 掛 品　　　　（単位：円）

前 月 繰 越	42,500	製　　　品	262,500
材　　　料	62,500	次 月 繰 越	100,500
賃　　　金	103,200		
製造間接費	154,800		
	363,000		363,000

指図書別に設定された原価標準を使って各金額を計算していきます。

1. 指図書別原価計算表

(1) #101 … 前月着手（加工進捗度20%）・当月完成

前 月 繰 越：27,500円＋（30,000円＋45,000円）×20%＝42,500円
　　　　　　　　　　　　　　　加工費

直接材料費：前月の作業着手時にすべて投入済み

直接労務費：30,000円×（100%－20%）＊＝24,000円

製造間接費：45,000円×（100%－20%）＊＝36,000円

＊ 前月に20%分の加工を行っているため、当月は残り80%分の加工を行っていることになります。

(2) #201 … 当月着手・当月完成

前 月 繰 越：当月着手のためナシ

当月製造費用については、標準原価カードに記載された金額をそのまま記入します。

(3) #301 … 当月着手・当月未完成（加工進捗度70%）

前 月 繰 越：当月着手のためナシ

直接材料費：作業着手時にすべて投入されるため37,500円

直接労務費：36,000円×70%＝25,200円

製造間接費：54,000円×70%＝37,800円

2. 仕掛品勘定

仕掛品勘定の借方は、原価計算表のヨコの合計（各費目の合計）に対応します

仕掛品勘定の貸方は、原価計算表のタテの合計（指図書別の原価合計）に対応します。

3 標準原価計算への設備総合効率の導入

1. 設備総合効率とは

▶ 標準原価計算はもともと、直接労務費の原価管理のために考案されたものであり、生産の主力がヒト（直接工）であった時代には最適な管理方法と考えられていました。

▶ しかし、企業環境の変化にともない工場の自動化が進められ、生産の主力はヒトから設備に代わっていくとともに、直接労務費の管理という標準原価計算の役割は低下していきました。

▶ この結果、工場では設備管理の重要性が高まり、設備をどれほど効率的に利用したかを判断するために設備総合効率[05]という指標が用いられるようになりました。

2. 設備総合効率を導入した標準原価差異分析

▶ 設備総合効率は比率で計算されるため、そのままでは標準原価計算と結びつけることはできません。

▶ そこで、設備総合効率を比率ではなく、これを構成する実際稼働時間や計画停止時間などの時間に分解することによって標準原価計算の差異分析にも応用することができます[06]。

具体的な数値がないとわかりづらい内容なので、次の計算例で説明していきます。

05) 設備総合効率（%）
$$= \frac{標準稼働時間}{計画稼働時間}$$
設備全体としての効率を測定するだけではなく、さらに4つの比率に分解して、良否の原因を分析することができます。

06) 過去に検定試験でも問われたことのある論点ですので、余裕のある方はおさえておきましょう。

CHAPTER
11

標準原価計算の応用

Section 3 ● 標準原価計算のその他の計算形態　11-39

Q | 3-3 | 設備総合効率を導入した標準原価差異分析 |

　当社では、標準原価計算制度を採用しており、加工費は設備の稼働時間を基準として標準配賦を行っている。次の資料にもとづいて以下の各問に答えなさい。なお、標準原価差異の分析にあたって、能率差異は標準配賦率を用いて計算すること。

問1　能率差異を速度低下ロス差異と、チョコ停ロス差異に分析しなさい。なお、不利差異の場合には金額の前に△を付すこと（問2も同様）。

問2　操業度差異を段取替ロス差異と、故障・停止ロス差異に分析しなさい。

資料

1. 設備の当月稼働時間など

　勤務時間　6,000分（うち、休憩などによる計画停止時間400分）

　計画稼働時間5,600分の内訳は次のとおりであった。

　　実際稼働時間　5,335分、段取替ロス時間　150分、故障停止時間115分

　標準稼働時間　？分、実際稼働時間と標準稼働時間の差は下記を原因としている。

　　速度低下ロス時間　？分、チョコ停ロス時間　？分

（注1）速度低下ロス時間とは、設備が安定的に稼働したとしても、設計値どおりに稼働しなかったために生じた時間を意味する。

（注2）チョコ停ロス時間とは、投入材料の加工に要したはずの実際時間と実際稼働時間の差である。なお、チョコ停とは停止時間が5分以内の機械の停止を意味する。

2. 製品製造に関するデータ

　製品1個の製造のために、材料1個を必要とする。

　当月の材料投入量　1,500個（仕損は生じていない）

　理論（標準）サイクル・タイム　3.50分/個、実際サイクル・タイム　3.55分/個

（注3）サイクル・タイムとは、当該設備で製品1個を加工するのに要する時間を意味する。

3. 原価に関するデータ

(1) 標準加工費　　変動費率　500円/分、月間固定加工費　1,680,000円

(2) 当月実際加工費　4,377,600円

A | 3-3 | 解答 |

問1

能率差異	速度低下ロス差異	チョコ停ロス差異
△ 68,000 円	△ 60,000 円	△ 8,000 円

問2

操業度差異	段取替ロス差異	故障・停止ロス差異
△ 79,500 円	△ 45,000 円	△ 34,500 円

当月の稼働時間などを下記のように図表にまとめたうえで、差異分析を行います。

1. 稼働時間の内容の整理

勤務時間 6,000 分					
計画稼働時間 5,600 分 *1					計画停止時間 400 分
実際稼働時間 *2 5,335 分			段取替ロス 150 分 *6	故障・停止ロス 115 分 *7	
標準稼働時間 5,250 分 *3	速度低下ロス 75 分 *4	チョコ停ロス 10 分 *5			

            能率差異   操業度差異

* 1　計画稼働時間：本問では資料に直接与えられていますが、次のように計算することもできます。
　　　　　　　6,000 分（勤務時間）－ 400 分（休憩などによる計画停止時間）= 5,600 分
　　　　　　　計画稼働時間は、加工費の配賦における基準操業度です。

* 2　実際稼働時間は、加工費の配賦における実際操業度です。よって、実際稼働時間と計画稼働時間の差が操業度差異を意味します。

* 3　標準稼働時間：@3.50 分（理論サイクル・タイム）×1,500 個（当月の材料投入量＝完成品量）= 5,250 分
　　　　　　　標準稼働時間は、加工費の配賦における標準操業度です。よって、標準稼働時間と実際稼働時間の差が能率差異を意味します。

* 4　速度低下ロス：(@3.55 分（実際サイクル・タイム）－@3.50 分（理論サイクル・タイム))×1,500 個 = 75 分
　　　　　　　直接労務費の作業時間差異の計算と同様に、標準時間と実際時間の差にもとづいて計算します。ただし、ここでの実際時間は 5,325 分（= @3.55 分 ×1,500 個）ですが、上記のとおり設備の実際稼働時間は 5,335 分です。この差の 10 分は次のチョコ停ロスです。

* 5　チョコ停ロス：5,335 分（実際稼働時間）－@3.55 分（実際サイクル・タイム）×1,500 個 = 10 分
　　　　　　　この 10 分は、設備が稼働しコストが発生しているものの、製品のための加工が行われていなかった時間（設備がチョコチョコ（たびたび）停止していた時間）を意味します。

* 6　段取替ロスとは、段取替（製品種類や作業内容が変わるときの段取り作業）のための時間が計画を上回ってしまった分を意味します。

* 7　故障・停止ロスとは、設備の思わぬ故障などによって設備が停止してしまった時間を意味します。

CHAPTER **11** 標準原価計算の応用

2. 能率差異

固定費率：$\dfrac{1,680,000 \text{円（月間固定加工費）}}{5,600 \text{分（基準操業度）}} = @300 \text{円}$

標準配賦率：@500円（変動費率）＋@300円＝@800円

(1) 能率差異

$@800 \text{円} \times (\underset{\text{標準操業度}}{5,250 \text{分}} - \underset{\text{実際操業度}}{5,335 \text{分}}) = \triangle 68,000 \text{円（不利差異）}$

(2) 速度低下ロス差異

@800円×△75分（上記＊4より）＝△60,000円（不利差異）

(3) チョコ停ロス差異

@800円×△10分（上記＊5より）＝△8,000円（不利差異）

3. 操業度差異

(1) 操業度差異

$@300 \text{円（固定費率）} \times (\underset{\text{実際操業度}}{5,335 \text{分}} - \underset{\text{基準操業度}}{5,600 \text{分}}) = \triangle 79,500 \text{円（不利差異）}$

(2) 段取替ロス差異

@300円（固定費率）×△150分＝△45,000円（不利差異）

(3) 故障・停止ロス差異

@300円（固定費率）×△115分＝△34,500円（不利差異）

Section

4 標準原価差異の会計処理

重要度

標準原価計算の学習の最後は、標準原価差異の会計年度末の処理です。
標準原価差異は単に計算されるだけでなく、帳簿に記入されています。よって、会計年度末にはそれらについて何らかの処理（仕訳）を行う必要があります。特に、比較的多額の原価差異については、少々ややこしい処理となるため、焦らずにじっくりと取り組みましょう。

1 標準原価差異の会計処理とは

▶ 期中における原価計算期末では各差異勘定に集計して、繰り越していけばよいですが、会計年度末には外部報告用の財務諸表を作成するために標準原価差異を適切に処理する必要があります。

▶ 財務諸表を作成するために、標準原価で計算された売上原価や期末棚卸資産に対して、標準原価差異残高を加算または減算する手続を標準原価差異の会計処理といいます。

2 標準原価差異の会計処理

▶ 標準原価計算によって把握された原価差異は、会計年度末において次のように処理します。

▶ 材料受入価格差異を除いて、全額を売上原価に賦課する処理が原則です。

原価差異の種類	会計処理
材料受入価格差異	材料払出高と期末有高に配賦
材料払出高に配賦された材料受入価格差異とその他の原価差異	原則 原価差異が比較的少額のとき 売上原価に賦課 例外 原価差異が比較的多額のとき 売上原価と期末棚卸資産に配賦*
数量差異、作業時間差異、能率差異等で異常な状態にもとづくもの	非原価項目として処理

* 個別原価計算の場合 … 指図書別または科目別に配賦
　総合原価計算の場合 … 科目別に配賦

CHAPTER 11 標準原価計算の応用

▶ 原価計算基準では次のように規定しています。

┌───┐
│ 四七　原価差異の会計処理 │
│ ⑴　実際原価計算制度における原価差異の処理は、次の方法による。 │
│ 　1　原価差異は、材料受入価格差異を除き、原則として当年度の売上原価に賦課する。 │
│ 　2　材料受入価格差異は、当年度の材料の払出高と期末在高に配賦する。この場合、 │
│ 　材料の期末在高については、材料の適当な種類群別に配賦する。 │
│ 　3　予定価格等が不適当なため、比較的多額の原価差異が生ずる場合、直接材料費、 │
│ 　直接労務費、直接経費および製造間接費に関する原価差異の処理は、次の方法によ │
│ 　る。 │
│ 　　①　個別原価計算の場合 │
│ 　　　次の方法のいずれかによる。 │
│ 　　　イ　当年度の売上原価と期末におけるたな卸資産に指図書別に配賦する。 │
│ 　　　ロ　当年度の売上原価と期末におけるたな卸資産に科目別に配賦する。 │
│ 　　②　総合原価計算の場合 │
│ 　　　当年度の売上原価と期末におけるたな卸資産に科目別に配賦する。 │
│ ⑵　標準原価計算制度における原価差異の処理は、次の方法による。 │
│ 　1　数量差異、作業時間差異、能率差異等であって異常な状態に基づくと認められる │
│ 　ものは、これを非原価項目として処理する。 │
│ 　2　前記1の場合を除き、原価差異はすべて実際原価計算制度における処理の方法に │
│ 　準じて処理する。 │
└───┘

3 ｜ 標準原価差異の表示

▶ 売上原価に賦課または配賦された原価差異は次のように損益計算書に表示
されます。

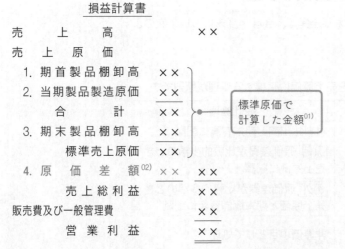

損益計算書

売　上　高　　　　　　××
売　上　原　価
　1. 期首製品棚卸高　××
　2. 当期製品製造原価　××
　　　合　　計　　　××　　標準原価で
　3. 期末製品棚卸高　××　　計算した金額[01]
　　標準売上原価　　××
　4. 原　価　差　額[02]　××　　××
　　売上総利益　　　　××
販売費及び一般管理費　　　　××
　　営　業　利　益　　　　××

01) 貸借対照表は原価差異配
　賦後の金額で表示します。

02) 損益計算書上は「原価差
　額」とします。

4 | 追加配賦の計算方法

原価標準が不適当なため、比較的多額の原価差異が生じた場合、当年度の売上原価と期末棚卸資産に追加配賦を行います。追加配賦を行うための計算には一括調整法と、ころがし計算法の2つがあります。

1. 一括調整法

一括調整法では、原価差異を売上原価と期末棚卸資産の標準原価の比率で追加配賦します。

$$\text{売上原価に対する追加配賦額} = \text{原価差異} \times \frac{\text{標準売上原価}}{\text{売上原価と期末棚卸資産の標準原価の合計}}$$

$$\text{棚卸資産}^{*}\text{に対する追加配賦額} = \text{原価差異} \times \frac{\text{棚卸資産の標準原価}}{\text{売上原価と期末棚卸資産の標準原価の合計}}$$

＊期末仕掛品と期末製品は区別して配賦します

一括調整法には、①原価差異の合計額を一括で追加配賦する方法と ②原価要素別に原価差異を追加配賦する方法がありますが、本書では ①の方法について見ていきます[03]。

03) 検定試験では問題の指示に従ってください。

Q | 4-1 | 一括調整法 |

以下の資料にもとづいて、一括調整法により標準原価差異を追加配賦した場合の期末仕掛品、期末製品、売上原価の金額を計算しなさい。

資料

1. 製品の原価標準

直接材料費	@250円×2kg	=	500円
直接労務費	@100円×2時間	=	200円
製造間接費	@150円×2時間	=	300円
合　計			1,000円

   (注) 材料は工程始点で投入する。

2. 生産・販売データ

   期末製品 1,600個、期末仕掛品 500個（加工進捗度50％）、販売 2,000個

3. 直接材料、仕掛品、製品の期首有高はない。

4. 当期の原価差異　397,500円（不利差異）

   なお、原価差異は原価標準が不適当なために生じた比較的多額なものである。

A | 4-1 | 解答 |

期末仕掛品　<u>412,500</u>円　　期末製品　<u>1,760,000</u>円　　売上原価　<u>2,200,000</u>円

1. 各項目の標準原価

期末仕掛品：@500 円× 500 個＋（@200 円＋@300 円）×500 個 ×50％= 375,000 円

期 末 製 品：@1,000 円× 1,600 個= 1,600,000 円

売 上 原 価：@1,000 円× 2,000 個= 2,000,000 円

2. 一括調整法による追加配賦額

期末仕掛品：397,500円× $\dfrac{375,000円}{375,000円 + 1,600,000円 + 2,000,000円}$ = 37,500円

期 末 製 品：397,500円× $\dfrac{1,600,000円}{375,000円 + 1,600,000円 + 2,000,000円}$ =160,000円

売 上 原 価：397,500円× $\dfrac{2,000,000円}{375,000円 + 1,600,000円 + 2,000,000円}$ =200,000円

3. 差異配賦後の金額の計算

期末仕掛品：375,000 円＋ 37,500 円= 412,500 円

期 末 製 品：1,600,000 円＋ 160,000 円= 1,760,000 円

売 上 原 価：2,000,000 円＋ 200,000 円= 2,200,000 円

2. ころがし計算法

▶ ころがし計算法では、原価差異を原価要素別にその発生の段階を追って追加配賦します。一括調整法よりも厳密な方法であり、実際原価で計算した場合と金額が近くなります。

Q | 4-2 | **ころがし計算法** |

当社では、原料Cを投入することにより製品Rを量産している。以下の資料にもとづいて、ころがし計算法により標準原価差異を追加配賦した場合の期末仕掛品、期末製品、売上原価の金額を計算しなさい。

📄 **資料**

1. 製品の原価標準

直接材料費X	@320円	×	5 kg	=	1,600円
直接材料費Y	@ 40円	×	2 kg	=	80円
直 接 労 務 費	@700円	×	2時間	=	1,400円
製 造 間 接 費	@1,000円	×	2時間	=	2,000円
合　　　計					5,080円

（注）材料 X は工程始点で投入し、材料 Y は工程を通じて平均的に投入する。

2. 生産・販売データ　（　）内は加工進捗度を示す。

期首仕掛品	0個	期首製品	0個	
当期投入	2,400	当期完成	1,800	
合計	2,400個	合計	1,800個	
期末仕掛品	600　(0.5)	期末製品	200	
完成品	1,800個	当期販売	1,600個	

3. 期首材料および期末材料は存在しなかった。

4. 当期の原価差異

直接材料費（X）差異　163,200円（不利差異）　　直接材料費（Y）差異　9,450円（不利差異）

直接労務費差異　231,000円（不利差異）

製造間接費差異　294,000円（不利差異）

5. 原価差異は比較的多額なものとして、売上原価と期末棚卸資産に追加配賦する。

6. この他に受入価格差異の追加配賦額は次のとおりであり、これらも加えて計算すること。

売上原価　176,000円

製　品　22,000円

仕掛品　63,000円

A │ 4-2 │ **解答** │

期末仕掛品　__2,184,150__円　　期末製品　__1,102,500__円　　売上原価　__8,820,000__円

💡│ 4-2 │ **解説** │

1. ころがし計算法による追加配賦額

　始点投入の材料については数量、平均的投入の材料と加工費については完成品換算量にもとづいて追加配賦を行います。

(I) 材料X

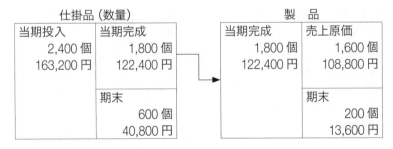

期末仕掛品：$\dfrac{163,200円}{2,400個}$ (＝@68円) × 600個 = 40,800円

当期完成：@68円 × 1,800個 = 122,400円

期末製品：$\dfrac{122,400円}{1,800個}$ (＝@68円) × 200個 = 13,600円

売上原価：@68円 × 1,600個 = 108,800円

(2) 材料Y、直接労務費、加工費

これらは完成品換算量にもとづいて追加配賦を行うため、まとめて計算すると効率的です。

原価差異の合計：9,450円 + 231,000円 + 294,000円 = 534,450円

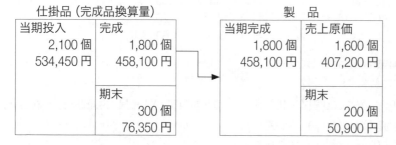

仕掛品（完成品換算量）

当期投入	完成
2,100 個	1,800 個
534,450 円	458,100 円
	期末
	300 個
	76,350 円

製　品

当期完成	売上原価
1,800 個	1,600 個
458,100 円	407,200 円
	期末
	200 個
	50,900 円

期末仕掛品：$\dfrac{534,450 円}{2,100 個}$（＝@254.5円）× 300個 = 76,350円

当 期 完 成：@254.5円 × 1,800個 = 458,100円

期 末 製 品：$\dfrac{458,100 円}{1,800 個}$（＝@254.5円）× 200個 = 50,900円

売 上 原 価：@254.5円 × 1,600個 = 407,200円

2. 各金額の計算

(1) 差異配賦前の金額（標準原価）の計算

期末仕掛品：@1,600円 × 600個 +（@80円 + @1,400円 + @2,000円）× 300個
　　　　　　= 2,004,000円

期 末 製 品：@5,080円 × 200個 = 1,016,000円

売 上 原 価：@5,080円 × 1,600個 = 8,128,000円

(2) 差異配賦後の金額の計算

期末仕掛品：2,004,000円 + 40,800円 + 76,350円 + 63,000円 = 2,184,150円
　　　　　　標準原価　　　　　　　　　　　　受入価格差異

期 末 製 品：1,016,000円 + 13,600円 + 50,900円 + 22,000円 = 1,102,500円
　　　　　　標準原価　　　　　　　　　　　　受入価格差異

売 上 原 価：8,128,000円 + 108,800円 + 407,200円 + 176,000円 = 8,820,000円
　　　　　　標準原価　　　　　　　　　　　　　　　　　　受入価格差異

材料受入価格差異は、会計年度末に材料払出高と期末材料有高に対して追加配賦します。

なお、材料払出高とは売上原価・期末製品・期末仕掛品の標準消費量と材料数量差異[04]を合わせたものを意味します。

04) 材料数量差異に対して、材料受入価格差異を追加配賦しない方法もあります。検定試験では、問題の指示に従ってください。

材料受入価格差異				
売上原価	期末製品	期末仕掛品	材料数量差異	期末材料

実際払出量

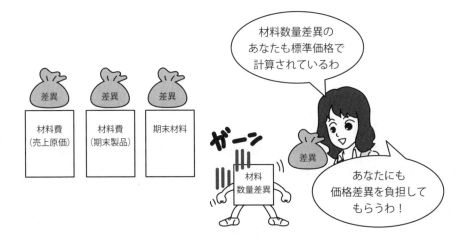

Q 4-3 │ **材料受入価格差異** │

当社では、2つの材料XとYを用いて製品Pを大量連続生産しており、原価計算方式として標準総合原価計算を採用している。以下の資料にもとづいて、原価差異は原価標準が不適当であるために生じた比較的多額なものであると判断された場合の期末仕掛品、期末製品、売上原価の金額を計算しなさい。

追加配賦は、追加配賦後の各科目の金額ができる限り実際原価に一致するように行うこととし、加工費に関するデータおよび資料から判明しない原価差異については考慮外とする。

📋 **資料**
1. 製品P原価標準 (材料費のみ)
   X材料費 @320円× 5kg = 1,600円
   Y材料費 @ 40円× 2kg =   80円
   (注)X材料は工程始点で投入され、Y材料は工程を通じて平均的に投入される。

2. 製品 P 生産および販売データ

当期投入量　2,400 個、期末仕掛品量　600 個（加工進捗度 50％）

当期販売量　1,600 個

	材料購入量	材料消費量	期末在庫量	実際購入価格
X 材料	14,000 kg	12,480 kg	1,520 kg	@340 円／kg
Y 材料	5,000 kg	4,410 kg	590 kg	@45 円／kg

（注）当期末に棚卸減耗は生じていない。

3. 期首材料・期首仕掛品・期首製品はなかった。

A ４-３ ｜解答｜

期 末 仕 掛 品 　1,089,150 円

期 末 製 品 　372,500 円

売 上 原 価 　2,980,000 円

💡 ４-３ ｜解説｜

「追加配賦は、追加配賦後の各科目ができる限り実際原価に一致するように行うこと」という指示があるため、次のように処理します。

● 材料受入価格差異は実際払出数量へ配分した場合との整合性から数量差異にも追加配賦する。

● 追加配賦はより厳密な計算方法である、ころがし計算法により行う。

1. 生産・販売データの整理

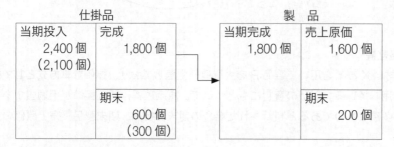

2. 材料受入価格差異の計算

購入数量に対して受入価格差異を把握します。

X 材料：（@320 円 − @340 円）× 14,000 kg ＝△ 280,000 円（不利差異）

Y 材料：（@ 40 円 − @ 45 円）× 5,000 kg ＝△ 25,000 円（不利差異）

3. 材料数量差異の計算

（1）材料 X

2,400 個（当月投入）× 5 kg − 12,480 kg（実際消費量）＝△ 480 kg[05]

△ 480 kg × @320 円（標準単価）＝△ 153,600 円（不利差異）

05）この数量は、受入価格差異の追加配賦のさいに使います。

(2) 材料Y

2,100 個（当月投入）× 2 kg － 4,410 kg（実際消費量）＝△ 210 kg[05]

△ 210 kg ×@40 円（標準単価）＝△ 8,400 円（不利差異）

4. 材料受入価格差異の追加配賦

(1) 追加配賦の基礎となる数量の整理（下図　　　　部分）

材料Xと材料Yのそれぞれの期末仕掛品量等の標準消費量を計算します。なお、材料Yは平均的投入のため、完成品換算量を用いて標準消費量を計算します。

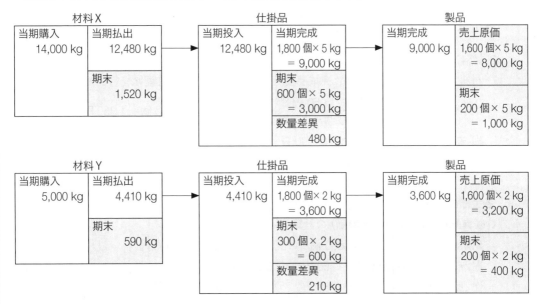

(2) 追加配賦

上記(1)で計算した数量にもとづいて追加配賦を行います。

	材料X		材料Y		合 計
	数 量	追加配賦額	数 量	追加配賦額	
売 上 原 価	8,000 kg	160,000 円 [*1]	3,200 kg	16,000 円 [*2]	176,000 円
期 末 製 品	1,000	20,000	400	2,000	22,000
期 末 仕 掛 品	3,000	60,000	600	3,000	63,000
材 料 数 量 差 異	480	9,600	210	1,050	10,650
期 末 材 料	1,520	30,400	590	2,950	33,350
	14,000 kg	280,000 円	5,000 kg	25,000 円	305,000 円

＊1　$280,000 円 \times \dfrac{8,000 \text{ kg}}{14,000 \text{ kg}} = 160,000 円$　　＊2　$25,000 円 \times \dfrac{3,200 \text{ kg}}{5,000 \text{ kg}} = 16,000 円$

5. 材料数量差異の追加配賦 (ころがし計算法)

本問では、【Q4-2】とは違う方法で計算してみましょう。期首の棚卸資産がない場合には、売上原価と期末棚卸資産の数量比 (完成品換算量比) にもとづいて配賦しても同じ結果になります。

(1) 材料X

材料Xは始点投入のため、数量比にもとづいて追加配賦を行います。

期末仕掛品：$\dfrac{153,600 円 + 9,600 円^{06)}}{600 個 + 200 個 + 1,600 個}$ $(=@68 円) \times 600 個 = 40,800 円$

期 末 製 品：$@68 円 \times 200 個 = 13,600 円$

売 上 原 価：$@68 円 \times 1,600 個 = 108,800 円$

> 06) 数量差異に追加配賦された受入価格差異。

(2) 材料Y

材料Yは平均的投入のため、完成品換算量比にもとづいて追加配賦を行います。

期末仕掛品：$\dfrac{8,400 円 + 1,050 円^{06)}}{300 個 + 200 個 + 1,600 個}$ $(=@4.5 円) \times 300 個 = 1,350 円$

期 末 製 品：$@4.5 円 \times 200 個 = 900 円$

売 上 原 価：$@4.5 円 \times 1,600 個 = 7,200 円$

6. 各金額の計算

(1) 差異配賦前の金額 (標準原価) の計算

期末仕掛品：$@1,600 円 \times 600 個 + @80 円 \times 300 個 = 984,000 円$

期 末 製 品：$(@1,600 円 + @80 円) \times 200 個 = 336,000 円$

売 上 原 価：$(@1,600 円 + @80 円) \times 1,600 個 = 2,688,000 円$

(2) 差異配賦後の金額の計算

期末仕掛品：$984,000 円 + \underset{受入価格差異}{63,000 円} + \underset{数量差異}{40,800 円 + 1,350 円} = 1,089,150 円$

期 末 製 品：$336,000 円 + 22,000 円 + 13,600 円 + 900 円 = 372,500 円$

売 上 原 価：$2,688,000 円 + 176,000 円 + 108,800 円 + 7,200 円 = 2,980,000 円$

<Section 1～3>

Chapter 12

費目別計算の応用

　このChapterでは、費目別計算の応用論点について学習しますが、多くは2級での学習内容をベースとしています。

　費目別計算を得意分野にできれば、工業簿記全体に対する安心感が増すのでがんばりましょう！

用語集

継続記録法
　材料の購入時、消費時ともに記録を行って、材料の実際消費量を計算する方法

棚卸計算法
　材料の購入時にのみ記録を行って、消費量は月末在庫量から逆算する方法

材料受入価格差異
　材料の購入時に、材料の予定単価と実際単価の差により計算される差異

就業時間
　工員の勤務時間のうち、賃金の支払対象となる時間

直接作業時間
　製品の製造作業に直接従事している時間（段取時間と加工時間）

間接作業時間
　直接作業以外の作業を行っている時間

手待時間
　停電や材料待ちなど、工員の責任以外の原因で作業ができない時間

定時間外作業手当
　定時間外（残業）での作業に対する手当（加給金）

外注加工賃
　材料の加工などを外部の企業に委託したときに支払う経費

1 材料費の計算

せっかく個別原価計算や総合原価計算をマスターしたのに、そこで用いる当月の材料費の金額を間違えてしまって…というのはとても残念な話です。

あらためて製品原価計算の流れ（費目別計算 → 部門別計算 → 製品別計算）を見て、費目別計算が重要であることを再認識しましょう。

1 | 材料費の計算方法

材料費の計算方法は、出入（受払）記録[01]を行うかどうかで異なります。

(1) 出入記録を行う材料（重要性の高い材料）

……主要材料、買入部品、補助材料[02]

材料費 ＝ 消費価格 × 実際消費量

(2) 出入記録を行わない材料（重要性の低い材料）

……工場消耗品、消耗工具器具備品

材料費 ＝ 原価計算期間における買入額

> 01) いくつ購入し、いくつ払い出したのかを記録することを「出入記録（または受払記録）を行う」といいます。
>
> 02) 補助材料は、消費額が間接材料費に分類されますが、出入記録を行う材料です。

原価計算基準では次のように規定しています。

> **十一 材料費計算**（一部抜粋）
>
> (1) 直接材料費、補助材料費等であって、出入記録を行なう材料に関する原価は、各種の材料につき原価計算期間における実際の消費量にその消費価格を乗じて計算する。
>
> (5) 間接材料費であって、工場消耗品、消耗工具器具備品等、継続記録法又はたな卸計算法による出入記録を行なわないものの原価は、原則として当該原価計算期間における買入額をもって計算する。

2 | 出入記録を行う材料の消費額

1. 実際消費量

実際消費量の計算方法には次の2つがあります[03]。

① 原則：継続記録法…材料の購入時、消費時ともに記録を行って、絶えず帳簿残高を明らかにする方法

> 03) 実際消費量の計算方法は、商業簿記における商品の販売数量の計算と同じです。

② 容認：**棚卸計算法**…材料の購入時にのみ記録を行って、消費量は月末在庫量から逆算する方法

※材料消費量＝月初在庫量＋当月購入量－月末在庫量（実地棚卸量）

① 継続記録法

月初在庫量	実際消費量
当月購入量	棚卸減耗量(04)
	月末在庫量（実地棚卸量）

月末在庫量（帳簿棚卸量）

② 棚卸計算法

| 月初在庫量 | 実際消費量（逆算） |
| 当月購入量 | 月末在庫量（実地棚卸量） |

04）継続記録法を採用する場合にのみ棚卸減耗を把握できます。

▶ 原価計算基準では次のように規定しています。

┌─ **十一 材料費計算**（一部抜粋）

(2) 材料の実際の消費量は、原則として継続記録法によって計算する。ただし、材料であって、その消費量を継続記録法によって計算することが困難なもの又はその必要のないものについては、たな卸計算法を適用することができる。

2. 消費価格

▶ 消費価格には実際価格と予定価格の2つがあります。

① 原則：**実際価格** (05)

実際の購入価格にもとづく金額です。なお、同種材料の購入価格が購入のつど異なるような場合には、次のいずれかの方法により消費価格を決定します。

先入先出法、移動平均法、総平均法、個別法

② 容認：**予定価格**

将来の一定期間における実際の購入価格を予想することによって定めた価格です。

05）商業簿記における商品の払出単価の計算と同じです。

▶ 原価計算基準では次のように規定しています。

┌─ **十一 材料費計算**（一部抜粋）

(3) 材料の消費価格は、原則として購入原価をもって計算する。
同種材料の購入原価が異なる場合、その消費価格の計算は、次のような方法による。
1 先入先出法 2 移動平均法 3 総平均法 4 後入先出法 (06) 5 個別法
材料の消費価格は、必要ある場合には、予定価格等をもって計算することができる。

06）制度会計上、後入先出法は廃止されましたが、『基準』上はいまだ削除されていないため、本テキストでは原文をそのまま載せています。

3. 材料費の計算

▶ (1)、(2)より、材料費は次のいずれかの計算式で求めます[07]。

07)実際価格、予定価格のど
ちらの場合も、実際消費
量を用います。

①**実際価格を用いる場合：材料費（実際消費額）= 実際価格 × 実際消費量**
②**予定価格を用いる場合：材料費（予定消費額）= 予定価格 × 実際消費量**

▶ ②の場合、予定消費額と実際消費額との差額が生じます。この差額を材料
消費価格差異として処理します。

材料消費価格差異 = 予定消費額 − 実際消費額
= （予定価格 − 実際価格）× 実際消費量

▶ 次の問題で、実際価格を用いる場合の計算を確認しましょう。

Q | 1-1 | **実際価格による材料費の計算** |
次の取引の仕訳を示しなさい。
材料（実際価格@2,150円）を 200 kg 消費した。
内訳は直接材料として 150 kg、間接材料として 50 kg であった。

A | 1-1 | **解答** |

| （借）仕 掛 品 | 322,500 | （貸）材 料 | 430,000 |
| 製 造 間 接 費 | 107,500 | | |

解説 | 1-1 | **解説** |

直接材料費：@2,150 円（実際価格）× 150 kg = 322,500 円
間接材料費：@2,150 円（実際価格）× 50 kg = 107,500 円

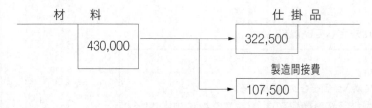

次の問題は、予定価格を用いる場合です。

Q | 1-2 | **予定価格による材料費の計算** |

次の取引の仕訳を示しなさい。なお、当社は材料費の計算について予定価格を用いている。
①材料（予定価格@2,000円、実際価格@2,150円）を200kg消費した。
内訳は直接材料として150kg、間接材料として50kgであった。
②当月の材料消費価格差異を計上した。

A | 1-2 | **解答** |

①	（借）仕　掛　品	300,000	（貸）材　　　料	400,000
	製　造　間　接　費	100,000		
②	（借）材料消費価格差異	30,000	（貸）材　　　料	30,000

💡 | 1-2 | **解説** |

① 予定価格によって材料費を計算します。実際価格は、②の材料消費価格差異の計算で必要になります。

直接材料費：@2,000円（予定価格）× 150kg ＝ 300,000円

間接材料費：@2,000円（予定価格）× 50kg ＝ 100,000円

② 材料消費価格差異：（@2,000円－@2,150円）×200kg ＝△30,000円（借方（不利）差異）

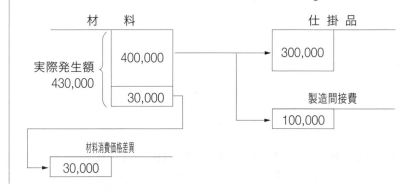

【Q1-1】と【Q1-2】は、どちらも一つの実際消費価格（@2,150円）が与えられており、実際消費額はその実際消費価格に消費量を掛けるだけで計算できました。次の問題では、月初材料と当月購入材料の購入価格が異なるため、先入先出法などによって実際消費額を計算する必要があります。

Q | **1-3** | 先入先出法などによる材料費の計算 |

材料Xに関する次の資料にもとづき、(1)から(3)のそれぞれについて当月の材料費を求めなさい。

📖 **資料**

1. 当月における材料Xの月初棚卸高および当月購入に関する資料は、次のとおりである。

	数 量	購入原価	（購入価格）
月初棚卸高	150kg	36,000円	（@240円）
当月購入	850kg	221,000円	（@260円）

2. 月末棚卸量は、120kgである。なお、棚卸減耗はなかった。

　(1) 先入先出法により、実際価格を用いる場合

　(2) 総平均法により、実際価格を用いる場合

　(3) 予定価格（@255円）を用いる場合

A | **1-3** | 解答 |

(1) <u>225,800</u>円　　(2) <u>226,160</u>円　　(3) <u>224,400</u>円

💡 | **1-3** | 解説 |

材 料 X

月 初　　150 kg 36,000円 （@240円）	当月払出 　　　　　　880 kg
当月購入　　850 kg 221,000円 （@260円）	月 末 　　　　　　120 kg

08) 総平均法では、月初材料と当月購入材料の合計から平均単価を計算します。

$$総平均法の単価^{08)} = \frac{36,000円 + 221,000円}{150\,kg + 850\,kg} = @257円$$

(1) 先入先出法による実際消費額：@240円 × 150 kg ＋ @260円 ×（880 kg － 150 kg）
　　　　　　　　　　　　　　　＝ 225,800円

(2) 総平均法による実際消費額：@257円 × 880 kg ＝ 226,160円

(3) 予定消費額：@255円 × 880 kg ＝ 224,400円

　なお、仮に実際消費額を先入先出法で計算する場合、材料消費価格差異は次のように計算されます。

　　材料消費価格差異：224,400円（予定消費額）－ 225,800円（実際消費額）
　　　　　　　　　　 ＝△1,400円（借方（不利）差異）

3 | 出入記録を行わない材料の消費額

▶▶ 出入記録を行わない材料については、原則として原価計算期間における買入額をそのまま材料費とします。

Q | 1-4 | **出入記録を行わない材料費の計算** |

次の取引の仕訳を示しなさい。

間接材料であるA材料の当月の消費額を計上した。なお、A材料については出入記録を行っておらず、当月の買入額は35,000円であった。

A | 1-4 | **解答** |

(借) 製 造 間 接 費	35,000	(貸) 材　　　料	35,000

💡 | 1-4 | **解説** |

継続記録法や棚卸計算法によって実際消費量を計算していない、重要性の低い材料です。よって、「消費価格×実際消費量」という計算は行われず、買入額をそのまま材料費とします。

材　　料		製造間接費
35,000	35,000 →	35,000

12

費目別計算の応用

4 | 材料受入価格差異（購入材料価格差異）

▶▶ これまで、材料費の計算で消費価格に予定価格を用いる場合があることを学習しましたが、それよりも早い段階の材料を購入した時点で予定価格を用いることがあります。

▶▶ つまり、材料の購入原価を実際の購入価格ではなく、予定価格によって計算するということです。このときに計算される差異を材料受入価格差異（または購入材料価格差異）といいます。

> **材料受入価格差異 ＝ 予定価格による購入原価 － 実際価格による購入原価**
> **＝（予定価格 － 実際価格）× 実際購入量** [09]

09) 材料消費価格差異を求めるときには、実際消費量を掛けましたね。

▶▶ 材料受入価格差異を把握するメリットとしては、

① 購入時に価格差異を把握することで、購買活動の管理に役立てることができる。

② 購入量が判明した時点で記帳できるため、記帳が迅速化される。

　という点があげられます。

▶▶ なお、材料受入価格差異を把握している場合、材料勘定に記入される金額
はすべて予定価格により計算された金額[10]となり、実際価格にもとづく金額
は一切記入されないことになります。

10)当月の購入原価だけではな
く、月初・月末材料も予定
価格で計算した金額です。

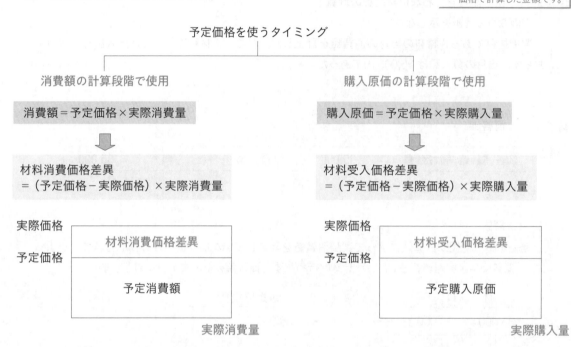

予定価格を使うタイミング

消費額の計算段階で使用 / 購入原価の計算段階で使用

消費額＝予定価格×実際消費量 / 購入原価＝予定価格×実際購入量

材料消費価格差異
＝（予定価格－実際価格）×実際消費量 / 材料受入価格差異
＝（予定価格－実際価格）×実際購入量

実際価格 / 材料消費価格差異 / 予定価格 / 予定消費額 / 実際消費量

実際価格 / 材料受入価格差異 / 予定価格 / 予定購入原価 / 実際購入量

Q | 1-5 | **材料受入価格差異の把握**

　次の取引の仕訳を示しなさい。

　材料（予定価格@2,000円、実際価格@2,150円）を掛けで200kg購入した。なお、当社では材料購入時に予定価格で記帳を行っている。

A | 1-5 | **解答**

| （借）材　　　料 | 400,000 | （貸）買　掛　金 | 430,000 |
| 材料受入価格差異 | 30,000 | | |

材　料：予定価格によって、購入原価を計算します。

　　　　@2,000 円（予定価格）× 200 kg = 400,000 円

買掛金：仕入先に支払う金額なので、実際価格によって計算します。

　　　　@2,150 円（実際価格）× 200 kg = 430,000 円

材料受入価格差異：（@2,000 円 − @2,150 円）× 200 kg = △30,000 円（借方（不利）差異）

　　　　　　　　　　　　　　　　　　　　　　購入量

```
      買　掛　金                    材　　　料
          │ 430,000 │──────┐   ┌→│ 400,000 │
          │         │      │   │
                           └───┤   材料受入価格差異
                               └→│ 30,000  │
```

5 ┃ 棚卸減耗の処理

▶ 材料は製造工程への払出しの他、破損や蒸発などの原因で減少することがあります。これらのうち正常な発生額は製品の製造原価とします。

1. 正常な棚卸減耗

▶ 製品を製造するにあたり、不可避的に発生する材料の棚卸減耗[11]を「正常な棚卸減耗」といいます。正常な棚卸減耗費は、原価性[12]があるため、間接経費として製造間接費に計上します。

（借）製造間接費	×××	（貸）材　　料	×××

11) 問題文では「通常の範囲内の減耗」などの表現が用いられます。

12) 原価性とは、製造原価とすべき性質をもっているかどうかということです。

2. 異常な棚卸減耗

▶ 異常な原因による棚卸減耗や、正常な量を超える棚卸減耗を「異常な棚卸減耗」といいます。異常な棚卸減耗費は、原価性がないと考え、非原価項目として製造原価には算入しません。

（借）損　　益	×××	（貸）材　　料	×××

▶ 異常な棚卸減耗費は、損益勘定に振り替え、損益計算書の営業外費用または特別損失に計上します。

2 | 消費賃金の計算

> 　消費賃金の計算は、受験生が苦手とすることが多い分野です。確かに、直接工と間接工、直接労務費と間接労務費、直接作業時間と間接作業時間など、用語も混乱しやすい面があります。
> 　Chapter 2 の内容とあわせて、確実に知識を整理していきましょう。

1 | 工員の分類と消費賃金

　工場の作業員（工員）は製品の製造にどのように携わっているかで直接工と間接工とに分けられます。

● **直接工**
　製品の製造に直接携わる作業員
　【例】機械工、切削工、組立工など

● **間接工**
　機械の修繕・清掃、材料の運搬などを行い、製品の製造に間接的に携わる作業員
　【例】修繕工、運搬工、清掃工など

　直接工の消費賃金の総額は、次のように計算されます。

直接工の消費賃金 ＝ 消費賃率 × 就業時間

　直接工の就業時間については、日々その内訳を記録します[01]。この時間記録の原価計算上の主目的は、直接作業時間を集計することにあります。それにより、製品別の直接労務費が計算され、製品原価をより正確に計算できるからです[02]。

　一方、間接工については通常、時間記録は行われません。間接工は間接的な作業のみを行うため、その消費賃金はすべて間接労務費となるからです[03]。

　原価計算基準では次のように規定しています。

01）例えば、ある日の就業時間 7 時間のうち、直接作業時間は 5 時間、間接作業時間は 2 時間など。

02）就業時間のうちの直接作業時間以外については、次の 2 で詳しく学習します。

03）間接工の消費賃金については 4 で学習します。

┌─ 十二　労務費計算 ─┐

(1) 直接賃金等であって、作業時間又は作業量の測定を行なう労務費は、実際の作業時間又は作業量に賃率を乗じて計算する。賃率は、実際の個別賃率又は、職場もしくは作業区分ごとの平均賃率による。平均賃率は、必要ある場合には、予定平均賃率をもって計算することができる。

　　直接賃金等は、必要ある場合には、当該原価計算期間の負担に属する要支払額をもって計算することができる。

(2) 間接労務費であって、間接工賃金、給料、賞与手当等は、原則として当該原価計算期間の負担に属する要支払額をもって計算する。

2 ｜ 直接工の消費賃金

1. 時間記録と直接工賃金

⏩　直接工は就業時間内に直接作業の他に修繕・運搬などの間接作業を行うこともあります。また、停電や材料待ち等、自分は作業の準備ができているのに、自分以外の責任によって作業が行えないということもあります。この中で直接作業時間に対応する賃金だけが直接労務費となります。したがって、直接工の消費賃金は直接労務費と間接労務費に分けて把握しなければなりません。直接工の就業時間は、次のように分類・集計されます。

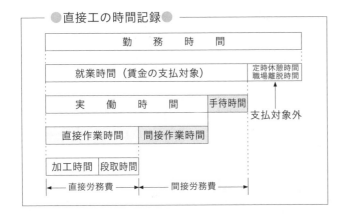

●就業時間

　　賃金の支払対象となる時間。

●直接作業時間

　　製品の製造作業に直接従事している時間。加工作業を行う加工時間と作業の準備を行う段取時間からなります。

●間接作業時間

　　直接作業以外の作業を行っている時間。

●手待時間

　　停電や材料待ち、工具待ちなど工員の責任以外の原因で作業ができない遊休時間。

▶ 直接工の消費賃金は、前記の分類をもとに次のように計算されます。

直接工の
消費賃金
直接労務費 = 消費賃率 × 直接作業時間
間接労務費 = 消費賃率 × (間接作業時間 + 手待時間)

塗装作業時間

作業場の片づけ時間

前行程の作業が遅れているため
加工品が届かず作業できない時間

↓

↓

↓

直接作業時間

間接作業時間

手待時間

Q | 2-1 | **直接工の消費賃金**

次の資料にもとづき、直接工の直接労務費と間接労務費を計算しなさい（消費賃率 @1,020 円）。

直接工の就業時間 (当月)

直接作業時間	1,000 時間
間接作業時間	250 時間
手 待 時 間	150 時間
計	1,400 時間

A | 2-1 | **解答**

直接労務費	1,020,000 円
間接労務費	408,000 円

💡 | 2-1 | **解説**

直接労務費：@1,020 円 (賃率) × 1,000 時間 (直接作業時間) = 1,020,000 円

間接材料費：@1,020 円 (賃率) × (250 時間 (間接作業時間) + 150 時間 (手待時間)) = 408,000 円

2. 消費賃率の計算

▶ 直接工の消費賃金の計算には、消費賃率が用いられます。消費賃率は1時間あたり消費賃金を意味し、賃金の支払額を就業時間で割って求めます。また、消費賃率には、実際消費賃率と予定消費賃率の2つがあります。

$$実際消費賃率 = \frac{基本賃金実際額 + 加給金実際額^{(04)}}{実際就業時間}$$

$$予定消費賃率 = \frac{基本賃金予算額 + 加給金予算額^{(04)}}{予定就業時間}$$

04) 賃金の支払額は基本賃金と加給金の合計です。なお、従業員賞与手当を含めることもあります。

▶ 次の問題で予定消費賃率を計算してみましょう。

Q | 2-2 | 予定消費賃金 |

次の資料にもとづき、直接工の予定消費賃率を求めなさい。

年間基本賃金予算額　28,000,000 円　　　　年間予定就業時間数　32,400 時間
年間加給金予算額　　 5,372,000 円

A | 2-2 | 解答 |

予定消費賃率　　＠　1,030 円

💡 | 2-2 | 解説 |

予定消費賃率：$\dfrac{28,000,000 円（年間基本賃金予算）+ 5,372,000 円（年間加給金予算）}{32,400 時間（年間予定就業時間数）}$

　　　　　= ＠1,030 円

▶ 消費賃率は、賃率を計算するときの工員の範囲によって、次の3つに分けられます。

● **個別賃率**

個々の直接工ごとに計算される消費賃率

● **職種別平均賃率**

同一作業を行う直接工の賃率を平均化した消費賃率

● **総平均賃率**

工場全体の直接工の賃率を平均化した消費賃率

それぞれ、実際消費賃率または予定消費賃率との組合わせとなるため、消費賃率には次の 6 通りがあります。なお、このうち予定職種別平均賃率がもっとも多く用いられます。

3 | 定時間外作業手当

定時間外の作業（残業による作業）が発生したときには、定時間外作業手当が生じます。定時間外作業手当は次のように計算し、基本的には間接労務費として処理します [05]。

> **定時間外作業手当 ＝ 消費賃率 × 割増率 × 定時間外作業時間**

ただし、定時間外作業手当は加給金（作業に直接関係のある手当）であるため、予定消費賃率の計算に含められている場合は、次の計算により直接労務費と間接労務費に分かれます。

$$\underset{\text{予定消費賃率}}{\underbrace{\frac{\text{基本賃金予算額 ＋ 加給金予算額（定時間外作業手当を含む）}}{\text{予定就業時間}}}} \times \begin{cases} \text{直接作業時間} \rightarrow \text{直接労務費} \\ \text{間接作業時間} \rightarrow \text{間接労務費} \\ \text{手待時間} \rightarrow \text{間接労務費} \end{cases}$$

05) 給与計算上は、誰が何時間、定時間外作業を行ったかを把握しますが、その定時間外作業がどの製品のために行われたものかまでは通常把握しないからです。
なお、この処理を行う場合は、消費賃率に定時間外作業手当は考慮されていません。

Q 2-3 | 定時間外作業手当の処理 |

次の資料にもとづき、直接労務費、間接労務費を求めなさい。

(1) 消費賃率は@800 円である（定時間外作業については消費賃率の 40％を定時間外作業手当として支給する）。

(2) 直接工の就業時間の内訳は次のとおりである。

就業時間の内訳（作業内容別）		就業時間の内訳（定時間内か否か）	
直接作業時間	950時間	定時間内作業	940時間
間接作業時間	50時間	定時間外作業	60時間
合　計	1,000時間	合　計	1,000時間

(注) 定時間外作業手当は間接労務費として処理する。

A | 2-3 | 解答 |

直接労務費　　760,000 円

間接労務費　　 59,200 円

💡 | 2-3 | 解説 |

図に示すと次のとおりです。

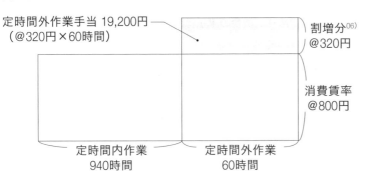

定時間外作業手当 19,200円
（@320円×60時間）

割増分[06]
@320円

06) @ 800 円× 40% ＝@ 320 円
定時間外作業手当になる
のは、あくまでも基本賃金
に上乗せされる部分（割増
分）だけです。

消費賃率
@800円

定時間内作業
940時間

定時間外作業
60時間

直接労務費（直接作業時間に対する賃金）：@800 円 ×950 時間＝ 760,000 円

間接労務費（間接作業時間に対する賃金及び定時間外作業手当）

：@800 円× 50 時間＋ 19,200 円＝ 59,200 円

本問に関する仕訳は、次のとおりです。

①賃金の支給：

| （借）賃　　　　金 | 819,200 [07] | （貸）当 座 預 金 | 819,200 |

07) @ 800 円× 1,000 時間
＋ 19,200 円＝ 819,200 円

②消費賃金：

| （借）仕 　掛　 品 | 760,000 | （貸）賃　　　　金 | 819,200 |
| 　　　製 造 間 接 費 | 59,200 | | |

4 | 間接工の消費賃金

▶▶ 間接工の消費賃金は要支払額によって計算し、すべて間接労務費になります[08]。

08) 2-13 ページ参照。

当該原価計算期間における要支払額 ＝ 当月支払賃金 － 前月未払賃金 ＋ 当月未払賃金

⏩ ここまでの学習を踏まえて、次の問題で消費賃金の処理を確認しましょう。

Q 2-4 | 消費賃金の処理 |

次の資料にもとづき、①消費賃金の処理、②賃率差異の計上の仕訳を示しなさい。

当工場では直接工の消費賃金は予定消費賃率（@600円）で計算している。

当月の作業を終えたところ、直接工の就業時間は1,500時間（内訳：直接作業時間1,200時間、間接作業時間230時間、手待時間70時間）であった。また、賃金の当月支払額は1,045,000円（直接工945,000円、間接工100,000円）であり、賃金の未払は前月、当月ともに生じていない。

A 2-4 | 解答 |

①	（借）仕　掛　品	720,000	（貸）賃　　　金	1,000,000
	製　造　間　接　費	280,000		
②	（借）賃　率　差　異	45,000	（貸）賃　　　金	45,000

💡 2-4 | 解説 |

① 直接労務費：@600円（予定消費賃率）× 1,200時間（直接作業時間）= 720,000円

間接労務費

　直接工：@600円（予定消費賃率）×（230時間（間接作業時間）+ 70時間（手待時間））
　　　　　= 180,000円

　間接工：当月の要支払額を消費賃金額とします。本問では、未払賃金が生じていないため、
　　　　　当月の支払額100,000円が要支払額となります。

　合　計：280,000円

② 賃率差異

　直接工の予定消費賃金額：720,000円 + 180,000円 = 900,000円

　賃率差異：900,000円 − 945,000円（直接工の要支払額）= △45,000円（借方（不利）差異）

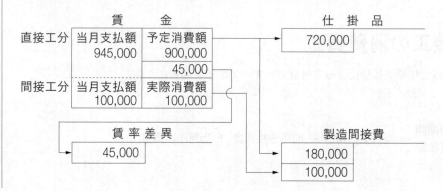

5 | 賃金以外の労務費の処理

賃金以外の労務費の消費額は次のとおり計算します。なお、これらはすべて間接労務費となります。

- ●給料・雑給 … 原価計算期間における要支払額
- ●従業員賞与手当 … 当月の実際支払額
- ●その他（退職給付費用、法定福利費など）
  … 当月の実際発生額または月割引当額

Q | 2-5 | 賃金以外の労務費の処理 |

次の取引の仕訳を示しなさい。

① 従業員に賞与手当 240,000 円を小切手で支払い、製造間接費勘定に振り替えた。

② 退職給付費用の月割額を計上し、製造間接費勘定に振り替えた（年間見積額 9,840,000 円）。

A | 2-5 | 解答 |

①	（借）従業員賞与手当	240,000	（貸）当 座 預 金	240,000
	（借）製 造 間 接 費	240,000	（貸）従業員賞与手当	240,000
②	（借）退 職 給 付 費 用	820,000	（貸）退職給付引当金	820,000
	（借）製 造 間 接 費	820,000	（貸）退 職 給 付 費 用	820,000

2-5 | 解説 |

① 従業員賞与手当（作業に直接関係しない諸手当）は、当月の実際支払額を間接労務費として処理します。

② 退職給付費用は、年間見積額の月割額を間接労務費として処理します。

9,840,000 円 ÷ 12 カ月 ＝ 820,000 円

3 外注加工賃

外注加工賃は、2級でも学習する直接経費の代表例です。
直接経費であるということは、外注先によって加工される材料がどの製品のためのモノかがはっきりしていることを意味するため、その材料費は直接材料費です。

1 │ 外注加工賃とは

▶ 外注加工賃とは、材料の加工などを外部の企業に委託したときに支払う経費です[01]。

01) 加工を発注する側を元請け、受注する側を下請けといいます。

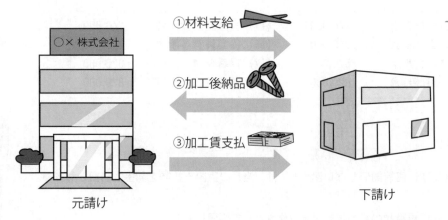

①材料支給

②加工後納品

③加工賃支払

元請け

下請け

2 │ 外注加工賃の処理方法

▶ 外注加工の形態には、材料を下請けに無償で支給して加工を依頼する場合[02]と、有償で支給して加工を依頼する場合[03]とがあります。本書では、無償支給の場合の処理を学習します。

02) 「無償で支給」とは、材料を預けるだけということです。

03) 「有償で支給」とは、材料を売却することを意味します。この場合、加工後の材料を買い戻すことになります。

1. 加工後の材料を直ちに製造現場に引き渡すケースの処理

▶ 下請けに材料を無償支給し、その加工が終わって納入される材料を直ちに製造現場に引き渡す場合には、外注加工賃を直接経費として処理します。

Q | ∃-1 | 直接経費処理 |

次の取引の仕訳を示しなさい。

① 主要材料（購入原価 1,500,000 円）を下請会社に無償で支給し、加工を依頼した。なお、加工後の材料は直ちに製造現場に引き渡す予定である。

② 加工された材料が納入され、その加工賃は 150,000 円であった。なお、加工賃は未払いである。

③ 上記の材料を直ちに製造現場に引き渡した。

A | ∃-1 | 解答 |

①	（借）仕　掛　品	1,500,000	（貸）材　　　　料	1,500,000
②	（借）外 注 加 工 賃	150,000	（貸）買　掛　金	150,000
③	（借）仕　掛　品	150,000	（貸）外 注 加 工 賃	150,000

💡 | ∃-1 | 解説 |

① 主要材料が消費されたと考えて、直接材料費を計上します。

② 加工済みの材料が納入されたため、外注加工賃を計上します。なお、外注加工賃の未払は、買掛金で処理します。

③ 外注加工賃を直接経費として仕掛品勘定に振り替えます。

　例えば、個別原価計算を採用していて、①の直接材料費は製造指図書 No.100 に対するものだったとしましょう。②の外注加工賃はその材料に対してかかったものなので、製造指図書 No.100 の原価であることがはっきりしています。よって、この場合の外注加工賃は直接経費として処理することになります。

2. 加工後の材料をいったん部品として扱うケースの処理

▶▶　加工が終わって納入される材料を直ちに製造現場に引き渡さず、いったん部品として倉庫に入れる場合には、外注加工賃を部品の原価として処理します。

Q │ ３-２ │ **部品原価処理** │

次の取引の仕訳を示しなさい（仕訳が必要ないときには、借方に「仕訳なし」と記入すること）。
① 主要材料（購入原価 1,500,000 円）を下請会社に無償で支給し、加工を依頼した。なお、加工後の材料はいったん部品として倉庫に保管する予定である。
② 加工された材料が納入され、その加工賃は 150,000 円であった。なお、加工賃は未払いである。
③ 上記の材料を部品として倉庫に搬入した。

A │ ３-２ │ **解答** │

①	（借）仕　訳　な　し		（貸）			
②	（借）外 注 加 工 賃	150,000	（貸）買　　掛　　金			150,000
③	（借）部　　　　　品	1,650,000	（貸）外 注 加 工 賃			150,000
			材　　　　　料			1,500,000

💡 │ ３-２ │ **解説** │

① 材料の原価は、③で部品の原価として処理するため、この段階では材料費を計上しません。
② 加工済みの材料が納入されたため、外注加工賃を計上します。
③ 外注加工賃を①の材料原価とともに部品の原価として処理します。
　　部　品：1,500,000 円（材料費）＋ 150,000 円（外注加工賃）＝ 1,650,000 円
　　この部品が、後日倉庫から出庫され、ある製造指図書のために消費されたときには、次のように仕訳されます。

（借）仕　掛　品　　1,650,000　（貸）部　　　　品　　1,650,000

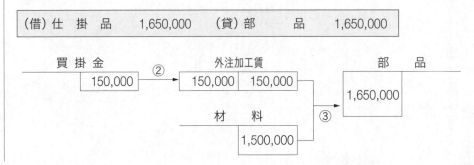

Chapter 13

部門別計算の応用

Point

このChapterでは、部門別計算の応用論点について学習します。
　Section1の単一基準配賦法と複数基準配賦法、Section2の活動基準
原価計算、いずれも検定試験対策として非常に重要な内容です。
　本書のゴールも見えてきました。このChapterは最後の大きなヤマで
す！

用語集

単一基準配賦法
　補助部門費の配賦において、変動費
と固定費を区別せずに単一の基準に
よって配賦する方法

複数基準配賦法
　補助部門費の配賦において、変動費
は用役消費量、固定費は用役消費能
力を基準として配賦する方法

活動基準原価計算（ABC）
　製品の製造にかかわるさまざまな活動
に製造間接費を集計し、活動ごとの
適切な配賦基準によって製造間接費
を配賦する方法

単一基準配賦法と複数基準配賦法

> このSectionの内容は、部門別計算の第2次集計、つまり補助部門費の配賦の方法に関するものです。すでに学習した実際配賦・予定配賦、直接配賦法・階梯式配賦法・相互配賦法の論点に加えて、もう一つ別の観点からの2つの配賦方法を学習します。

1 | 単一基準配賦法

▶ Chapter 3では、補助部門費を製造部門などに配賦するためには、変動費および固定費を1つの基準にもとづいて配賦する方法が採られていました。このような方法を単一基準配賦法といいます[01]。

01) 2級での学習もこの方法を前提としていました。

▶ 次の問題で、単一基準配賦法によるときの、補助部門費の配賦率および各製造部門への配賦額を求めてみましょう。

Q | 1-1 | 単一基準配賦法 |

ある工場では、製造部門A、Bの他に補助部門として電力部を設けている。次の資料にもとづき、単一基準配賦法による補助部門費の配賦率と各製造部門への配賦額を求めなさい。

1. 電力部費当月実際発生額

   変動費　120円　　固定費　80円　　合計　200円

2. 製造部門における実際電力消費量

   電力部はA製造部門へ20 kWh、B製造部門へ30 kWhの電力を提供した。

3. 当工場では実際電力消費量にもとづき、補助部門費を製造部門に実際配賦している。

A | 1-1 | 解答 |

補助部門費の配賦率　　　@　　　4　円

A製造部門への配賦額　　　　80　円　　　B製造部門への配賦額　　　120　円

1-1 | 解説 |

補助部門費の実際配賦率：200円÷（20 kWh + 30 kWh）= @4円

補助部門費配賦額

　A製造部門へ：@4円 × 20 kWh = 80円

　B製造部門へ：@4円 × 30 kWh = 120円

▶▶ このように、単一基準配賦法は変動費・固定費を配賦計算上区別せず、用役消費量という単一の基準で配賦する方法です。

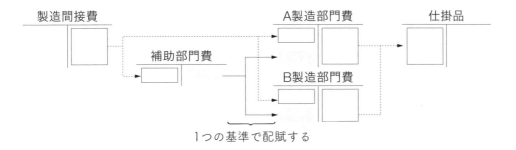

1つの基準で配賦する

2 複数基準配賦法

▶▶ 【Q1-1】の電力部変動費の内容は、発電機用の燃料費であり、電力部固定費の内容は発電機の減価償却費、固定資産税、火災保険料等であるとします。

▶▶ 電力部変動費は製造部門がどれだけ電力を消費したか、いいかえれば、実際電力消費量に比例して発生します。
　これに対して、電力部固定費は実際電力消費量に関係なく、発電機を何機保有しているか、いいかえれば、製造部門の電力消費能力に関係して発生します。

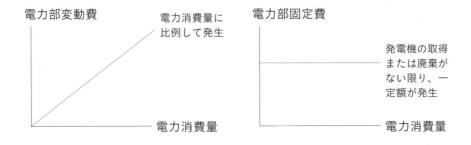

▶▶ 単一基準配賦法ではこのような違いを無視し、電力部変動費・固定費のすべてを実際電力消費量に比例して発生したかのように考えて計算します。つまり、固定費も変動費であるかのように取り扱っているわけです。

▶▶ 複数基準配賦法では、変動費・固定費の違いに注目し、変動費については（実際電力供給量に比例して発生するため）実際電力消費量にもとづき配賦を行い、固定費については（設備を何機保有しているか、つまり設備の消費能力に関係して発生するため）電力消費能力にもとづき配賦を行います。

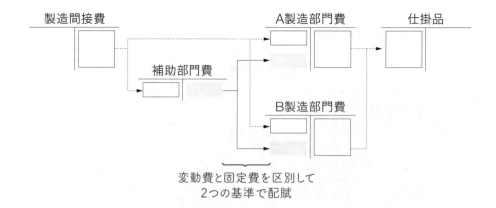

変動費と固定費を区別して
2つの基準で配賦

▸▸ 次の問題で、複数基準配賦法によるときの各製造部門への配賦額を求めて
みましょう。

Q | 1-2 | **複数基準配賦法**

　ある工場では、製造部門A、Bの他に補助部門として電力部を設けている。次の資料にもとづき、複数基準配賦法によって補助部門費の各製造部門への配賦額を求めなさい。

1. 電力部費当月実際発生額　変動費　120円　固定費　80円　合計　200円

2. 製造部門における電力実際消費量
　　電力部はA製造部門へ20kWh、B製造部門へ30kWhの電力を提供した。

3. 製造部門における電力の消費能力
　　A製造部門は30kWh、B製造部門も30kWhの電力を消費する能力を有している。

4. 当工場では変動費については実際電力消費量にもとづき、固定費については電力消費能力にもとづき、補助部門費を製造部門に実際配賦している。

A │ 1-2 │ 解答 │

　A製造部門への配賦額 ___88___ 円　　　B製造部門への配賦額 ___112___ 円

💡 │ 1-2 │ 解説 │

電力部変動費の実際配賦率（実際電力消費量を基準に配賦）：

　120円÷（20 kWh + 30 kWh）＝＠2.4円

電力部変動費の配賦額

　A製造部門へ：＠2.4円× 20 kWh ＝ 48円

　B製造部門へ：＠2.4円× 30 kWh ＝ 72円

電力部固定費の配賦額（電力消費能力を基準に配賦）：

　A製造部門へ：$80 円 \times \dfrac{30 \text{ kWh}}{30 \text{ kWh} + 30 \text{ kWh}} = 40$ 円

　B製造部門へ：$80 円 \times \dfrac{30 \text{ kWh}}{30 \text{ kWh} + 30 \text{ kWh}} = 40$ 円

各製造部門への配賦額合計

　A製造部門：48円（変動費）＋ 40円（固定費）＝ 88円

　B製造部門：72円（変動費）＋ 40円（固定費）＝ 112円

3 | 直接配賦法・階梯式配賦法・相互配賦法との関係

▶▶ 　2級やChapter 3では、補助部門費の配賦方法というと、直接配賦法・階梯式配賦法・相互配賦法を意味していました。また、このSectionでは、単一基準配賦法と複数基準配賦法という2つの補助部門費の配賦方法を学習しました。混乱を防ぐためにこれらの関係を整理しておくことにしましょう。

▶▶ 　補助部門費の配賦方法には、下に示す6通りの方法があることになります。

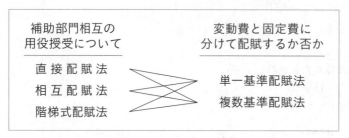

(1) **直接配賦法・階梯式配賦法・相互配賦法**というのは、補助部門相互の用役の授受を計算上どのように取り扱うかという点からの分類です。

(2) **単一基準配賦法と複数基準配賦法**はすでに見たように、補助部門の変動費と固定費について、それらを区別せずに1つの配賦基準で配賦するか、区別して2つの配賦基準で配賦するかという点からの分類です。

4 | 単一基準配賦法と実際配賦・予定配賦

▶▶ 前記のとおり、補助部門費の配賦方法には 6 通りの方法がありますが、それらの方法はさらに実際配賦か予定配賦かによって分かれることになります。

▶▶ そこで、まずは単一基準配賦法のもとでの実際配賦と予定配賦の違いを見ていきましょう。

$$\text{単一基準配賦法} \left\{ \begin{array}{l} \text{実際配賦} \\ \text{予定配賦} \end{array} \right.$$

1. 単一基準配賦法・実際配賦

▶▶ 補助部門費の実際発生額を各製造部門の実際用役消費量を配賦基準として配賦します。

Q | 1-3 | 単一基準配賦法・実際配賦 |

当工場では A と B の 2 つの製造部門と甲補助部門を有している。次の資料にもとづき、単一基準・実際配賦による補助部門費の各製造部門への配賦額を求めなさい。

📋 資料

1. 補助部門用役消費量

	A 部門	B 部門	合 計
実際消費量	8,500 kWh	6,500 kWh	15,000 kWh

2. 補助部門費実際発生額　120,000 円

A | 1-3 | 解答 |

A 製造部門への配賦額　　68,000 円　　B 製造部門への配賦額　　52,000 円

💡 | 1-3 | 解説 |

補助部門費の実際配賦率：$\dfrac{120,000 \text{ 円}}{15,000 \text{ kWh}} = @8 \text{ 円}$

実際配賦額

A 製造部門へ：@ 8 円 × 8,500 kWh = 68,000 円

B 製造部門へ：@ 8 円 × 6,500 kWh = 52,000 円

2. 単一基準配賦法・予定配賦

▶▶ 　単一基準配賦法・実際配賦を行うと、①関係部門への実際配賦額の中に、補助部門の原価管理活動の良否の影響が混入してしまう、②ある部門の実際用役消費量の大小が他の関係部門への実際配賦額に影響を与えてしまう、という欠点があります。

▶▶ 　単一基準配賦法・予定配賦を行うと、この欠点を解消できます。この方法では、予算額にもとづいた補助部門費の予定配賦率を求め、実際用役消費量を掛けて計算される予定配賦額を各製造部門に配賦します。したがって、補助部門の浪費額は配賦されずに補助部門の予算差異として残ります。

● 補助部門のシュラッター＝シュラッター図

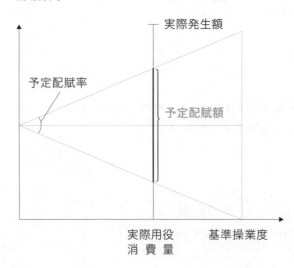

Q ｜ 1-4 ｜ 単一基準配賦法・予定配賦 ｜

　当工場ではA、B 2つの製造部門と甲補助部門を有している。次の資料にもとづき、単一基準・予定配賦によって補助部門費の各製造部門への配賦額と補助部門費配賦差異を求めなさい。

📋 資料

1. 補助部門用役消費量

	A部門	B部門	合　計
予定消費量	9,000 kWh	7,000 kWh	16,000 kWh（甲部門の基準操業度）
実際消費量	8,500 kWh	6,500 kWh	15,000 kWh

2. 補助部門費

予算額	変動費 42,400 円	固定費 84,000 円
実際発生額	120,000 円	

A ┃ 1-4 ┃ 解答 ┃

A製造部門への配賦額 <u>67,150</u> 円　　B製造部門への配賦額 <u>51,350</u> 円

補助部門費配賦差異 <u>1,500</u> 円（ 借方 差異）

💡 ┃ 1-4 ┃ 解説 ┃

補助部門費の予定配賦率： $\dfrac{126,400\ 円}{16,000\ kWh}$ ＝ @7.9 円

予定配賦額

A製造部門へ：@ 7.9 円× 8,500 kWh ＝ 67,150 円

B製造部門へ：@ 7.9 円× 6,500 kWh ＝ 51,350 円

補助部門費配賦差異：67,150 円＋ 51,350 円－ 120,000 円（実際発生額）

　　　　　　　　　　　予定配賦額 118,500 円

＝△ 1,500 円（借方（不利）差異）

▶▶ 　単一基準配賦法・予定配賦を行うと、補助部門費の予定配賦額と実際発生額の差額が生じます。これが補助部門費配賦差異です。補助部門費配賦差異も製造部門費と同じように差異分析できます。

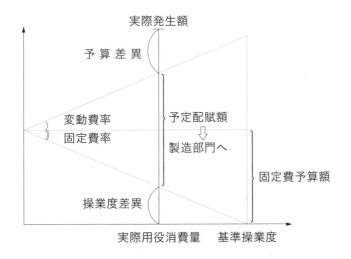

▶▶ 　次の例題で、補助部門費配賦差異を予算差異と操業度差異に分析してみましょう。

Q │ 1-5 │ 補助部門費の差異分析 │

【**Q**1-4】における補助部門費配賦差異について、公式法変動予算により、予算差異と操業度差異に分析しなさい。

A │ 1-5 │ 解答 │

予算差異 ___3,750___ 円 (貸方 差異)　　操業度差異 ___5,250___ 円 (借方 差異)

💡 │ 1-5 │ 解説 │

変 動 費 率：$\dfrac{42,400 円（変動費予算）}{16,000\ kWh}$ = @ 2.65 円

固 定 費 率：$\dfrac{84,000 円（固定費予算）}{16,000\ kWh}$ = @ 5.25 円

予算許容額：@2.65 円 × 15,000 kWh（実際用役消費量）＋ 84,000 円 ＝ 123,750 円

予 算 差 異：123,750 円 － 120,000 円 ＝ 3,750 円（貸方（有利）差異）

操業度差異：118,500 円（予定配賦額）－ 123,750 円（予算許容額）＝ △ 5,250 円（借方（不利）差異）

　　　　　　または、@5.25 円（固定費率）×（15,000 kWh － 16,000 kWh（基準操業度））

　　　　　　＝△ 5,250 円（借方（不利）差異）

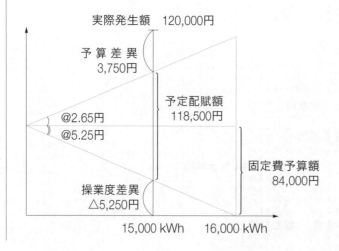

3. 単一基準配賦法・予定配賦の欠点

▶ 【**Q**1-5】の結果が示すように、単一基準配賦法のもとで予定配賦を行うと、予算差異だけでなく操業度差異も補助部門に残ってしまうことになります。

操業度差異は固定費から生じますが、固定費は補助部門の用役提供能力を維持するための原価であり、操業度とは無関係に一定額発生します。補助部門の操業度は製造部門がどれだけ用役を消費するかによるので、操業度差異を補助部門が負担しなければならないのは不合理です[02]。

02）例えば、電力の消費能力は製造部門がどれだけの電力を必要とするかによるので、電力部で決めることはできません。電力部で500 kWh の電力供給能力を有しており、実際には490 kWh の電力を供給したとすれば、10 kWh の能力の遊休は製造部門の責任によって生じたものと考えられます。

5 | 複数基準配賦法と予算額配賦

▶ さきほどの単一基準配賦法・予定配賦の欠点は、複数基準配賦法を採用し、かつ予算額配賦（予定配賦）を行うことで解消します。

この方法では、補助部門費のうち、変動費については実際用役消費量にもとづいて予定配賦を行い、固定費については予算額を用役消費能力の割合で配賦します。

▶ 変動費の配賦計算は単一基準配賦法・予定配賦の場合と同じです。固定費について、固定費率による配賦ではなく、その予算額を用役消費能力にもとづいて配賦することによって、補助部門に操業度差異が生じることは無くなります。

▶ このように、複数基準配賦法・予算額配賦によれば、他の方法の欠点をすべて解消することができるため、もっとも優れた方法であるといわれます。

▶ 次の問題で、複数基準配賦法・予算額配賦の具体的な計算を見ていきましょう。

Q | 1-6 | 複数基準配賦法・予算額配賦 |

当工場ではA、B 2つの製造部門と甲補助部門を有している。次の資料にもとづき、複数基準配賦法・予算額配賦によって補助部門費の各製造部門への配賦額と補助部門費配賦差異を求めなさい。

📋 **資料**

1. 補助部門用役消費量

	A部門	B部門	合　計
用役提供能力	12,000 kWh	8,000 kWh	20,000 kWh
予定消費量	9,000 kWh	7,000 kWh	16,000 kWh（甲部門の基準操業度）
実際消費量	8,500 kWh	6,500 kWh	15,000 kWh

2. 補助部門費

予算額　　　126,400 円（うち固定費予算額 84,000 円）
実際発生額　120,000 円（うち固定費 80,000 円）

A | 1-6 | 解答 |

A製造部門への配賦額 ___72,925___ 円　　B製造部門への配賦額 ___50,825___ 円

補助部門費配賦差異 ___3,750___ 円（ 貸方 差異）

(1) 変動費

補助部門変動費の予定配賦率：$\dfrac{42,400\,円（変動費予算）}{16,000\,kWh} = @2.65\,円$

予定配賦額

A製造部門へ：@2.65円 × 8,500 kWh = 22,525 円

B製造部門へ：@2.65円 × 6,500 kWh = 17,225 円

(2) 固定費

予算額を消費能力の割合で配賦します。

A製造部門へ：$84,000\,円（固定費予算）× \dfrac{12,000\,kWh（Aの消費能力）}{20,000\,kWh（消費能力合計）} = $　50,400 円

B製造部門へ：$84,000\,円（固定費予算）× \dfrac{8,000\,kWh（Bの消費能力）}{20,000\,kWh（消費能力合計）} = $　33,600 円

84,000 円（予算額）

(3) 各製造部門への配賦額合計

A製造部門：22,525 円（変動費）＋ 50,400 円（固定費）= 72,925 円

B製造部門：17,225 円（変動費）＋ 33,600 円（固定費）= 50,825 円

(4) 補助部門費配賦差異：22,525 円＋ 17,225 円＋ 84,000 円－ 120,000 円（実際発生額）

（予算額による配賦額（予定配賦額））

= 3,750 円（貸方（有利）差異）

▶▶ 　複数基準配賦法・予算額配賦を行うと、補助部門費の配賦額と実際発生額の差額が生じます。これが補助部門費配賦差異です。この配賦差異はすべて予算差異であり[03]、さらに変動費予算差異と固定費予算差異に分けることができます。

> 03) 固定費については予算額全額が配賦されるので、操業度差異は発生しません。

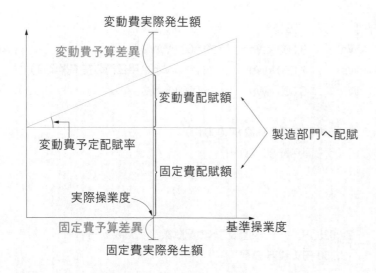

Q ┃ 1-7 ┃ 補助部門費の差異分析 ┃

【**Q1-6**】における補助部門費配賦差異について、変動費予算差異と固定費予算差異に分析しなさい。

A ┃ 1-7 ┃ 解答 ┃

変動費予算差異	250 円 (借方 差異)
固定費予算差異	4,000 円 (貸方 差異)

💡 ┃ 1-7 ┃ 解説 ┃

変動費予算差異：@2.65 円× 15,000 kWh（実際用役消費量） − 40,000 円（実際発生額）
　　　　　　　=△ 250 円（借方（不利）差異）

固定費予算差異：84,000 円（予算額） − 80,000 円（実際発生額） = 4,000 円（貸方（有利）差異）

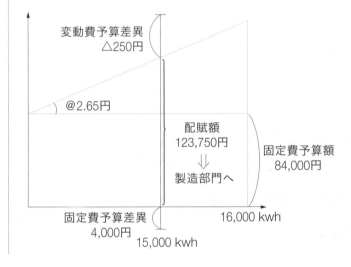

Section 2 活動基準原価計算

活動基準原価計算は、製造間接費の配賦方法の一つです。工場における製造間接費は、さまざまな活動を原因として発生しているため、その各活動を通じて製造間接費を製品に配賦します。これにより、より正確な製品原価を計算することができるため、各製品の収益性を正しく把握することができるようになります。

1 | 活動基準原価計算

▶ 活動基準原価計算（Activity Based Costing：以下 ABC と略します）とは、製品の製造にかかわるさまざまな活動に焦点を当て、当該活動をもって製造間接費と製品を結び付ける計算方法です。

2 | ABCの特徴

▶ ABC の最大の特徴は、さまざまな活動に対して製造間接費を集計し、活動ごとに適切な配賦基準で配賦することにより、製品原価の正確な計算を行うことにあります。

以下において、伝統的な製造間接費の配賦計算との比較を示します。

●伝統的な製造間接費の部門別配賦計算

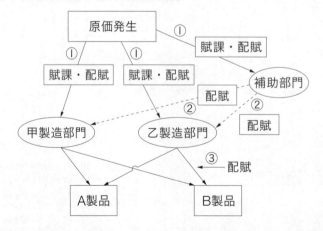

①第1次集計：製造間接費を部門個別費と部門共通費とに分け、部門個別費の賦課および部門共通費の配賦を行います。

②第2次集計：補助部門費を製造部門に配賦します。

③部門別配賦：製造部門費を適当な配賦基準によって製品に配賦します。

● ABC

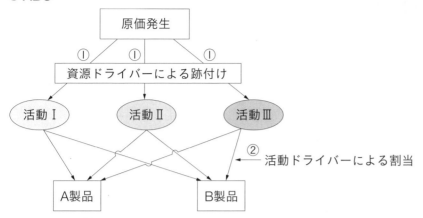

① 活動別原価の集計

様々な活動によって発生した製造間接費を、各活動に跡付けます[01]。

② 製品別原価の集計

活動の利用度に応じて、製造間接費を製品に割り当てます[02]。

▶ 伝統的な製造間接費の部門別配賦は、それを行わない場合[03]に比べれば確かに正確な製品原価を計算できるといえます。

▶ しかし、部門別配賦を行う場合でも、各製造部門で1つだけの配賦基準が用いられるとすると、計算の正確性には限界があります[04]。

▶ この点、ABCでは、多くの活動ごとの活動ドライバー（配賦基準）によって配賦するため、計算の正確性が飛躍的に増すことになります。

01)「跡付け」という表現がよく用いられますが、あまり難しく考える必要はありません。資源を消費して、製造間接費の発生の原因となった活動にそれぞれ製造間接費を負担させるという意味です。なお、この負担計算の基準を『資源ドライバー』といいます。

02)「割当て」という表現がよく用いられますが、製造間接費を配賦するという意味です。なお、この配賦基準を『活動ドライバー』といいます。

03)部門別計算を行わない単純個別原価計算（総括配賦）をイメージしてください。

04)例えば、製造部門が2つの場合、配賦基準が総括配賦のときの1つから2つに増えるだけです。

CHAPTER
13

部門別計算の応用

3 | ABCの計算手続

Q | 2-1 | ABCの計算手続 |

　当社では、A製品、B製品を生産している。以下の資料によって、各製品の単位原価を (1)伝統的な製造間接費の配賦計算によった場合 (直接作業時間を配賦基準とする) と (2) ABC によった場合とに分けて算定しなさい。

📄 **資料**

Ⅰ　原価データ

1. 直接材料費　a材料 (A製品用) 30円／kg
　　　　　　　　b材料 (B製品用) 40円／kg
2. 直接労務費　直接工賃率　50円／時
3. 製造間接費と活動別資源消費量

製造間接費		活動別資源消費量					
費目	金額 (円)		機械作業	段取	購買	技術	合計
燃　料　費	7,000	燃料消費量(kℓ)	14	0	0	6	20
工場消耗品費	5,000	工場消耗品消費量(単位)	10	5	5	5	25
間接工賃金	32,000	間接作業時間(時間)	18	12	0	10	40
合　　　計	44,000						

Ⅱ　生産データ

		A製品	B製品	合　計
1. 生産量		25個	5個	
2. 材料消費量	a材料	100 kg	－	100 kg
	b材料	－	100 kg	100 kg
3. 直接作業時間		200 時間	50 時間	250 時間
4. 機械加工時間		150 時間	50 時間	200 時間
5. 段取回数		1 回	7 回	8 回
6. 材料発注回数		4 回	6 回	10 回
7. 製造指図書枚数		2 枚	6 枚	8 枚

A | 2-1 | 解答 |

(1) 伝統的な製造間接費の配賦計算によった場合

　　　A製品　___1,928___ 円　　B製品　___3,060___ 円

(2) ABC によった場合

　　　A製品　___1,339___ 円　　B製品　___6,005___ 円

1. 伝統的な製造間接費の配賦計算

(1) 直接材料費、直接労務費の賦課

A製品　直接材料費　@30円× 100 kg　＝　3,000 円

　　　　直接労務費　@50円× 200 時間 ＝ 10,000 円

B製品　直接材料費　@40円× 100 kg　＝　4,000 円

　　　　直接労務費　@50円× 50 時間　＝　2,500 円

(2) 製造間接費の配賦

配賦率：$\dfrac{製造間接費総額\quad 44,000円}{直接作業時間合計\quad 250時間}$＝@176円

A製品　　@176円× 200時間 ＝35,200円

B製品　　@176円× 50時間 ＝ 8,800円

(3) 製品単位原価の計算

A製品：$\dfrac{直接材料費 3,000円＋直接労務費 10,000円＋製造間接費 35,200円}{25個}$＝1,928円／個

B製品：$\dfrac{直接材料費 4,000円＋直接労務費 2,500円＋製造間接費 8,800円}{5個}$＝3,060円／個

2. ABC（活動基準原価計算）

　直接材料費と直接労務費の計算は、伝統的方法と同じです。製造間接費の計算が異なります。

(1) 活動別原価の集計

	金額（円）	機械作業	段　取	購　買	技　術
燃　料　費	7,000	4,900	0	0	2,100
工場消耗品費	5,000	2,000	1,000	1,000	1,000
間接工賃金	32,000	14,400	9,600	0	8,000
	44,000	21,300	10,600	1,000	11,100

資源ドライバー

燃　料　費：$\dfrac{7,000 円}{20 k\ell}$＝@350 円

工場消耗品費：$\dfrac{5,000 円}{25 単位}$＝@200 円

間接工賃金：$\dfrac{32,000 円}{40 時間}$＝@800 円

機械作業活動原価　（@350 円×14 kℓ）＋（@200 円 ×10 単位）＋（@800 円 ×18 時間）＝ 21,300 円

段取活動原価　　　（@350 円× 0 kℓ）＋（@200 円 × 5 単位）＋（@800 円 ×12 時間）＝ 10,600 円

購買活動原価　　　（@350 円× 0 kℓ）＋（@200 円 × 5 単位）＋（@800 円 × 0 時間）＝　1,000 円

技術活動原価　　　（@350 円× 6 kℓ）＋（@200 円 × 5 単位）＋（@800 円 ×10 時間）＝ 11,100 円

(2) 製品別原価の集計

機械作業活動原価については機械加工時間、段取活動原価については段取回数、購買活動原価については材料発注回数、技術活動原価については製造指図書枚数を基準として、それぞれの製品に原価を割り当てます。

活動ドライバー

機 械 作 業： $\dfrac{21,300 円}{200 時間} = @106.5 円$

段　　　　取： $\dfrac{10,600 円}{8 回} = @1,325 円$

購　　　　買： $\dfrac{1,000 円}{10 回} = @100 円$

技　　　　術： $\dfrac{11,100 円}{8 枚} = @1,387.5 円$

	A 製 品	B 製 品
機 械 作 業	@ 106.5 円 × 150時間 = 15,975円	@ 106.5 円 × 50時間 = 5,325円
段　　取	@1,325 円 × 1 回 = 1,325円	@1,325 円 × 7 回 = 9,275円
購　　買	@ 100 円 × 4 回 = 400円	@ 100 円 × 6 回 = 600円
技　　術	@1,387.5 円 × 2 枚 = 2,775円	@1,387.5 円 × 6 枚 = 8,325円
合　　計	20,475円	23,525円

(3) 製品単位原価の計算

A製品： $\dfrac{直接材料費 3,000円＋直接労務費 10,000円＋製造間接費 20,475円}{25個} = 1,339円／個$

B製品： $\dfrac{直接材料費 4,000円＋直接労務費 2,500円＋製造間接費 23,525円}{5 個} = 6,005円／個$

Chapter 14

本社工場会計

Point
このChapterでは、本社工場会計について学習します。
商業簿記・会計学での本支店会計と類似する内容が多いため、先に本支店会計をマスターするのも一つの戦略です。

用語集

工場勘定（工場元帳勘定）
本社・工場間の取引を記帳するために本社が設ける勘定

本社勘定（本社元帳勘定）
本社・工場間の取引を記帳するために工場が設ける勘定

内部利益
本社・工場間の取引によって計上される利益

総合損益勘定
本社と工場をあわせた企業全体の損益を集計するために本社が設ける勘定

1 | 本社工場会計の基礎知識

> 本社・工場間の取引の仕訳にあたっては、本社勘定以外に工場にどのような
> 勘定が設けられているかを確認することが大切です。
> また、この Section では、工場が製品原価に利益を付加して本社に販売し
> ているときの本社の期末製品に含まれる内部利益について学習します。

1 | 本社・工場間の取引

1. 工場勘定と本社勘定

▶ 本社工場会計では、本社の会計と工場の会計がそれぞれ独立しています。

そのため、本社と工場の間で行われた取引についても、それぞれ帳簿に記入
する必要があります。そのときに用いられるのが工場勘定と本社勘定です[01]。

▶ 次の問題で、本社・工場間の取引を含む一連の処理について、2 級の復習
をしましょう。

> 01) 本社が用いるのが、工場
> 勘定(または工場元帳勘
> 定)、工場が用いるのが本
> 社勘定(または本社元帳勘
> 定)です。

Q | 1-1 | **本社・工場間の取引** |

次の①から⑧の各取引について、本社、工場それぞれの仕訳を示しなさい。なお、工場には本社、
材料、賃金、製造間接費、仕掛品、製品の 6 つの勘定が設けられている。仕訳の必要がない場合
には、借方に「仕訳なし」と記入すること。

① 本社は、材料 500,000 円を掛けで購入し、工場に直接納入された。

② 直接材料 350,000 円、間接材料 150,000 円を消費した。

③ 本社は、直接工の賃金 580,000 円を普通預金から支給した。

④ 上記③の賃金の消費額は、直接労務費 400,000 円、間接労務費 180,000 円であった。

⑤ 間接経費 80,000 円を現金で支払った。

⑥ 製造間接費 380,000 円(予定配賦額)を製品に配賦した。

⑦ 製品 850,000 円が完成し、工場の倉庫に納入した。

⑧ 本社により、原価 700,000 円の製品が 950,000 円で現金販売され、工場は顧客に直送した。

A | 1-1 | 解答 |

①	<本社>	(借) 工　　　場	500,000		(貸) 買　掛　金	500,000			
	<工場>	(借) 材　　　料	500,000		(貸) 本　　　社	500,000			
②	<本社>	(借) 仕 訳 な し			(貸)				
	<工場>	(借) 仕　掛　品	350,000		(貸) 材　　　料	500,000			
		製造間接費	150,000						
③	<本社>	(借) 工　　　場	580,000		(貸) 普 通 預 金	580,000			
	<工場>	(借) 賃　　　金	580,000		(貸) 本　　　社	580,000			
④	<本社>	(借) 仕 訳 な し			(貸)				
	<工場>	(借) 仕　掛　品	400,000		(貸) 賃　　　金	580,000			
		製造間接費	180,000						
⑤	<本社>	(借) 工　　　場	80,000		(貸) 現　　　金	80,000			
	<工場>	(借) 製造間接費	80,000		(貸) 本　　　社	80,000			
⑥	<本社>	(借) 仕 訳 な し			(貸)				
	<工場>	(借) 仕　掛　品	380,000		(貸) 製造間接費	380,000			
⑦	<本社>	(借) 仕 訳 な し			(貸)				
	<工場>	(借) 製　　　品	850,000		(貸) 仕　掛　品	850,000			
⑧	<本社>	(借) 売 上 原 価	700,000		(貸) 工　　　場	700,000			
		(借) 現　　　金	950,000		(貸) 売　　　上	950,000			
	<工場>	(借) 本　　　社	700,000		(貸) 製　　　品	700,000			

💡 | 1-1 | 解説 |

　①、③、⑤、⑧が本社・工場間取引となります。よって、本社では工場勘定、工場では本社勘定を用いて仕訳します。

　②、④、⑥、⑦は工場に設けられた勘定だけに関係する取引なので、本社では「仕訳なし」となります。

2. 内部利益

▶▶　本社・工場間の取引は、一つの企業の中で行われる内部取引ですが、その内部取引によって計上される利益を内部利益といいます[02]。

02) 商業簿記・会計学での本支店会計における内部利益と同様です。

▶▶　例えば、本社が購入した材料に利益を付加して工場に販売する場合や、工場が完成させた製品に利益を付加して本社に販売する場合に計上される利益が該当します。

▶▶　この場合、期末に工場が保有する材料や本社が保有する製品には内部利益が含まれており、それは未実現利益であるため、全社的な損益の算定のさいには、この内部利益を控除する必要があります。

次の問題で、期末の棚卸資産に含まれている内部利益を計算してみましょう。

Q | 1-2 | **内部利益** |

　次の資料にもとづいて、(1) 当月に工場が計上した売上と売上原価、(2) 期末に本社が保有する製品Aに含まれている内部利益を求めなさい。

📋 **資料**

1. 当社の工場は、製品Aの完成品原価にその10%の利益を付加して本社に販売している。
2. 当月中の工場から本社への製品Aの販売量は500個、その製造原価は1個あたり300円であった。当月末における本社の製品Aの在庫は120個である。

A | 1-2 | **解答** |

(1) 売　　上 ＿＿165,000＿円　　売上原価 ＿＿150,000＿円
(2) 内部利益 ＿＿3,600＿円

💡 | 1-2 | **解説** |

(1) 工場の販売単価：@300円×（1 + 10%）= @330円

　工 場 の 売 上：@330円×500個 = 165,000円

　工場の売上原価：@300円×500個 = 150,000円

(2) 1個あたりの内部利益：300円（1個あたり製造原価）×10% = 30円

　在庫に含まれる内部利益：@30円×120個 = 3,600円

　(1)より、工場は500個分の利益15,000円計上していますが、このうち120個分は月末現在本社が保有している在庫について計上された未実現の内部利益です。よって、その金額3,600円を全社的な損益を算定するにあたって控除しなくてはなりません[03]。

03) 具体的な処理方法は次の
Section 2 で学習します。

Section 2 帳簿の締切り

本社工場会計における帳簿の締切りを学習します。商業簿記・会計学での本支店会計における帳簿の締切りに類似しています。

帳簿への記入は、基本的には仕訳の転記です。本社と工場の会計がそれぞれ独立しているため、本社に設けられている勘定と工場に設けられている勘定を組み合わせた仕訳はありえません。

1 | 本社工場会計での帳簿の締切り

▶ 本社工場会計での帳簿の締切りの流れは次のようになります。

Step1 本社、工場それぞれが決算整理後の収益・費用を月次損益勘定へ振り替える。

→ 諸収益、諸費用の勘定の締切り

Step2 本社が総合損益勘定で本社および工場の月次損益を集計する。

→ 月次損益勘定の締切り

Step3 本社が内部利益を調整して、会社全体の損益を算定する。

→ 総合損益勘定の締切り

▶ 以下において、それぞれの具体的な内容を見ていきましょう。

2 | 諸収益、諸費用の勘定の締切り

▶ Step1 の内容は、3級での損益勘定への振替えと基本的に同じです。

▶ 異なるのは、一つの企業の中で本社と工場が別々に損益振替を行う点です。本社の会計と工場の会計が独立しているため、月次損益勘定への収益・費用の振替えもそれぞれで行うことになります。

▶ 具体例で見ていきましょう。次の本社、工場の月次損益勘定は Step1 の振替えを行った後のものです。

● 本社

		月次損益			
売 上 原 価	125,400	売	上		190,000
販売費及び一般管理費	24,600				

● 工場

		月次損益			
本 社 売 上 原 価[01]	150,000	本 社 売 上[01]			165,000
販売費及び一般管理費	3,000				

01) 工場の本社への製品の販売に関する勘定科目です。

Q | 2-1 | **諸収益、諸費用の勘定の締切り**

上記の月次損益勘定により、 Step1 において行われた本社および工場の仕訳をそれぞれ示しなさい。

A | 2-1 | **解答**

＜本社＞	（借）売	上	190,000	（貸）月 次 損 益	190,000
	（借）月 次 損 益		150,000	（貸）売 上 原 価	125,400
				販売費及び一般管理費	24,600
＜工場＞	（借）本 社 売 上		165,000	（貸）月 次 損 益	165,000
	（借）月 次 損 益		153,000	（貸）本 社 売 上 原 価	150,000
				販売費及び一般管理費	3,000

💡 | 2-1 | **解説**

これらの仕訳により、諸収益、諸費用の勘定は貸借が一致し、締め切られます。

例えば、本社の売上勘定は次のとおりです。

	売	上		
月 次 損 益	190,000	売 掛 金		190,000

３ ｜ 月次損益勘定の締切り

▶ Step2 は、 Step1 で別々に計算された月次損益の金額をまとめて企業全体の損益を把握するための処理です。

▶ 企業全体の損益は、本社に設けられる総合損益勘定に集計します。

具体例で見ていきましょう。次の各勘定は Step2 の集計を行った後のものです。

●本社

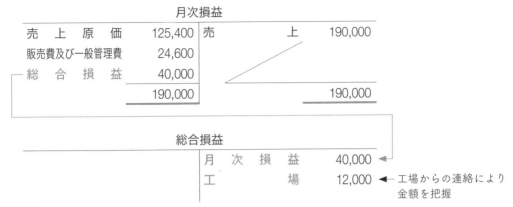

月次損益

売 上 原 価	125,400	売 上	190,000
販売費及び一般管理費	24,600		
総 合 損 益	40,000		
	190,000		190,000

総合損益

		月 次 損 益	40,000
		工 場	12,000	◀⋯ 工場からの連絡により 金額を把握

●工場

月次損益

本 社 売 上 原 価	150,000	本 社 売 上	165,000
販売費及び一般管理費	3,000		
本 社	12,000		
	165,000		165,000

Q 2-2 **月次損益勘定の締切り**

上記の月次損益勘定により、Step2 において行われた本社および工場の仕訳をそれぞれ示しなさい。

A 2-2 **解答**

＜本社＞	（借）月 次 損 益	40,000	（貸）総 合 損 益	40,000
	（借）工 場	12,000	（貸）総 合 損 益	12,000
＜工場＞	（借）月 次 損 益	12,000	（貸）本 社	12,000

2-2 解説

＜本社＞　月次損益勘定で把握された当月の利益 40,000 円を総合損益勘定に振り替えます。この時点で月次損益勘定は貸借が一致し、締め切られます。

さらに、工場からの連絡を受け、工場の当月の利益 12,000 円を総合損益勘定に記入します。このときの相手科目は、工場勘定です。工場の月次損益勘定ではありません。本社と工場の会計が独立しているため、本社の勘定科目と工場の勘定科目を一つの仕訳で同時に用いることはできないからです。

＜工場＞　月次損益勘定で把握された当月の利益 12,000 円を本社勘定に振り替えます。上記と同じ理由で、振替え先を総合損益勘定としないように注意しましょう。総合損益勘定は本社の勘定なので、工場が仕訳に用いることはできません。

CHAPTER

14

本社工場会計

4 | 総合損益勘定の締切り

▶ Step3 は、 Step2 で把握された企業全体の損益について、さらに内部
利益を調整して、最終的な企業全体の損益を算定するための処理です。

▶ 期末の棚卸資産に含まれる内部利益については、次の仕訳が行われます。

（借）内 部 利 益 控 除　　××　　（貸）繰 延 内 部 利 益　　××

▶ 借方の内部利益控除は利益のマイナス、貸方の繰延内部利益は期末の棚卸
資産のマイナスを意味します。さらに、次の仕訳で内部利益控除を総合損益
勘定に振り替えます。

（借）総 合 損 益　　××　　（貸）内 部 利 益 控 除　　××

▶ また、期首の棚卸資産に含まれる内部利益については、次の仕訳が行われ
ます。

（借）繰 延 内 部 利 益　　××　　（貸）内 部 利 益 戻 入　　××(02)

02) 期首の棚卸資産は、期末
までには外部に販売され、
内部利益は実現したと考え
て、前月末に控除した利
益額を当月にプラスする処
理です。

▶ さらに、次の仕訳で内部利益戻入を総合損益勘定に振り替えます。

（借）内 部 利 益 戻 入　　××　　（貸）総 合 損 益　　××

Q | 2-3 | 総合損益勘定の締切り |

【Q2-2】に以下の資料を追加する。(1) Step3 において必要な本社の仕訳を示しなさい。(2)
(1)の仕訳に関連して翌月において必要な本社の仕訳を示しなさい。

📋 追加資料

1. 工場の月次損益勘定の本社売上および本社売上原価は、製造原価@300円の製品A 500個を、
原価の10%の利益を付加して本社に販売したことによるものである。
2. 当月末現在、本社は上記の製品Aのうち120個を在庫として保有している。

A | 2-3 | 解答 |

(1)（借）内部利益控除	3,600	（貸）繰延内部利益 3,600
（借）総合損益	3,600	（貸）内部利益控除 3,600
(2)（借）繰延内部利益	3,600	（貸）内部利益戻入 3,600
（借）内部利益戻入	3,600	（貸）総合損益 3,600

💡 | 2-3 | 解説 |

(1) 1個あたりの内部利益：300円（1個あたり製造原価）×10％＝30円

在庫に含まれる内部利益：@30円×120個＝3,600円

上記の仕訳を総合損益勘定に転記し、最終的な企業全体の利益額を記入して、総合損益勘定を締め切ります。

総合損益

内部利益控除	3,600	月次損益	40,000
全社的利益	48,400	工　場	12,000
	52,000		52,000

(2) 翌月末には、上記の在庫が外部に販売されたと考えて、利益にプラスします。

5 | 総合損益勘定を用いないケース

▶ 前記の Step2 と Step3 では、総合損益勘定を用いて処理しましたが、総合損益勘定を用いずに、本社の月次損益を用いて同様の処理を行うこともあります。

▶ この場合の記入方法を、これまでの具体例にもとづいて、また過去の検定試験の形式を踏まえて示すと次のようになります。

●本社

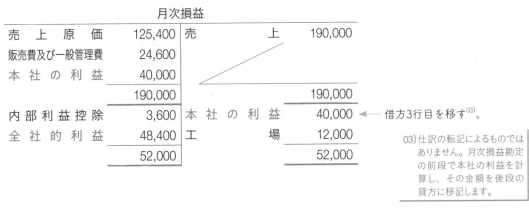

月次損益

売上原価	125,400	売　　上	190,000
販売費及び一般管理費	24,600		
本社の利益	40,000		
	190,000		190,000
内部利益控除	3,600	本社の利益	40,000 ← 借方3行目を移す[03]。
全社的利益	48,400	工　場	12,000
	52,000		52,000

03)仕訳の転記によるものではありません。月次損益勘定の前段で本社の利益を計算し、その金額を後段の貸方に移記します。

INDEX

日商簿記1級

簿記検定の最高峰、日商簿記1級の WEB 講座では、実務的な話も織り交ぜながら、誰もが納得できるよう分かりやすく講義を進めていきます。

また、WEB 講座であれば、自宅にいながら受講できる上、受講期間内であれば何度でも繰り返し納得いくまで受講できるため、範囲が広くて1つひとつの内容が高度な日商簿記1級の学習を無理なく進めることが可能です。

ネットスクールと一緒に、日商簿記1級に挑戦してみませんか？

標準コース　学習期間（約1年）

じっくり学習したい方向けのコースです。初学者の方や、実務経験のない方でも、わかり易く取引をイメージして学習していきます。お仕事が忙しくても1級にチャレンジされる方向きです。

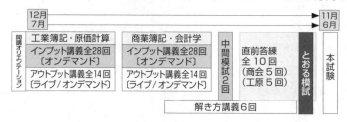

速修コース　学習期間（約6カ月）

短期間で集中して1級合格を目指すコースです。比較的残業が少ない等、一定の時間が取れる方向きです。また、税理士試験の受験資格が必要な方にもオススメのコースです。

※1級標準・速修コースをお申し込みいただくと、特典として2級インプット講義が本試験の前日まで学習いただけます。
　2級の内容に少し不安が…という場合でも安心してご受講いただけます。

Point 日商簿記1級WEB講座で採用『反転学習』とは？

【従来】 INPUT（集合授業） → OUTPUT（各自の復習）

簿記の授業でも、これまでは上記のように問題演習を授業後の各自の復習に委ねられ、学習到達度の大きな差が生まれる原因を作っていました。そこで、ネットスクールの日商簿記対策 WEB 講座では、このスタイルを見直し、反転学習スタイルで講義を進めています。

【反転学習】 INPUT（オンデマンド講義） → OUTPUT（ライブ講義）

各自、オンデマンド講義でまずは必要な知識のインプットを行っていただき、その後のライブ講義で、インプットの復習とともに具体的な問題演習を行っていきます。ライブ講義とオンデマンド講義、それぞれの良い点を組み合わせた「反転学習」のスタイルを採用することにより、学習時間を有効活用しながら、早い段階で本試験レベルの問題にも対応できる実力が身につきます。

講義中は、先生がリアルタイムで質問に回答してくれます。対面式の授業だと、むしろここまで質問できない場合が多いと思います。

（loloさん）

ネットスクールが良かったことの1番は講義がよかったこと、これに尽きます。講師と生徒の距離がとても近く感じました。ライブに参加すると同じ時間を先生と全国の生徒が共有できる為、必然的に勉強する習慣が身につきました。

（みきさん）

試験の前日に桑原先生から激励の電話を直接いただきました。ほんとうにうれしかったです。ＷＥＢ講座の端々に先生の人柄がでており、めげずに再試験を受ける気持ちにさせてくれたのは、先生の言葉が大きかったと思います。

（りんさん）

合格出来たのは、ネットスクールに出会えたからだと思います。
40代、2児の母です。小さな会社の経理をしています。勉強できる時間は1日1時間がせいぜいでしたが、能率のよい講座のおかげで3回目の受験でやっと合格できました！

（M.Kさん）

WEB講座受講生の声

合格された皆様の喜びの声をお届けします！

本試験直前まで新しい予想問題を作って解説していただくなど、非常に充実したすばらしい講座でした。WEB講座を受講してなければ合格は無理だったと思います。

（としくんさん）

無事合格しました!!
平日休んで学校に通うわけにもいかず困っていましたが、WEB講座を知り、即申し込みました。桑原先生の解説は本当に解りやすく、テキストの独学だけでは合格出来なかったと思います。本当に申し込んで良かったと思っています。

（匿名希望さん）

専門学校に通うことを検討しましたが、仕事の関係で週末しか通えないこと、せっかくの休日が専門学校での勉強だけの時間になる事に不満を感じ断念しました。
WEB講座を選んだ事は、素晴らしい講師の授業を、自分の好きな時間に早朝でも深夜でも繰り返し受講できるので、大正解でした！

（ラナさん）

予想が面白いくらい的中して、試験中に「ニヤリ」としてしまいました。更なるステップアップを目指したいと思います。

（NMさん）

お問い合わせ・お申し込みは

ネットスクール WEB 講座 （フリーコール）0120-979-919 （平日 10:00 〜 18:00）
https://www.net-school.co.jp/

ネットスクール 検索 今すぐアクセス！

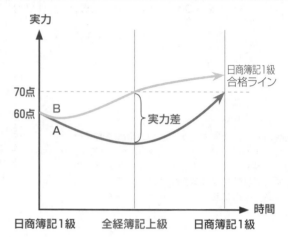

ネットスクールが誇る講師、スタッフが一丸となってこの1冊ができあがりました。
十分理解できましたか？
繰り返し学習し、合格の栄冠を勝ち取ってください。
制作スタッフ一同、心よりお祈り申し上げます。

■制作総指揮■
桑原　知之

■制作スタッフ■
中村　雄行／森田　文雄

■カバーデザイン■
久積　昌弘（B-rain）

■DTP■
株式会社 日本制作センター

■本文イラスト■
桑原　ふさみ

◆本書に関する制度改正及び訂正情報について◆

本書の発行後に公表された法令等及び試験制度の改正情報、並びに判明した誤りに関する訂正情報については、弊社 WEB サイト内の『読者の方へ』にてご案内しておりますので、ご確認下さい。

https://www.net-school.co.jp/

なお、万が一、誤りではないかと思われる箇所のうち、弊社 WEB サイトにて掲載がないものにつきましては、書名（ＩＳＢＮコード）と誤りと思われる内容のほか、お客様のお名前及びご連絡先（電話番号）を明記の上、弊社まで郵送または e-mail にてお問い合わせ下さい。

〈郵送先〉　〒 101-0054
　　　　　東京都千代田区神田錦町 3-23 メットライフ神田錦町ビル３階
　　　　　ネットスクール株式会社　正誤問い合わせ係
〈e-mail〉　seisaku@net-school.co.jp
※正誤に関するもの以外のご質問にはお答えできません。
※お電話によるお問い合わせはお受けできません。ご了承下さい。
※解答及び内容確認のためにお電話を差し上げることがございますので、必ずご連絡先をお書き下さい。